트로트와 엔카

동아시아의 노래에서 세계문화유산으로

이 책은 2024년도 가천대학교 교내연구비 지원에 의한 결과임.(GCU-202405860001)

트로트와 엔카

동아시아의 노래에서 세계문화유산으로

박진수 지음

역락

머리말

한국에 트로트가 있다면 일본에는 엔카가 있다. 그런데 이 두 가지는 매우 닮아서 적어도 음악적으로는 구별이 어렵다고 한다. 이는 우연이 아니라 태생적으로 같은 것이기 때문이다. 1920~30년대 한일 양국에서 형성된 '유행가'(流行歌, 류코카)가 두 장르의 공통 조상이다. 1960년대 이후 일본에서는 이전부터 이어오던 다양한 유행가 가운데, 서양풍이 아니면서 애조를 띤 곡들을 '엔카'라 부르기 시작했다. 같은 시기 한국에서도 서구식 팝 계열이 아닌, 옛 정취를 느끼게 하는 구슬픈 곡들을 '트로트'라 부르게 되었다.

애초에 서양 세력의 진출 이후 전개된 동아시아의 근대화·서구화 과정에서 서양음악의 여러 요소와 동양적 정서가 절묘하게 결합한 형태의 새로운 음악들이 나타나기 시작했다. 그 연장선에서 20세기 초에는 제국 일본과 식민지 조선이라는 시공간적 조건 위에 레코드와 라디오 등 새로운 미디어의 보급이 확대되고 이로 인해 상품화된 대중적 음악으로서의 '유행가'가 탄생했다. 이 유행가는 때로는 '가요곡' 또는 '대중가요'로 불리면서 어느덧 100년 가까이 한일 양국의 대중적 감성에 깊이 스며들었다. 주목할 점은, 이러한 공통의 뿌리를 지닌 트로트와 엔카가 서로 다른 역사적 경험 속에서 한 국가 단위의 문화적 서사를 통해서만 이야기되고 연구되어왔다는 점이다.

한국에서는 한때 트로트가 왜색가요(倭色歌謠, 일본풍의 가요)라는 이유로 폄하되기도 했고, 일본에서는 거꾸로 엔카의 원류가 한국이라는 인식이 확산되기도 했다. 오늘날은 이 두 장르가 한국과 일본에서 각각 자국민의 '고유한' 정서를 담아내어 온 대표적인 전통 대중음악으로 자리매김하게 되었다. 이러한 것들이 잘못되었다거나 틀렸다기보다는, 두 나라 모두 동일한 음악적 자산을 각자의 역사적 굴곡과 미학적 감각 속에서 다르게 해석하고 전승해왔기에 빚어진 문화적 일국중심주의(一國中心主義)의 결과라 하겠다. 이렇게 보면 트로트와 엔카를 놓고 어느 쪽이 먼저냐, 혹은 어느 쪽이 원류냐 하는 질문은 무의미하다. 두 장르는 같은 기반 위에서 발전했고 서로를 비추며 변주해 온, 동아시아 대중음악사의 양대 축으로서 굳이 말하자면 '쌍둥이 같은 장르'이다. 이러한 특징은 양국의 대중음악사를 이해하는 데 중요한 열쇠가 된다.

오늘날 K-컬처가 전 세계적으로 주목받는 가운데, 한 세대 이전에 아시아를 석권했던 J-POP을 비롯한 J-컬처에 대한 관심도 다시 높아지고 있다. 이제 한국과 일본의 대중음악은 더 이상 'K냐? J냐?'와 같은 경쟁 구도 속에 머물러 있지 않다. 양국의 문화는 서로 영향을 주고받으며 세계 속에서 새롭게 해석되고 있고, 이는 트로트와 엔카에도 그대로 적용된다. 이제 필요한 것은 트로트와 엔카를 각국의 전통가요로만 한정 짓는 시각을 넘어, 공동의 문화적 자산으로 인식하는 것이다. 두 장르는 21세기의 맥락에서 초국가적으로 다시 향유되고 있으며, 이는 한일 문화 협력의 토대가 될 뿐 아니라 세계문화유산으로 함께 발전할 가능성을 보여준다. 한국과 일본이 공유하는 자산인 트로트와 엔카를 통해 상호 협력과 창의적 교류를 발전시켜 인류 문화의 다양성과 풍요로움에 기여하는 것이 앞으로 우리가 나아가야 하는 방향이다.

이 책은 트로트와 엔카에 대해 '감성과 번역'이라는 키워드를 중심으로 한일 대중음악사의 담론을 재구성하려는 시도이다. '감성'은 곡의 분위기나 장르적 감각을 넘어, 시대와 사회의 경험을 집약한 정서 코드이며, '번역'은 언어 변환뿐 아니라 곡과 감성을 재맥락화하는 문화적 창조 행위를 말한다. 여기서는 19세기 말과 20세기 초의 찬송가와 군악 및 번역창가에서부터 교육창가 그리고 동요와 가곡을 거쳐 유행가 혹은 가요곡이 형성되고 트로트·엔카로 자리 잡기까지의 전개, 그리고 한일 문화교류의 미래 전망에 이르기까지, 다 합치면 140년이 넘는 대중음악의 역사를 횡단한다. 각 장은 개별 연구논문을 기반으로 내용의 첨삭과 보완 및 주제별 재배열과 연결 서술을 통해 일정한 흐름을 갖게 다듬었다.

19세기부터 동아시아는 서양과의 격렬한 문화적 접촉 상황 속에 놓이게 되었다. 그러한 가운데 서양음악이 근대교육과 함께 수용되어 새로운 음악적 감수성을 만들어갔다. 이 점에서 한국과 일본은 비슷한 길을 걸었고 서로 영향을 주고받았다. 트로트와 엔카가 그려온 궤적 그리고 최근의 K-POP과 J-POP의 눈부신 발전은 한국과 일본의 문화 대중이 한 세기 이상의 시간을 통해 스스로의 일상 속에서 함께 가꾸어 온 미적 태도의 장한 결과이고 그 자체가 오래도록 기억해야 할 소중한 인류문화유산이다. 특히 트로트와 엔카는 근대 초기 동아시아의 음악적 전통과 시적 전통의 바탕 위에서 서양음악을 받아들여 형성된 매우 독특한 장르로서 세계문화사적 가치를 재평가할 때이다. 언젠가 포르투갈의 파두(fado)처럼 세계의 무형문화유산으로 등재되는 날이 올지도 모른다.

트로트와 엔카가 탄생한 1920년대의 시공간은 지금 우리가 일반적으로 생각하는 것과는 많이 달랐을 것이다. 당시의 한국과 일본은 정치적으로는 식민지와 제국이라는 상하의 위계가 존재했지만 문화적으로는 반드시 그렇지 않았다. 당시 조선인들의 문화적 역량은 일본에 비해 크게 뒤지지 않았다고 본다. 식민지 조선은 제국의 문화를 일방적으로 수용하기만 한 것이 아니라 어느 시기부터는 적극적인 발신을 통해 쌍방향적인 교류가 성립되었다. 특히 대중음악과 관련한 인적 왕래는 매우 활발했으며, 당시 재능있는 조선인 가수가 일본에서 눈부시게 활약하고 대중의 각광을 받는 일이 허다했다.

일본 내부에서 형성된 일종의 '조선 붐'과 같은 현상은 지금의 감각을 소급 적용해서 말하자면 초창기 한류라고 할 수 있을 정도였다. 이러한 의미에서 한·일 양국의 대중음악에 대해 국가가 아닌 보다 큰 단위의 권역에서 연구할 필요성을 절감한다. 현재 한국에서나 일본에서나 대중음악사의 연구는 대부분 '한국대중음악사' 또는 '일본대중음악사'와 같이 자국의 테두리에서 맴돌고 있다. 물론 자국의 문화를 국가 단위로 연구하는 것도 반드시 필요하지만 그것만으로는 보이지 않는 것이 있다.

이러한 생각 위에서 이 책은 국경을 단위로 한 문화적 일국주의(一國主義)에서 탈피하여 광역의 대중음악을 다루고자 하는 것이다. K-컬처가 아시아를 넘어서 세계적으로 각광 받는 오늘날 우리는 대중문화에 대한 좀 더 성숙한 관점을 가질 필요가 있다. 흔히 지나치게 경제적인 타산만 생각하거나 과도하게 자국중심주의적 사고에 매몰되는 상태를 벗어나 K-컬처를 인류 문화유산의 일부로 인식하는 포괄적 사고를 확립해야 할 것이다.

K-컬처는 한국인만의 것이 아닌, 바깥 세계와의 끊임없는 소통과 교류의 역사적 산물이다. 그래서 자문화와 타문화를 깊게 이해하고 모두가 바람직하게 공존하면서 인류의 삶을 더욱 풍요롭게 만들어가는 미래지향의 지혜로운 관점을 갖는 것이 중요하겠다. 문화는 물처럼 흐르는 것이다. 어느 한 집단에만 귀속된 고정불변의 소유물이 아니라, 늘 유동 변화하는 공유물이다. 이제 트로트와 엔카는 동아시아를 넘어 세계인의 사랑을 받을 때가 되었다. 한국과 일본의 대중음악이 새로운 이야기를 쓸 때가 되었다는 뜻이다.

이 책은 서장과 종장을 포함하여 모두 3부 10개의 장으로 구성되어 있다. 그 개요는 다음과 같다.

제Ⅰ부 '한일 대중음악의 감성적 토대'는 서장 및 제1장, 제2장, 제3장으로 되어있다. 서장에서는 한일 대중음악의 관련 양상을 개괄적으로 살펴본다. 먼저 대중음악과 관련된 여러 용어의 문제를 짚고, 국경을 넘나드는 언어와 미디어의 교섭을 검토한다. 제1장부터 제3장까지는 한일 대중음악의 전사(前

史)로서 서양의 음악을 받아들이면서 발생한 번역창가가 당시 사람들의 음악적 감성을 어떻게 새롭게 계발하여 오늘날과 같은 것으로 만들어왔는지의 문제를 다룬다. 대표적인 번역창가 <멀리 보니>, <나비>, <반디>를 분석하여, 서양음악과 동아시아적 정서의 결합 양상을 보여준다.

제Ⅱ부 '한일 대중음악의 성립과 번역의 문화사'는 제4장부터 제6장까지이다. 여기서는 주로 한일 대중음악의 성립과 전개에 있어서 번역의 역할을 중심으로 살펴본다. 최초의 유행가 <카추샤의 노래>를 비롯해 <학도가>, <장한몽가>, <사의 찬미> 등 번역과 번안 과정을 통해 형성된 곡들을 검토한다. 또 <술은 눈물인가 한숨인가>와 <목포의 눈물> 등 당대 유행가의 번역과 수용 양상을 논한다. 이러한 여러 가지 예들을 통해 서양음악의 여러 요소가 일본적 정서와 결합하여 '서양적인 일본'이 되고 그것이 또 '한국적'으로 수용되는 방식을 알 수 있을 것이다. 한국이나 일본이나 때로는 번안, 때로는 번역, 또 때로는 전면적인 개사를 통해 타자의 문화를 적극적으로 소화해간 시대였다. 이 시대에 번역은 유행을 낳았고 유행은 또 번역을 낳았다.

제Ⅲ부 '트로트와 엔카로서의 한일 대중음악'은 제7장~제9장과 종장으로 구성된다. 제7장에서는 쇼와시대 일본의 대표적인 가수 미소라 히바리의 곡들과 이에 대한 전후 일본 대중의 내적 수용 방식에 관해 살펴보고, 제8장은 1970년대와 80년대 일본에 진출해 성공한 한국 가요의 일본어 번역과 그 맥락을 짚어본다. 또 제9장에서는 언어 분석의 한 예로서 트로트 싱어송라이터 심수봉의 노래를 다루면서 그 안에 담긴 문화기호론적 특징을 알아본다. 끝으로 종장 '노래를 통한 마음의 교류'는 한일 대중음악의 미래 가능성과 문화공동체로서의 전망을 제시한 것이다.

이처럼 이 책은 서양음악의 동아시아적 수용을 통해 한일 대중음악이 성립하여 트로트와 엔카로 전개되는 과정과 21세기 미래의 전망에 이르기까지, 한 세기에 걸친 한일 대중음악사의 흐름을 크게 재구성해본 것이다. 이 책은 해당 분야의 학술연구자를 위한 학술서일 뿐만 아니라 관심을 가진 일반 독자들에게 읽힐 교양서의 성격도 가지고 있다. 하나하나의 장이 사실은 독립적으로 집필되었기 때문에 독자 여러분께서 적절히 판단하셔서 순서와 관계없이 읽으셔도 무방하다. 필자로서는 이 책으로 인해 모쪼록 많은 분들이 트로트와 엔카의 문화사적 가치를 발견하시고, '한일 대중음악'이라는 새로운 개념을 통해 일상 속의 익숙한 문화를 인류 문화의 일부로서 바라보는 고양된 입장을 경험해 보시길 권한다. 덧붙여 트로트와 엔카가 미래 세대와 세계인들에게까지 널리 그리고 오래오래 향유될 수 있도록 보존·계승·발전되기를 바라마지 않는다.

출판 과정에서 많은 분이 도움을 주셨는데, 일일이 예를 표하지 못했으나 이 자리를 통해 깊은 감사의 말씀을 전한다. 특히 출판 지원을 해주신 가천대학교와 책의 취지에 공감하여 채산을 고려하지 않고 출판을 결정하신 도서출판 역락의 이대현 사장님과 직원분들께도 고개 숙여 감사를 드린다.

2025년 11월

박진수

차례

머리말 _5
일러두기 _14

제Ⅰ부 한일 대중음악의 감성적 토대

서장 — 한국과 일본의 대중음악은 어떤 관계인가? 19
제1절 한일 대중음악의 용어 20
제2절 국경선과 대중음악 26
제3절 문화 미디어로서의 번역 텍스트 36

제1장 — 근대 일본 번역창가의 문예적 성격 44
제1절 『소학창가집』 초편의 성립 과정 46
제2절 루소 작곡 <멀리 보니>의 선곡 51
제3절 와카와 창가의 시점과 풍경 55

제2장 — '동요' 개념의 한일 차이와 번안의 수용 61
제1절 한국어 '동요'와 일본어 '도요' 62
제2절 한일 간에 공유되는 '동요' 개념과 맥락 66
제3절 '창가'에서 '동요'가 된 <나비> 70

제3장 — 번역창가와 문화 내셔널리즘 79
제1절 서양음악의 도입과 번역창가 80
제2절 <올드 랭 사인>의 수용과 애국적 감성 85
제3절 내셔널리즘의 언어와 텍스트로서의 <반디> 94

제Ⅱ부 한일 대중음악의 성립과 번역의 문화사

제4장 — 대중가요의 성립과 번역 105

제1절 일본 유행가 제1호 <카추샤의 노래> 107

제2절 서양적 멜로디와 일본적 정서의 조화 112

제3절 '서양적 일본'의 한국적 수용 122

제5장 — 번안을 번역하다 133

제1절 번역과 번안의 여러 층위 133

제2절 개사곡의 시대 — <철도창가>와 <학도가> 139

제3절 번안 소설의 주제가를 '번역'하다 — <장한몽가> 142

제6장 — 유행의 번역, 번역의 유행 149

제1절 유행의 시대 <사의 찬미> <도쿄행진곡> 149

제2절 유행의 번역 <술은 눈물인가 한숨인가> 155

제3절 번역의 유행 <목포의 눈물> 159

제Ⅲ부 트로트·엔카로서의 한일 대중음악

제7장 — 전후 일본인의 '정신적 고향' 미소라 히바리 167

제1절 은유로서의 '강물'과 '고향' <흐르는 강물처럼> 168

제2절 <슬픈 휘파람>에 내재된 부조화의 조화 174

제3절 전후의 꿈과 자유 <도쿄 키드> 181

제8장 — 1970, 80년대 한류와 '이별'의 감성 190

제1절 대중음악과 한일관계 191

제2절 불완전 번역의 의도된 효과 <가슴 아프게> 199

제3절 역사적 맥락에서 인간적 정감으로 <돌아와요 부산항에> 206
제4절 언어 조탁의 초월적 의미 <이별> 212

제9장 — 트로트 싱어송라이터 심수봉의 은유와 환유 223

제1절 은유와 환유의 문화기호론 225
제2절 <그때 그사람>의 여백과 환유적 상상력 230
제3절 <남자는 배 여자는 항구>의 대중성과 노골적 은유 235

종장 — 한일 대중음악의 미래: 노래를 통한 '마음'의 교류 245

제1절 규제와 편견을 넘어서 '마음의 벽' 허물기 248
제2절 한·일 노래의 공통점 255
제3절 트로트-엔카 문화공동체의 가능성 262

후기 _269
참고문헌 _273
찾아보기 _279

일러두기

1. 인용문의 표기에 대해
   한국어와 일본어 노래 가사는 원문을 그대로 인용하고, 일본어의 경우는 한국어 번역을 병기한다. 기타 인용문은 필요한 경우 원문을 병기한다.
2. 강조 사항에 대해
   특별한 언급이 없는 한, 본문에 있어서 필자 자신의 강조 사항은 ' '로, 경우에 따라 상점(上點)으로 하고, 인용문에 있어서 필자의 강조 사항에는 밑줄을 그어 둔다.
3. 괄호 및 부호의 사용법
   < > : 노래 곡명
   ≪ ≫ : 음반, 영화, 드라마, 방송 프로그램 등의 제목
   『 』 : 소설 등 문학 작품명, 서명, 잡지명 (서양어 서명 등은 이탤릭체)
   「 」 : 논문 제목
   ' ' : 본문 속 인용, 필자의 강조 사항, 서양어 논문 제목
   " " : 인용 속 인용
   ( ) : 인물의 생몰년, 출판 연도, 사건 연도, 부가 설명, 번역 등
   [ ] : 인용에 관한 필자의 설명, 발음기호, 부가 설명 속 원어 표기 등
   → : 이동 방향
4. 그 외 본문이나 인용문 또는 주 안에서 필자의 판단에 의해 여러 항목으로 요약하거나 열거할 필요가 있는 경우, ○으로 둘러싼 일련 번호(①, ②, ③…… 등)를 붙인다.
5. 한국어로 된 노래 곡명, 영화 제목, 작품명, 서명 등이 최초 발표에서 한글·한자 혼용이거나 한자로 표기된 경우, 독자의 가독성을 위해 적절히 한글 위주로 바꾸어 표기한다. 단, 필요한 경우 한자를 병기한다.
6. 참고문헌은 뒷부분에 각 장별 저자명 순(한국어는 가나다, 일본어는 가나 순)으로 하되 최근 문헌을 위쪽으로 정리해 독자의 편의를 도모했다.

* 이 책의 일부는 이미 다른 학술지나 다른 책에 발표된 원고를 가필·정정한 것이다. 그 내역은 다음과 같다. (이 책의 장별로 게재된 논문명, 게재된 학술지 또는 서명, 출판 사항의 순서로 적는다.)

· 서장: 한국과 일본의 대중음악은 어떤 관계인가?
「한일 근대 대중가요의 관련 양상 서설: 가사의 번역과 번안, 문화의 수용과 변용」(가천대학교 아시아문화연구소, 『아시아문화연구』 42, 2016.12)

· 제1장: 근대 일본 번역 창가의 문예적 성격
「근대 일본 번역 창가의 문예적 성격: 소학창가집』 초편의 외국 곡 「멀리 보니」를 중심으로」(고려대학교 일본연구센터, 『日本研究』 19, 2013.2)
「근대 일본 번역 창가의 문예적 성격」(한일비교문학연구회 편, 『비교문학과 텍스트의 이해』, 소명출판, 2016.2)

· 제2장: '동요' 개념의 한일 차이와 '번안동요'의 수용
「'동요' 개념의 한일 차이와 '번안동요'의 수용」(한국일본학회, 『일본학보』 118, 2019.2)

· 제3장: 번역 창가와 문화내셔널리즘
「근대 일본 번역 창가와 문화내셔널리즘: 「올드 랭 사인」의 수용과 「반디」를 중심으로」(가천대학교 아시아문화연구소, 『아시아문화연구』 33, 2014.3)

· 제4장: 대중가요의 성립과 번역
「근대 한일 대중가요의 성립 과정과 번역: <카추샤의 노래>의 원곡과 번역곡 가사의 비교분석」(가천대학교 아시아문화연구소, 『아시아문화연구』 39, 2015.9)

· 제5장: 번안을 번역하다
「한국어 근대 대중가요와 번역: 일본어 텍스트와의 문화적 상호작용」(가천대학교 아시아문화연구소, 『아시아문화연구』 45, 2017.12)

· 제6장: 번역의 유행, 유행의 번역
「한국어 근대 대중가요와 번역: 일본어 텍스트와의 문화적 상호작용」(가천대학교 아시아문화연구소, 『아시아문화연구』 45, 2017.12)

- 제7장: 전후 일본인의 '정신적 고향' 미소라 히바리
  「미소라 히바리와 쇼와시대 일본 대중의 감성: 정신적 고향으로서의 전후(戰後)」(가천대학교 아시아문화연구소, 『아시아문화연구』 61, 2023.4)
- 제8장: 1970, 80년대 한류와 '이별'의 감성
  「한국어 대중가요의 일본어 번역: 제1차 한류와 '이별' 텍스트의 언어횡단」(가천대학교 아시아문화연구소, 『아시아문화연구』 48, 2018.12)
- 제9장: 트로트 싱어송라이터 심수봉의 은유와 환유
  「한국 대중가요의 수사와 표현 양식: 심수봉 노래의 은유와 환유」(국립국어원, 『새국어생활』 29(4), 2019.겨울)
- 종장: 한일 대중음악의 미래: 노래를 통한 '마음'의 교류
  「한·일 관계 개선을 위한 문화 공동체 구축 방안: 노래를 통한 '마음'의 교류」(가천대학교 아시아문화연구소, 『아시아문화연구』 56, 2021.8)

제 I 부

한일 대중음악의 감성적 토대

제 I 부에서는 한국과 일본의 대중음악이 동아시아 근대의 역사 속에서 어떻게 관련되는지를 개관하고, 새로운 음악적 감성의 토대가 된 서양음악의 도입 과정 특히 일본 최초의 창가 교과서인 『소학창가집』에 대해 살펴보겠다. 그리고 서양의 곡들을 번안한 이른바 '번역창가'의 가사 텍스트 분석을 통해 당시 창가 가사의 문예적 특징을 밝혀보고 동요와의 관계 및 문화 내셔널리즘의 작용 방식 등을 알아보고자 한다.

서장

한국과 일본의 대중음악은 어떤 관계인가?

인간의 보편적 심미안에 호소하는 모든 예술 활동과 그 결과물에 굳이 국적(國籍)을 부여하는 것은 왜일까? 그저 안이한 범주화의 관행일까? 다른 분야와 마찬가지로 지금까지 대중음악에 관한 많은 학술적 논의는 국민국가를 단위로 이루어져 왔다. 그래서 '한국 대중음악'이나 '일본 대중음악'이라는 말은 귀에 익지만, '한일 대중음악'이나 '동아시아 대중음악'이라는 표현은 낯설게 들린다. 물론 '한일 대중음악 교류사'라는 틀에서 다룰 수 있는 연구[1]는 이미 존재하며, 동아시아 각국에서 서양음악 수용 양상을 비교문화론적으로 분석한 연구[2]도 발표된 바 있다. 이는 일국중심주의적 관점을 넘어선 의미 있는 성과로 평가된다. 그러나 필자 자신도 그렇고 대부분의 연구자가 한 곡의 대중음악에 하나의 '국적'을 대응시키는 것을 너무나 익숙하고

---

1 신현준·이준희, 「일본 대중음악사 서술의 유형과 시각」, 『대중음악』 1, 한국대중음악학회, 2008.4; 이준희, 「1945년 이전 일본 대중가요 음반에 나타난 조선인의 활동」, 『대중음악』 7, 한국대중음악학회, 2011.5; 李埈熙, 「韓国大衆音楽に及んだ日本の影響」, 谷川建司·王向華·呉咏梅編著, 『越境するポピュラーカルチャー: リコウランからタッキーまで』, 青弓社, 2009 등.

2 민경찬·장전·야스다 히로시·류인옥·김성준, 『동아시아와 서양음악의 수용』, 음악세계, 2008.

자연스럽게 받아들이는 것 같다.

한국과 일본의 대중음악에 관해 국가의 울타리를 넘어 광역적 차원에서 다룬 연구는 아직 많지 않다. 그러나 이제는 한국과 일본의 근대 대중음악을 동일한 지평에서 바라보는 관점이 필요하지 않을까 싶다. 필자는 그러한 시도를 위해 한일 근대 대중음악 성립기에 있었던 양측의 관련 양상에 주목하고자 한다. 특히 노랫말에 나타난 언어적 상호 교섭을 문학적·번역학적 측면에서 이해하고 고찰하는 것이 우선의 과제이다. 여기서는 앞으로 전개될 언어 분석적 연구의 토대가 되는 기본 용어를 점검하고, 연구 단위를 확장할 가능성을 탐색하며, 언어와 미디어에 관한 몇 가지 생각을 정리하고자 한다. 이를 통해 관련 분야의 연구자들이 '한일 대중음악'이라는 분야를 개념적으로 공유하고 그 필요성에 공감하여 함께 연구할 수 있는 이론적 근거를 마련해보고자 한다.

제1절 한일 대중음악의 용어

한국과 일본의 대중음악을 포괄적으로 연구하고자 할 때 가장 먼저 부딪히는 문제는 용어이다. '대중음악'(大衆音樂)은 양국에서 두루 쓰이는 한자어로서 영어 '포퓰라 뮤직(popular music)'의 번역어로 생각되며 일본에서는 '포퓰라 온가쿠(ポピュラー音楽)' 또는 '다이슈온가쿠(大衆音楽)'라고 부르는 것에 해당한다. 이 경우 언어는 달라도 의미의 영역이 대체로 일치한다. 즉 시대와 지역을 특정하지 않은 '대중적인 음악' 일반을 일컫는 말로 사용되는 것이다. 그런데 한국에서 흔히 쓰는 '대중가요(大衆歌謠)'라는 말은 사실 일본이나 영어권에서는 잘 쓰이지 않는 매우 독특한 한자어이다. 영어 '포퓰라 송(popular song)'이라든지 일본어 다이슈가요(大衆歌謡)는 한국어와 비교해 실제 사용

빈도가 매우 낮아서 특별한 경우 말고는 찾아보기 어렵다.

'대중가요'는 한국어에서 주로 '가사'가 있는 대중음악'[3]을 지칭하는 말로 인식되는데 이처럼 '노랫말의 존재 여부'를 가려내어 '가사가 없는' 대중음악을 제외한 개념을 따로 설정해서 사용하는 경우는 영어나 일본어에서는 많지 않은 것 같다. 더구나 20세기 이후 현재까지 가사가 있는 대중적 악곡을 광범위하게 지칭하면서 학계에서도 자주 쓰이는 경우는 더더욱 흔치 않다. 물론 언어권마다 노래(song, 歌, うた)와 음악(music, 音楽, おんがく)을 별개의 어휘로 구분하는 것이 일반적이다. 문제는 '노래' 또는 '가요'라는 말에 '대중적인' 혹은 '인기가 있는'(popular)이라는 수식어를 붙여서 쓰는가 하는 것이다.

대체로 한국어 '대중가요'는 '대중음악'과 혼용될 정도로 사용범위가 큰데, 그 이유는 한국에서는 '가사가 있는' '대중가요'가 '대중음악'에 속하면서도 '대중음악'을 대표하는 분야로 인식되기 때문일 것이다. 일본의 경우 같은 한자문화권이면서도 이에 해당하는 '다이슈카요'라는 말 대신 류코카(流行歌, 유행가)나 가요쿄쿠(歌謡曲, 가요곡) 등이 이에 어느 정도 대응되는 말이다.[4] 그러나 한국어 '대중가요'과 같은 일반명사적 성격보다는 특정한 시대의 역사적 산물로서 대중음악 장르 중 하나라는 어감이 강하다.

일본에서 '류코카'는 1910년대부터 80년대의 대중음악을 폭넓게 지칭하는 말이다. 그 이전 메이지 시대에는 비슷한 표기의 하야리우타(流行唄, 유행패)라는 말이 쓰였는데 주로 거리의 악사들에 의해 유포되면서 사람들에 의해 입에서 입으로 널리 알려진 노래들을 가리킨다. 이는 '(한창) 인기가 있다'

3 장유정, 「한국 대중음악사 기술을 위한 기초 작업: 몇 가지 쟁점을 중심으로」, 『대중음악』 1, 한국대중음악학회, 2008.4, p.81.

4 '류코카'와 '가요쿄쿠'는 각각 한국어 발음으로 '유행가'와 '가요곡'에 해당하는데, 한국에서도 예전에는 많이 사용되었다. 다만, 개념상의 엄밀한 구분 없이 대중가요처럼 대중음악 전체를 아우르는 총칭의 성격이 강했다고 할 수 있다.

'널리 퍼지다' '번성하다'라는 의미의 동사 하야루(流行る, はやる)의 명사형과 노래(うた, 唄)의 합성어로 말 그대로 '인기가 있어서 널리 퍼져 유행하는 노래' 정도의 뜻을 지니고 있었다.

그런데 레코드의 보급과 함께 등장한 '류코카'는 바로 전시대의 이 '하야리우타'에서 훈(訓)으로 읽던 한자어를 음(音)으로 읽고[5] 글자를 하나 살짝 바꾸어[6] 이를 계승·포괄하면서도 그 나름의 참신성을 표현하려 만든 말로 생각된다. 이러한 약간의 용어 변경은 꽤 성공적이었다. 작사가·작곡가 등 제작자나 가수의 존재를 부각시키면서 노래가 상품화되는 새로운 시대에 새로운 양식의 노래라는 의미를 충분히 담아냈던 것이다. 이렇게 등장한 '류코카'는 그 이후 각 시대의 '대중음악'을 지칭하는 용어로 폭넓게 쓰이지만 반드시 '유행'한 것이 아닌 곡도 있어서 하나의 장르를 일컫는 학술용어로서 아주 적합한 것은 아니다.

'가요쿄쿠'는 대략 1930년대에서 1980년대 정도까지의 방송이나 레코드 등 미디어에 의한 대중음악을 가리킨다. 이때 '가요쿄쿠'는 말 그대로 '가요(歌謡)'에 곡(曲)을 붙인 말인데 원래 '가요'는 음악적 곡조를 띤 일본의 전통문예를 말하며 대중음악과는 상관이 없었다. 그런데 라디오 방송이 시작되면서 '류코카(유행가)'라는 말의 애매함과 저속함을 불식시키려는 의도에서 '방송되는 대중음악'의 의미로 편의상 만들어 쓰던 용어가 정착된 것이다.[7] 가요쿄쿠는 사실상 '가요'와 '가곡'의 합성어이다. 가곡(歌曲, 가쿄쿠)이 클래식 음악

---

5 '유행(流行)'을 '하야리(はやり)'로 읽다가 '류코(りゅうこう)'로 읽음. 일본어에서 훈독(訓読)과 음독(音読)이 둘 다 가능한 한자어는 매우 흔하다. 예) 国境(こっきょう, くにざかい: 국경 또는 지방 사이의 접경) 등. 또 이 경우 의미가 완전히 달라지는 경우가 있다. 風車(かざぐるま: 바람개비, ふうしゃ: 풍차) 등.

6 '唄'를 '歌'로 바꾼 것.

7 菊地清麿, 『日本流行歌変遷史』, 論創社, 2008, pp.21-22 참조.

중 가사가 있는 창작곡을 의미했기 때문에 '가요'의 문학성과 '가곡'의 고급 음악적 성격을 붙여서 만든 것으로 판단된다.[8]

그렇다면 대표적인 전통음악 장르로 여겨지는 '엔카'는 무엇을 말하는가? '엔카'라는 용어는 원래 19세기 말 메이지 시대의 자유민권운동[9] 시기에 정치적 견해를 담아 부르던 '엔제쓰카(演說歌)'의 줄임말이었는데 이를 재활용[10] 한 것이다. 자유민권운동의 목표인 입헌군주제가 달성되자 정치적 내용의 엔카는 개인적 감정을 읊는 노래로 바뀌게 되었다. 20세기 전반까지 바이올린과 아코디언을 연주하며 노래하던 길거리 악사들을 엔카시(演歌師)라 했는데 이들은 레코드와 라디오의 확산에 따라 활동 범위가 줄어들다가 1950년대가 되면 완전히 사라진다. 이후 1960년대 레코드나 방송을 매개로 한 유행가(또는 가요곡) 위주의 일본 대중음악계에 동시대 서양 대중음악의 영향을 받은 새로운 경향의 곡들이 나타났다. 그러자 기존 유행가를 새 노래들과 구별하기 위해 주로 1930년대와 40년대 곡들까지 소급 적용하여 옛날식 노래라는 뜻으로 '엔카'라 부르게 되었다. 현재 '엔카'는 고유성과 토속성을 갖춘 일본의 전통 대중음악 장르로 인식되고 있다.

한국에서는 적어도 대중음악의 초창기인 1920년대부터는 '유행가'라는 용어가 사용되기 시작하여 30년대에 일반화된 것으로 보인다. '가요곡'도 30년대부터 병행적으로 사용되었는데 해방 후 오랜 기간에 걸쳐 이 용어들은 점차 '대중가요'로 대체된 것이 아닌가 생각된다. 한국어에서는 이러한 용어

---

8 박진수·김태경 외, 『일본 대중문화의 이해』, 역락, 2015, p.190.

9 1870, 80년대 일본에서 일어난 헌법 제정, 의회 개설을 위한 정치 사회운동으로 정치의 중심에서 밀려난 사족(士族)을 중심으로 전개되었다. 파벌 정부에 의한 전제정치를 비판하면서 입헌군주제(立憲君主制) 실시를 주장했다. 1890년 제국의회 개설이 이루어질 무렵까지 계속되었다.

10 박진수, 「글로벌 문화유산으로서의 20세기 한·일 대중음악: 트로트, 엔카, 그리고 가요」, 『아시아문화연구』 67, 가천대학교 아시아문화연구소, 2025.4, p.12.

들이 엄밀하게 구분되면서 사용되기보다는 오히려 '대중가요'로 단일하게 통합되는 과정을 거쳤다고 보아야 할 것 같다. 오늘날 한국에서 통용되는 '대중가요'는 사실상 '모든 시대 모든 지역의 가사가 있는 대중음악'에 해당하는 일반명사로서 보편적 의미도 담고 있다.

주로 한국에서만 두루 쓰이는 한자어 '대중가요'는 일본어 '가요쿄쿠'에서 '가요'를 따고 영어의 'popular music'에서 'popular'를 '대중'으로 번역하여 합성한 말로 볼 수 있다. 장르를 시대별로 세분하여 그 고유성에 주목하는 것이 습관화된 일본에서는 오히려 한국의 대중음악을 가리키는 특수한 용어로 '한국대중가요(韓国大衆歌謡)' 또는 '한국의 대중가요(韓国の大衆歌謡)라고 쓰고 '대중가요'도 일본식 한자음 '다이슈카요' 로도 읽지만 한국식 한자음 '대중가요'를 그대로 읽어서 외래어처럼 'デジュンガヨ'로 표기하기도 한다. 다시 말해 '가사가 있는 한국의 대중음악'이라는 뜻으로 고유명사처럼 사용하는 것이다.

이렇게 한자어 '대중가요'는 일반명사로서의 넓은 뜻과 고유명사로서의 좁은 뜻을 모두 지닌 말로서 그 쓰임새에 있어서 나름의 장점이 있다. '유행가'나 '가요곡'이 담아내지 못하는 가사의 중요성을 전면화하면서 가사가 있는 대중음악을 총칭하고 있다고 할 수 있다. 그래서 '대중가요'라고 하면 가사가 있는 노래의 노랫말이 담고 있는 내용과 화자(흔히 가수로 인식됨)가 전하려는 메시지를 의식하게 되는 측면이 있다. 여기서는 오해가 없는 범위에서 이러한 이중적 의미의 '대중가요' 또는 '가요'라는 용어를 언어 사용상의 현실에 맞게 '대중음악'과 함께 사용하되 다소 느슨하게 쓰기로 한다. 일본의 '류코카' 혹은 '가요쿄쿠' 등 대중음악 장르 중 '가사가 있는' 곡이라면 모두 '대중가요'로 총칭할 수도 있을 것이다. 그리고 '한국 대중가요'는 물론 '일본 대중가요', '한일 대중가요' 및 '동아시아 대중가요'로도 얼마든지 쓸 수 있을 것이라 생각한다.

마지막으로 한국의 '트로트'라는 용어는 '엔카'처럼 1960년대 후반부터 지금과 같은 뜻으로 쓰이기 시작한 것으로 보인다. 본래 1910년대부터 1940년대까지 미국의 무도장을 강타했던 사교댄스 '폭스 트로트(foxtrot)'에서 유래[11]한 말이지만, 그것과는 무관하게 1930년대에 시작된 옛날식 노래라는 뜻이 되었다. 1964년 크게 히트한 이미자의 <동백 아가씨>에 대해 '왜색'(倭色=일본풍) 가요라는 비난과 함께 방송금지 처분이 내려지자, 당시 '뽕짝'이라고도 속칭하는 이와 유사한 음악 양식을 '트로트'라고 명명하게 되었다. 처음에는 일본의 영향을 받은 노래라는 뜻이 있었으나 점차 대중음악의 중심적 지위를 회복하면서 일본적 색채를 희석하게 되었다. 특히 1970년대부터는 꾸준히 트로트의 대중성과 고유성을 강조하는 주장이 제기되어왔다.[12] 이 용어의 확립은 일제의 잔재라는 부정적 이미지를 불식하여 문화적 정체성을 새롭게 구축하고자 한 담론적 조치가 일반 대중에게 받아들여진 것이었다.[13]

'트로트'와 '엔카'라는 용어는 다음과 같은 공통점을 갖고 있다. 첫째, 1960년대 후반 이후 외래음악의 영향을 받은 팝 계열의 곡들과 구별하기 위한 옛날식 노래의 의미로 사용했다. 둘째, 연설가라든가 사교댄스의 리듬 명이라는 원래의 뜻과는 다르게 차용된 용어이다. 셋째, 의미의 범위가 1930년대의 유행가로까지 소급 적용된다.

여기서 우리는 한국에서 쓰는 음악에 관련된 용어들, '유행가'와 '가요' 뿐만 아니라 '창가' '가곡' '동요' 심지어 '음악' 자체도 일본에서 서양어를 번역한 화제한어(和制漢語)임을 상기할 필요가 있다. 그런데 유독 트로트만큼은 다르다. '엔카'를 한국어 발음으로 읽는 '연가(演歌)'와 같은 용어를 쓴다든

11 손민정, 『트로트의 정치학』, 음악세계, 2009, p.21 참조.

12 https://newslibrary.naver.com/search/searchByKeyword.naver (검색어: 트로트, 2025년 8월 30일)

13 박진수, 앞의 논문, p.12.

지 하는 선택지도 있었을 텐데, 영어에서 직접 트로트(trot)를 가져와 쓰게 되었다. 왜일까? 아마도 이 용어를 쓰기 시작할 무렵에는 한국 대중음악(대중가요 또는 유행가) 전체에 대한 지식층의 매도를 벗어나려는 의도에서 비난의 표적이 되는 구슬픈 노래들을 '트로트'로 한정한 측면이 있다. 그러다가 1970년대부터 그 영어 명칭이 갖는 보편성과 객관성의 도움으로 '왜색'이라는 혐의를 서서히 벗어나게 된 것이 아닐까 한다.

제2절 국경선과 대중음악

트로트와 엔카는 한일 양국에서 각기 전통 대중음악으로 자리 잡았지만, 그 뿌리는 같다. 이제 우리는 이 두 장르가 형성되던 시기로 거슬러 올라가, 한일 대중음악이 어떠한 역사적 조건 속에서 태어나고 전개되었는지를 살펴볼 필요가 있다.

19세기 말부터 20세기 초에 걸쳐 동아시아의 음악 환경은 커다란 변화를 맞이했다. 서양음악이 제국 일본의 교육·군사·공연 제도를 통해 대규모로 도입되었고, 이 과정에서 일본과 조선, 타이완(臺灣, 대만), 만주 등지의 노래들도 새로운 선율과 가사로 재탄생하며 이전에는 없던 근대적 대중음악의 형식을 만들어냈다. 1920년대에 등장한 '유행가(流行歌, 류코카)'는 단순한 오락이 아니라, 근대라는 시대를 살아가는 사람들의 감정과 기억, 그리고 사회적 관계를 담아내는 중요한 매개체였다.

20세기 초 한국과 일본은 근대 이전부터 있어온 음악적 전통과 시적 전통의 바탕 위에서 서양음악의 영향을 받아 새로운 형식과 내용의 '창가' 및 '대중가요'를 만들어냈다. 그런데 그것이 한국은 한국대로 일본은 일본대로 상호 교섭 없이 따로따로 이루어진 것은 아니다. 필자는 20세기 동아시아의 대중음악은 당시 세계 대중문화의 큰 흐름 속에서 많은 이들이 국적이나 민족, 출신지 등을 초월한 협업을 통해 빚어낸 산물이라고 생각한다. 이러한 의미에서 근대 초기 한·일 양국의 대중가요에 대해서도 국가가 아닌 보다 큰 단위의 권역에서 연구할 필요성을 절감하고 있다. 더구나 양국 대중가요의 출발 시점은 대략 조선에 대한 일본의 식민지 지배 시기와 겹치므로 한일간에 지금과 같은 의미의 '국경'은 당연히 존재하지 않았다.

초창기부터 밀접한 상호 관련 속에서 비슷한 길을 걸어온 한국과 일본의 대중가요는 형식과 내용 및 감성적인 면에서 너무나도 닮은꼴이다. 그 이면에는 1910년대부터 30, 40년대에 이르기까지 혹은 그 이후에도 양측의 작사가, 작곡가, 가수, 음반제작자들이 늘 현해탄을 건너 교류하고 상호 영향 속에 끊임없이 새로운 장르를 함께 개척해 갔던 사실이 있다. 이러한 상황을 좀 더 정확히 이해하기 위해서는 장차 타이완 및 중국의 몇몇 도시들도 연구의 영역에 포함해야 한다. 그래서 이들 공간에서 이루어진 필리핀 밴드나 러시아 망명 음악인들의 활동까지 포괄한 인적 교류에 대해 보다 입체적인 조사를 진행하는 것이 바람직하나 일단 이 책에서는 초점을 한국과 일본에 국한하기로 한다.

대중음악의 한·일간 교류는 어느 한쪽의 일방적 자극과 영향보다는 언어적 지리적 경계를 초월해 양자가 상호침투하는 방식으로 전개되었다. 사실 더 근본적으로는 대중음악의 지형도에 있어서 '양측' 또는 '양자'와 같은 이분법적 표현이 어색할 만큼 한국과 일본의 경계가 분명하지도 않았다. 하나의 음반이 제작되는 과정에서 다양한 사람들이 관여했고 그중에는 조선인과 일본인이 섞여 있는 경우도 많았다.

한국에 대한 일본의 영향은 식민지 지배라는 시대적 상황에 비추어 당연하게 여겨지는데 사실상 일본에 대한 한국의 영향도 적지 않았다는 것이 그 당시 대중가요에 대한 최근의 여러 연구를 통해 밝혀졌다.[14] 1943년 말까지 한국의 전체 대중가요 약 4500곡 중 5%를 상회하는 250곡 이상이 일본 유행가의 번안이라는 사실이 지적된 바 있다.[15] 그런데 일본에서도 그만큼은 아니지만 적지 않은 조선의 유행가가 일본어로 번안되었다. 조선의 대중가요가 일본어로 번안되어 불린 것은 주로 조선 출신 가수 채규엽(蔡奎燁, 1906~1949), 이애리수(李愛利水, 1910~2009), 강석연(姜石燕, 1914~2001), 윤백단(尹白丹, 1913~?), 전옥(全玉, 1911~1969), 박경희(朴慶姬? 朴景嬉?, 1901?~?), 이난영(李蘭影, 1916~1963), 김연월(金蓮月, ?~?), 선우일선(鮮于一扇, 1919~1990) 등에 의한 것으로 보인다.[16]

지금은 한국과 일본이 별개의 국가라는 사실이 당연한데 이 지역에 대중가요가 싹트던 시기인 1910년대에서 30년대의 눈으로 보자면 한국과 일본을 따로따로 생각할 수 있는 정치적 조건이 되지 못했다. 안타깝게도 한쪽은 식민지로서 다른 한쪽은 이 식민지를 통치하고 있는 제국으로서 존재했으므로 양자는 불가분의 포함 관계에 있었다. 한반도는 조선이라는 '지방'으로서 일본 제국을 구성하고 있는 일부였지 '일본'과 대립하거나 비교될 수 있는 상황은 아니었던 것이 당시의 엄연한 현실이었다.

물론 1910년 8월 한일병합조약(韓日併合條約)까지 한국은 '대한제국'이라는 이름의 독립국이었다. 1905년 을사보호조약(乙巳保護條約)에 의해 일본의 '피보호국'으로 전락하기까지만 해도 '대일본제국'은 물론 '대청(淸)제국'과 비

---

14 1930년대 일본에서의 조선 대중가요에 대한 인기에 관해서는 박진수, 「동아시아 대중음악과 근대 일본의 '조선 붐'」, 박진수, 『근대 일본의 '조선 붐'』, 역락, 2013 참조. 1945년 이전 조선인들의 일본 대중가요에 대한 참여 양상과 영향에 관해서는 이준희, 「1945년 이전 일본 대중가요 음반에 나타난 조선인의 활동」, 『대중음악』 7, 한국대중음악학회, 2011.5 참조. 1930년대 조선의 '신민요 붐'이 일본과 타이완 등 동아시아 전역에 미친 영향에 관해서는 貴志俊彦, 『東アジア流行歌アワー』, 岩波書店, 2013, pp.105-107 참조.

15 李埈熙, 앞의 논문, p.178 참조.

16 이준희, 「1945년 이전 일본 대중가요 음반에 나타난 조선인의 활동」, pp.136-146 참조.

교해도 적어도 명목상으로는 전혀 손색이 없는 당당한 하나의 '제국'이었다. 그러나 또 다른 한편으로 이 대한제국은 1897년 10월에 수립·선포된 '신생제국'인 동시에 1392년 이성계의 위화도 회군을 계기로 '대명(明)제국' 황제의 책봉을 받아 성립된 '조선국' 왕의 가계가 5백 년이 넘는 세월 동안 그대로 존속해온 '오래된 전제군주국'이기도 했다.

이에 반해 일본의 경우는 전통적으로 중국을 중심으로 한 화이질서(華夷秩序)와는 일정한 거리를 두고 대륙으로부터 문화적인 영향만을 흡수하면서 지내온 국가였다. 중국과 육로로 연결되지 않은 일본은 고대의 간헐적 사자 파견과 14, 15세기 무로마치시대(室町時代) 감합무역(勘合貿易)의 시기를 제외하고 중화제국의 책봉체제에 장기간 제대로 편입된 적이 없었다. 도요토미 히데요시(豊臣秀吉, 1537~1598)의 명(明) 정복 야욕이 좌절된 후 에도시대(江戸時代, 1603~1868)에 200여 년간 쇄국으로 일관하다가 페리 사건(1853)으로 인해 아편전쟁(阿片戰爭, 1840~1842) 직후의 중국과 마찬가지로 서구 국가들과 불평등조약을 맺게 된다. 19세기 후반 서세동점(西勢東漸) 이후로 중화제국 중심의 동아시아 질서가 와해되면서 조선과 청, 일본, 베트남 등은 각각의 다른 길을 가게 되었는데 이들 중 일본은 가장 급진적인 서구화를 추진해서 근대국민국가 건설에 성공한 사례가 되었다.

일본은 서구의 외압에 눌려 강제로 문호를 개방하게 된 지 15년 만에 메이지유신(明治維新, 1868)으로 내부체제를 개혁하고 3년 후인 1871년 청과 대등한 조건으로 청일수호조규(清日修好條規)를 맺는다. 이때부터 일본은 중국과의 책봉체제에 속했던 나라를 비롯한 주변국들에 대해 식민지화를 추진하면서 국경선을 확대해 간다. 1872년부터 79년 사이에 진행된 류큐처분(琉球処分)으로 오키나와(沖縄)를 흡수 통합했고 1870년대와 80년대를 통해 홋카이도 이주 정책이 추진되었으며 청일전쟁(1894~1895)의 결과로 타이완을 할양받았다.

러일전쟁(1904~1905) 직후 사할린 남부를 귀속시키고 조선을 '보호관계'에 두다가 급기야는 1910년 한일병합조약으로 조선을 식민지화했다. 남만주철도 부설권을 갖고 랴오뚱(遼東)반도의 도시들을 조차(租借)하고 있던 일본은 관동군 주도하에 1932년에는 괴뢰국가 만주국을 세웠으며, 1937년 중일전쟁 이후에 중국의 여러 지역과 동남아시아 및 태평양 군도 등을 세력 범위에 넣었다. 현재의 일본은 1890년대 이후에 획득한 식민지와 점령지를 모두 반납한 일본열도 중심의 섬나라이지만 20세기 전반에는 영토나 인구 면에서 적어도 타이완과 조선 및 중국 일부를 장악한 동아시아의 대국이었음을 부정할 수 없다.

한일 대중음악은 바로 이 시기에 탄생하고 전개되었다. 대중음악의 출현을 1910년대로 보든 1930년대로 보든 이 시기의 문화 현상은 '일본제국' 전체의 범위에서 대중사회의 형성과 미디어의 발달 상황을 같이 고려하지 않으면 온전히 이해할 수 없을 것이다. 그렇다면 현재 일본 대중음악의 출발이라거나 한국 대중음악의 시작이라는 표현은 지금의 국경을 소급 적용한 것에 지나지 않는다. 당시의 현상은 가급적 당시의 상황 속에서 충분히 살필 필요가 있다. 다시 말해 한국 대중음악과 일본 대중음악이 그렇게 분리되고 동떨어진 것이 아니라는 것이다. 그러나 전후 일본이나 한국에서 이 시기를 연구하는 잣대는 개별 곡들에 대한 국가별 목록화 작업에 기초하고 있었다고 할 수 있다. 그 전체상을 살펴보면 대략 다음과 같다.

일본의 경우 대중음악사를 다룬 최초의 저작은 소설가이자 민속학자인 후지사와 모리히코(藤沢衛彦, 1885~1967)의 『하야리우타 변천사(流行唄変遷史)』(有隣洞書屋, 1914)까지 거슬러 올라갈 수 있지만 본격적인 연구는 1951년에 나온 그의 『유행가 백년사(流行歌百年史)』(第一出版社)로 볼 수 있을 것이다. 1963년 엔카시(演歌師) 출신의 소에다 도모미치(添田知道, 1902~1980)의 『엔카의 메이지 다이쇼사(演歌の明治大正史)』(岩波新書), 1965년 빅터사의 레코드 제작자였던 가미야마 게이조(上山敬三, 1911~1976)의 『일본의 유행가(日本の流行歌)』

(早川書房)에 이어 1967년에 도쿄대학의 교수이며 사회학자인 미타 무네스케(見田宗介, 1937~)의 『근대 일본의 심정의 역사(近代日本の心情の歴史)』(講談社)에 의해 대중음악사에 대한 학술적 연구가 시작되었다. 1970년에는 고모타 노부오(古茂田信男, 1907~2002?)와 같은 저명한 작사가들이 풍부한 자료를 바탕으로 공동 집필한 실증적 저서 『일본유행가사(日本流行歌史)』(社会思想社)가 쓰여졌다.

이렇게 1950년대부터 일본에서의 대중가요 관련 저작들이 많아졌는데 70, 80년대까지의 시기에 발행된 것은 의식적이든 무의식적이든 전후 민주주의의 흐름 속에서 고양된 민중사적 관점이 반영된 결과였을 것이다. 여러 문화 장르 중에서도 대중가요는 소위 고급예술에 비해 역사의 저변을 움직이는 민중의 감성과 세계관을 반영한다고 보고 '대중' 또는 '민중'의 주체적 공감을 더욱 적극적으로 해석하는 관점이었다. 그러나 이들에게 있어서의 '대중' 또는 '민중'도 어디까지나 '일본'이라는 수식어를 받는 존재로서 일국중심주의를 벗어나지는 못하고 있었다. 이러한 태도는 최근 음악사 연구가 기쿠치 기요마로(菊池清麿, 1960~)의 『일본유행가변천사(日本流行歌変遷史)』(論創社, 2008)에 이르기까지 일관되게 나타나고 있는데 일본열도 내부에서의 대중가요에 관련된 기술이 주를 이룰 뿐이다. 특별히 외부와의 교섭 상황을 여러 각도에서 살피려는 관점은 보이지 않는다.

한국 대중가요사에 대한 최초의 체계적 연구는 일본에서 시작되었다. 언론인 출신의 재야 연구가인 재일교포 박찬호(朴燦鎬, 1943~2024)의 『한국가요사(韓国歌謡史)』(晶文社, 1987)[17]가 그것인데 『일본유행가사』에 못지않은 실증적인 연구였다. 한국에서는 약 10년 후 이영미(李英美, 1961~)의 『한국 대중가요사』(시공사, 1998)가 출간되면서 학술적 연구의 바탕이 만들어졌다고 볼 수

---

17 2009년 미지북스에서 한국어로 번역 출간되었다. 안동림 번역, 이준희 편집.

있다. 이영미의 저작이 출간되기 1년 전인 1997년에 북한의 평양출판사에서 나온 것으로 알려진 최창호의 『민족수난기의 가요들을 더듬어』를 2000년에 다시 한국에서 『민족수난기의 대중가요사』(일월서각, 2000)로 제목을 수정하여 펴냈다. 같은 해에 재야 연구가 김지평(金地平, 1942~)의 『한국 가요 정신사』(아름출판사, 2000)는 학술적 체계를 갖추었다고 보기는 어려우나 일제강점기부터 현대까지 대중가요의 역사를 고대로부터의 '노래의 정신사'라는 독특한 관점을 통해 조명하기도 했다. 이처럼 2000년을 전후한 시기에 주류 음악에 비해 백안시되던 대중가요에 대해 비로소 학술적 접근이 시작되었다고 볼 수 있다.

그 이후 한국 내에서의 한국 대중가요 자체에 관한 연구는 비약적인 발전을 이루어 왔다. 개별 연구자들의 접근방식으로 볼 적에 크게 세 가지 관점이 있어왔다. 하나는 한국문학 연구자들의 가사 텍스트 분석에 의한 문학적 연구이다. 또 하나는 음악학 연구자들의 음악학적 연구이며, 나머지 하나는 역사학과 사회과학 연구자들의 역사사회학적 연구이다. 이들은 각각 해당 분야에서 기초 연구를 비롯한 많은 성과를 올렸으며 학위논문과 학술연구서 출판은 물론 학회[18] 단위의 전문적 연구 활동을 통해 한국 대중음악 연구의 수준을 비약적으로 끌어올렸다. 그런데 역시 한 가지 아쉬운 점은 대중가요에 관한 인식의 틀이 몇몇 예외적인 경우를 제외하고는 일국(一國) 단위를 기본으로 하고 있다는 것이다. 적어도 1945년 이전까지의 근대 대중가요

18 한국 대중음악의 전문적 연구와 학문적 교류를 목적으로, 성공회대 김창남(金昌南, 1960~) 교수 등 연구와 평론에 종사하는 대중음악 관계자들이 2005년 6월 22일 한국대중음악학회(KASPM: The Korean Association for the Study of Popular Music)를 결성하여 매년 2회의 정기학술대회를 열며 2008년부터 매년 2회 학술지 『대중음악』(*Korean Journal of Popular Music*)을 발간하고 있다. 특히 한국대중음악학회는 국제대중음악학회(The International Association for the Study of Popular Music; IASPM)의 한국 지부를 겸하고 있다.(http://www.kaspm.net/)

상황에 대해서는 이와 같은 일국 단위의 연구로는 한계를 가질 수밖에 없다. 실상은 모두 현재의 국경을 초월해서 존재했었던 것들이기 때문이다.

일본의 경우도 이와 비슷한 상황이었으나 최근에 예외적인 관점이 등장했다. 2013년에 출간된 기시 도시히코(貴志俊彦, 1959~)의 저작 『동아시아 유행가 아워(東アジア流行歌アワー)』의 경우는 한국과 일본, 중국, 타이완, 홍콩 등 동아시아 전체를 연구의 대상으로 하고 있다. 동아시아를 크게 일본 본토―그 식민지(타이완, 조선 등)―민남어 지역(푸젠성 남부)을 통해 아모이나 남양(南洋)으로 연결되는 '제국권(帝國圈)'과 중국 본토(상하이, 베이징)-홍콩-싱가포르-베이징어나 광둥어 등을 매개로 남양의 화교사회로 연결되는 '화어권(華語圈)'[19]으로 나누어 대중가요의 성립 시기부터 전쟁시기까지를 다루고 있다. 부제목 '경계를 넘는 소리, 교차하는 음악인(越境する音 交錯する音楽人)'이라는 표현에서처럼 국경을 넘나들며 전개되는 복잡한 인적 네트워크를 있는 그대로 담아내려는 의도가 읽힌다. 특히 1930년대의 상황을 당시의 시대적 지역적 사회적 조건에 부합하도록 '국가'가 아닌 '도시'를 중심으로 바라보고 있다는 점에서도 시사적이다. 다만 내용에 있어서 군데군데 사실관계에 대한 좀 더 정밀한 확인이 필요한 부분이 있다.

이보다 조금 앞서 2010년 와지마 유스케(輪島裕介, 1974~)의 『만들어진 '일본의 마음' 신화(創られた「日本の心」神話)』는 처음으로 대중음악에 있어서의 일국중심주의를 비판한 바 있다. 오늘날 일본 사회에서 당연한 듯이 통용되는 '엔카는 일본인의 마음이다'라는 명제, 즉 엔카는 '일본의 전통'이라는 누구나가 자명한 것으로 받아들이는 상식에 반론을 제기한 것이다. 엔카는 일본의 음악적 전통에서 유래한 것이 아니라 적어도 근대 이후 여러 외래적 요소가 섞여서 구성된 혼종적 장르임을 검증을 통해 분명히 밝히고 있다.

---

19 貴志俊彦, 『東アジア流行歌アワー』, 岩波書店, 2013, p.16.

특히 1960~70년대 좌익문화론 및 내셔널리즘적 맥락에서 '엔카=서민의 심정 표현'이라는 담론이 형성되면서 하나의 신화처럼 되어버린 과정과 그 의미에 대해 방대한 자료와 구체적인 사례를 들어 논한다. 대표적인 원로 엔카 가수 기타지마 사부로(北島三郎, 1936~)의 '미국에는 재즈가 있고 프랑스에 샹송이 있듯이 일본에는 엔카가 있다'는 언급에 대해서도, '국가'나 '민족'의 '노래'라는 자연적 원초적 연결이 아니라 어떤 사회집단과 특정한 문화표현이 언제 어떻게 결합되는가 하는 문제로 받아들여야 한다[20]고 주장한다.

그런데 트로트와 엔카에 관한 본격적인 비교연구는 2010년대 후반에 시작되었다. 일본의 사회학자 고바야시 다카유키(小林孝行, 1946~)는 『한국의 트로트와 일본의 엔카』(원제는 '日韓大衆音楽の社会史', 2019)를 통해 음악사회학적 관점에서 트로트와 엔카의 월경성(越境性)과 토착성에 주목하면서 초창기부터 오늘날까지 두 장르의 역사를 정리했다. 그는 이 저서에서 엔카를 올드 엔카(1920, 30년대), 미들 엔카(1960, 70년대), 뉴 엔카(1970년대 후반 이후)의 3단계로 시대구분했는데, 이에 비해 트로트는 올드 트로트(1920, 30년대), 미들 트로트(1960, 70년대), 뉴 트로트(1970년대 후반), 신세대 트로트(2000년대 이후)의 4단계로 발전해 왔다는 점을 지적했다.[21]

전체적으로 볼 때 한국과 일본을 막론하고 이 분야의 연구는 아직도 일국 단위의 관점에서 비롯된 것이 대부분이다. 일국 단위의 관점은 그 나름의 존재 이유가 있으나 이제는 한국에서도 시각을 다양화할 필요가 있다. 예를 들면 비교문학 또는 비교문화론적 관점과 같은 것이 중요하다. 특히 외국문학이나 외국문화를 섭렵한 연구자들이 글로벌한 관점에서 적절한 역할을

---

20 輪島裕介, 『創られた「日本の心」神話』, 光文社, 2010, p.8, pp.350-351 참조. '일본의 엔카'에 대해 '한국의 트로트'라는 대응 구도에 관해서도 마찬가지로 생각할 수 있겠다.

21 고바야시 다카유키, 박진수 역, 『한국의 트로트와 일본의 엔카』, 역락, 2022, p.97, p.161 참조.

해주어야 한다. 지금까지 필자를 비롯한 일본어문학 관련 연구자들이 일본의 대중음악 혹은 대중가요를 연구하거나 한국과 비교 분석한 예도 있었으나 더 많은 연구자들이 관심을 갖게 되기를 바란다.

일본에서는 엔카를 서양음악과 일본적 정서를 결합하여 만든 서민 문화의 독창적인 장르로 취급한다. 한국에서는 트로트를 식민지 상황에서도 민족의 애환과 전통의 숨결을 실은 고유의 노래로 생각한다. 이 두 가지는 각각 연구의 범위를 일본과 한국 내에 국한했을 때에는 부분적으로 맞는 견해이다. 그러나 한국과 일본을 하나의 권역으로 묶어 연구해보면 소위 '고유'니 '전통'이니 하는 표현이 얼마나 편협한 시각에서 비롯된 것인지를 알 수 있다. 그런데 일본은 일본대로 한국은 한국대로 지금까지의 대중음악 연구에 있어서 왜 국경을 넘어서 외부와의 관계에까지 주목하지 못했는지를 생각해 볼 필요가 있다. 그것은 양측 모두 과거사 즉 20세기 초부터 1945년까지의 역사를 있는 그대로 맨눈으로 보기에 거북함이 있기 때문일 것이다.

일본의 경우는 패전 후 GHQ의 점령 통치를 거치면서 1945년 이전의 역사를 기술할 때 '동아시아 속의 일본'을 보기보다는, 관점을 일본열도에 국한하는 편향이 생겨났다. 과거사에 대한 죄의식에서 비롯된 것일 수도 있겠지만 일종의 자기 검열적 태도가 발현된 것으로 보인다. 동아시아를 하나로 보거나 일본과의 관련을 확대된 관점에서 다루다가 혹여 '대동아공영권'을 연상시켜 자신이 그와 같은 입장을 갖고 있는 것으로 의심받고 싶지는 않다는 심리가 작용했을 수 있다. 그러한 가운데 한편으로 전쟁 중에는 억압되었던 좌익적(민중적) 관점을 강조함으로써 손상된 도덕성을 보상받으려 했는지도 모른다. 즉 연구 대상 권역의 공간 지리적 확대보다는 연구 대상의 사회 계층적 수평성을 중시하는 데에 치중했다고 보인다.

한국의 경우는 일제강점기의 역사에 대해 수천 년의 면면한 민족사가 단절된 지극히 예외적인 부분이라 생각하고 이에 대한 보상 심리가 작용하여 자주성과 주체의식을 강조해왔다. 대중가요의 역사도 외부와의 교섭 상황보다는 그 속에서 민족적인 것을 발견하고 강조하는 데에 적극적이었다. 노래를 통해 민족정신의 구현을 발견하고 싶어 한다는 것은 예를 들어 이 시기의 노래 가사에 등장하는 눈물이나 한숨이 흔히 '민족적' 눈물이며 '저항적' 한숨이었던 것으로 해석되곤 하는 경향을 통해서도 알 수 있다. 이 경우 눈물이나 한숨은 대단히 개인적이거나 인류 보편적인 것일 수도 있다는 가능성은 다소 배제되고 마는 것이다.

제3절 문화 미디어로서의 번역 텍스트

한일 대중음악의 출발점은 주로 레코드와 라디오 등 음향의 기술 복제 미디어에 의해 '상품으로서의 노래가 대량으로 생산되고 소비되기 시작한 시점'이라 할 수 있다. 레코드가 일반에 보급되기 시작한 것은 일본의 경우 대체로 1910년대이고 한국의 경우는 1920년대인데 라디오 방송의 시작은 일본이 1925년 한국이 1927년이다. 1930년대가 되면 일본과 한국에서 거의 동시적인 유행 현상이 일어나고 대중가요에 있어서의 한일 관계는 더욱 긴밀해진다. 전체적으로 볼 때 한일 대중음악은 1910년대에 태동하여 20년대를 거쳐 30년대에 틀이 완성된 것으로 보인다. 서양음악을 수용하면서 만들어진 일본의 창가 및 유행가는 20세기 초부터 한국에 받아들여진다.

1900년에 일본 전국에 철도망이 완성된 것을 기념하여 제작된 <철도창가(鉄道唱歌)>는 한국에서 <학도가(學徒歌)>로 개사되어 불린다. 또 1914년 와세다대학(早稲田大学) 교수 시마무라 호게쓰(島村包月, 1871~1918)가 이끄는 극단 예술좌(芸術座)가 신극 ≪부활≫을 공연하면서 유행하게 된 극중가 <카추샤의 노래(カチューシャの唄)>는 2년 후 한국에서 <카츄샤의 노래>(1916)로 번역

되어 유행한다. 한국에서 이수일과 심순애의 이야기로 잘 알려진 『장한몽(長恨夢)』(1913)[22]은 일본의 소설가 오자키 고요(尾崎紅葉, 1868~1903)의 미완성작 『곤지키야샤(金色夜叉)』(1897~1902)를 번안한 것인데, 1918년 일본에서 연극화·영화화되면서 주제가인 <곤지키야샤(金色夜叉)>가 나오자 한국에서도 <장한몽가(長恨夢歌)>로 번역되어 대중적 인기를 모았다.

1910년대에 일본에서 시작된 한일 대중가요의 틀이 1930년대에 완성되었다고 말할 수 있는 것은 1910년대에 최초로 상품화된 노래의 유행 현상이 있었다는 것이고 1930년대에 이르러서 그 전형적인 내용과 형식을 갖춘 곡이 등장했다는 것이다. 그중 하나가 <술은 눈물인가 한숨인가(酒は涙か溜息か)>일 것이다. 1931년에 일본의 콜롬비아 레코드사에서 발매한 작곡가 고가 마사오(古賀政男, 1904~1978)와 가수 후지야마 이치로(藤山一郎, 1911~1993)의 이 곡이 28만 매의 판매고를 기록하자 이듬해 한국어로 번역되어 채규엽(蔡奎燁, 1906~1949)의 노래로 조선에서도 유행한다. 이 곡은 이후 1960년대까지 한·일 양국의 대중가요에 많은 영향을 주었다.

1930년대부터는 일본의 대중가요가 한국어로 번역될 뿐만 아니라 한국의 것이 일본어로 번역되는 현상도 많이 나타난다. 한국의 창작 대중가요 제1호로 불리기도 하는[23] 왕평(王平, 1908?~1940) 작사 전수린(全壽麟, 1907~1984) 작곡 <황성의 적(荒城의 跡)>(1928)은 일본인들에 의해 '조선의 세레나데'로서 흥얼거려지기도 했다.[24] 또 이현경(李賢卿, 1888~1945) 작사 전수린 작곡의

---

22 일본을 무대로 한 소설 『곤지키야샤』를 조중환(趙重桓, 1863~1944)이 조선의 인명과 지명을 사용하여 번안함.

23 최근 한국의 창작 대중가요 제1호는 김서정 작사·작곡의 <낙화유수(落花流水)>로 확인되고 있다. <낙화유수>는 영화 『낙화유수』의 주제가로 1927년에 등장, 1929년에 콜롬비아 레코드에서 발매되었고, <황성의 적>은 1926년 경 작곡된 것으로 알려졌으나 1932년에 발매되었다.

24 박찬호, 『한국가요사 1』, 미지북스, 2009, p.213 참조.

<고요한 장안>을 가수 이애리수가 일본에서 녹음하던 도중 시인이자 작사가인 사이조 야소(西條八十, 1892~1970)가 듣고 감격하여 즉석에서 일본어 가사를 붙여 <원망스러운 정(怨情)>이라는 제목으로 일본판을 발매했다.[25]

나운규(羅雲奎, 1902~1937)의 무성영화 ≪아리랑≫(1926)의 주제곡 <아리랑>은 1932년 시인 사토 소노스케(佐藤惣之助, 1890~1942)의 작시(作詩)로 일본어로 번역되고 고가 마사오가 편곡을 해서 일본의 인기 가수 아와야 노리코(淡谷のり子, 1907~1999)와 하세가와 이치로(長谷川一郎, 채규엽의 일본명)의 듀엣에 의해 불려졌다. 콜롬비아 음반으로 발매된 이 곡은 <아리랑의 노래(アリランの唄)>라는 제목이었으며 조선을 대표하는 곡으로 인식되면서 주목을 받았다. 조선총독부는 이 곡을 항일운동의 심볼로 간주하여 위험시했으나 일본 본토에서는 오히려 호의적으로 받아들여져 '아리랑 붐'을 형성하기도 했다.[26] 1930년대 중반에는 <목포의 눈물>(1935)을 <이별의 뱃노래(別れの船歌)>(1936)라는 제목으로 번안하여 발매했다. 이 음반의 B면에는 같은 멤버에 의한 <아리랑의 노래(アリランの唄)>가 수록되었는데 콜롬비아반(盤)과는 다른 버전의 가사로 번역되었다.

한국과 일본의 대중가요가 서로 번역되고 인적 네트워크가 형성되어 교류한 예는 그 외에도 이루 다 열거할 수 없을 정도로 많이 있다. 이러한 정황으로 볼 때 양자의 형식과 내용이 흡사하게 된 것은 지극히 당연한 일이다. 양자의 공통점을 이야기하는 것은 쉽지만 각각의 특징을 구별하여 차이점을 설명하는 것은 그래서 오히려 더 어렵다. 애조를 띤 멜로디가 주를 이루는

---

25 위의 책, p.216 참조.

26 파생된 곡의 수가 당시의 이러한 분위기를 입증한다. <アリラン小唄> <新アリランの唄> <アリラン夜曲> <アリラン悲歌> <満州アリラン> <アリラン越えて> <アリラン新曲> <霧のアリラン> 등 곡명에 '아리랑'이 들어 있다. 貴志俊彦, 『東アジア流行歌アワー』, 岩波書店, 2013, pp.53-55 참조.

등 곡의 분위기가 비슷하고 남녀 간의 정, 고향을 떠난 방랑, 눈물, 한숨, 이별 등의 제재를 다룬 가사가 많다는 점도 닮았다. 이렇게 뿌리가 같고 서로 교섭하면서 상호 영향 속에서 발전해왔다면 사실상 양자는 하나의 장르라 할 수 있으며 이 정도면 문화적 유전자를 공유한다고도 할 수 있지 않을까 싶다.

실제로 세계 대중음악사를 놓고 볼 때 일본의 엔카와 한국의 트로트는 그 태생과 전개 양상 및 내용과 상호 관련성의 면에서 동일한 계통의 장르로 보아도 크게 무리가 없을 것이다. 따라서 좁게는 1930년대부터 1960년대까지의 30여 년 간, 넓게는 1910년대부터 1980년대에 이르는 60, 70여 년의 기간 동안 한국과 일본에서 레코드나 방송 미디어를 통해 발표되고 유행한 대중음악을 우리는 '한일 대중음악'으로 부를 수 있을 것이다. 그중 1945년 이전의 것을 '한일 근대 대중음악'으로 부를 수 있을 것이다.

이러한 점에 유의하면서 양자의 관련 양상을 살피는 데에 매우 중요한 요소가 있다. 그것은 바로 가사의 번역과 번안에 관한 문제이다. 특히 1910년대부터 30년대에 이르는 한일 대중음악 성립기의 사례를 놓고 그 가사의 문체와 번역에 관해 살펴보는 것은 여러 가지 면에서 긴요한 일이다. 한국 대중음악사가 일제강점기에 비로소 시작되어 일본 대중음악의 절대적인 영향 하에 있었다는 사실은 자주 지적되고 있다. 근대 문화의 큰 흐름이 서양에서 일본으로 일본에서 한국으로 전해지는 일정한 방향성을 갖고 있었다. 하지만 실제 문화의 전달과 수용·변용의 양상은 반드시 일방적이지 않고 훨씬 복잡했던 것이다.

앞서 말했듯이 일본의 곡이 한국어로 번역된 경우가 많았지만 한국 곡이 일본으로 수출된 경우도 적지 않았다. 이렇게 한쪽 언어로 된 노래가 다른 한쪽 언어로 번역되어 각각 일본어와 한국어의 두 언어로 된 경우도 있었고 하나의 노래 안에서 두 언어가 교차적으로 사용된 경우[27]도 있었다는 사실은 이러한 복잡한 상황을 잘 대변해준다. 한·일 양측의 대중가요는 가사의 언어로써 상호 교섭하면서 영향을 주고받기도 하고 중요한 내용들을 공유했다. 뿐만 아니라 시대별로 또 정도의 면에서 다양한 차이를 보이지만 가사가 번안되는 경우는 전혀 다른 내용의 가사로 바뀌기도 하면서 상대편의 문화를 수용하고 스스로의 문화 속에서 그것을 변용시켜갔다고 보아야 할 것이다.

생각해보면 한국 대중가요와 일본 대중가요를 굳이 구별한다면 그 근거가 되는 것은 음악적 요소라기보다는 결국 언어적 측면일 것이다. 가사의 언어가 한국어인가 일본어인가 하는 점만이 두드러진 차이일 뿐이다. 그런데 노래 가사의 언어를 결정하는 것은 보통 1차적으로 노래의 소비자를 겨냥한 상업적 이유가 가장 크다고 볼 수 있을 것이다. 1943년 이후 조선어로 된 노래의 제작이 금지되는 특수한 상황을 제외하면 당시 조선의 대중은 당연히 조선어로 된 노래를 찾았을 것이다.[28] 번역과 번안은 이러한 소비자의 필요에 의해 행해졌을 것이고, 그 실상을 정확히 파악하는 것은 한·일 양측의 대중가요 사이에 존재하는 교집합 부분에 대해 많은 정보를 제공할 것이다.

사실 근대 이후 일본의 노래 가사 문체와 표현은 시나 소설과 마찬가지로 많은 경우에 서양어의 '번역'을 통해 계발된 점이 클 것으로 생각하기 쉽다. 그러나 노래 가사에 있어서 일본은 창가의 경우처럼 일본의 고전이나 한문 고사 혹은 민간의 언어로 가사를 만든 경우가 더 많다. 한국의 경우는 서양과 일본의 노래 가사에 의해 영향을 받았을 것으로 생각할 수 있지만 반드시 그렇지 않을 수도 있다. 대중가요의 '작사'란 그 시대 대중의 마음을 표현한 것으로 소위 지식층의 고급문화와는 또 다른 측면을 갖는 것이다. 앞서 한·일

---

27 이준희, 「식민지 조선 유행가의 일본어 가사」, 『韓國詩歌硏究』 30, 한국시가학회, 2011. 이 논문에 절 단위 이상의 일본어 가사가 식민지 조선의 유행가에 등장한 예를 조사하고 있다.

28 貴志俊彦, 『東アジア流行歌アワー』, 岩波書店, 2013, p.104.

간의 대중가요가 상호 번역되었음을 언급했다. 그런데 대중가요에 비하면 소설 등의 경우는 번역이 많지 않았다. 한국어 시나 소설이 일본어로 번역되는 일은 식민지의 문학을 본국에 소개한다는 차원에서 일부 이루어지기도 했지만 일본어 시나 소설이 조선어로 번역되는 일은 1920년대 이후에는 거의 없었다.[29]

이는 당시 문학의 향유층인 식민지 조선의 엘리트가 대부분 일본어 교육을 받았기 때문에 굳이 '번역'할 필요가 없었기 때문이다. 당시 일본어는 국어이자 표준어였고 조선어는 지방어이자 민족어였다. 두 언어 간의 위계는 분명했다. 재미있는 사실은 바로 노래 가사의 경우는 반드시 '중앙'에서 '지방'으로 일방적으로 흐르지만은 않았다는 사실이다. 오히려 그 역인 경우도 많았고 영향 관계 역시 쌍방향적이었다는 것이다. 한국과 일본의 관계가 그렇고 일본과 서양의 관계도 그럴 수 있는 것이다.

그런데 지금까지 한·일간에 구체적으로 어떤 특정한 곡이 어떻게 번역되었고 그 교섭 양상과 내용이 어떠한지에 대한 면밀한 고찰은 사실 많지 않았다.[30] 이와 관련된 연구는 식민지 조선 유행가에 있어서의 단어, 구, 절 단위의 가사에 일본어가 사용된 예를 고찰한 연구[31]와 문화적 번역의 입장에서 번안의 양상을 살펴본 연구,[32] 그리고 일본의 레코드 유행가 제1호로 이야기되는 1914년의 <카추샤의 노래(カチューシャの唄)>[33]가 <카츄샤의 노래>(1916)

---

29 윤상인, 「한국인에게 일본문학은 무엇인가」, 윤상인·김근성·강우원용·이한정, 『일본문학 번역 60년 현황과 분석』, 소명출판, 2008, p.9 참조.

30 박진수, 「근대 한일 대중가요의 성립 과정과 번역: <카추샤의 노래> 원곡과 번역곡 가사의 비교분석」, 『아시아문화연구』 39, 가천대학교 아시아문화연구소, 2015.9, p.138 참조.

31 이준희, 「식민지 조선 유행가의 일본어 가사」, 『韓國詩歌硏究』 30, 한국시가학회, 2011.

32 배묘정, 「한국 대중가요에서 일본 음악의 번안에 관한 연구: '문화번역'의 관점에서 본 번안」, 『한국예술연구』 10, 한국예술종합학교 한국예술연구소, 2014.

33 일본어로 <カチューシャの唄> 한국어로 <카추샤의 노래>는, <カチユーシャの唄>,

로 번역된 사례에 대한 분석적 연구[34] 정도이다. 필자는 이 책에서 이와 같은 실제 가사에 대한 번역 또는 번안의 사례를 텍스트로 하여 한일 공통의 '가요' 장르가 내용적으로 성립하는 문화적 조건, 다시 말해 새로운 외래적 요소를 어떻게 자기화하고 정서적 공감 기반을 형성할 수 있었는가? 하는 것을 검토해 볼 것이다.

한국과 일본의 대중가요를 연구하는 입장에서 1930년대는 매우 흥미로운 시기이다. 그것은 다음 세 가지 이유에서이다. 첫째는 한국과 일본 모두 1920년대에 레코드의 보급과 라디오 방송의 출현이라는 새로운 미디어에 의한 노래의 생산·유통·소비 회로를 갖게 되어 대중가요라는 장르가 대중적 오락의 중요 장르로 대두했다는 점이다. 둘째는 국경을 넘어 노래가 유통되는 범위가 오늘날 생각하는 것 이상으로 넓었을 것으로 판단되며 당시의 대중가요는 수많은 국제문화적 요소의 총합으로서 성립했다는 점이다. 셋째는 이러한 가운데 번역과 번안을 통해 언어의 장벽을 넘어서 멜로디가 공유되고 활발하게 새로운 언어 텍스트로 재생산·재해석되었다는 점이다. 이러한 점들은 어려운 정치적 상황에서도 당시를 굳세게 살았던 대중의 마음의 역사를 말해주고 있는 것이 아닐까 한다.

외국학 연구에 있어서 어떤 하나의 문화에 대해 다른 문화와 구별되는 고유성과 특성을 논하는 일반적 방법을 따르지 않고, 타문화와 자문화의 공통점에 주목하여 더 큰 단위에서 볼 필요를 주장하는 필자가 이 장에서 논한 것을 정리하면 다음과 같다. 첫째, 1910년대에서 1945년 사이에 레코드

<カチユウシャの唄>, <カチューシャの歌>, <카츄샤의 노래>, <카쥬샤의 노래>, <갖주샤의 노래> 등 다양하게 표기 되었다. 여기에서는 현재 일본어와 한국어 표기 원칙에 부합하면서 통칭되는 <カチューシャの唄>와 <카추샤의 노래>로 통일하며, 특정 텍스트를 따로 취급하는 경우에만 원표기 대로 적기로 한다.

34 박진수, 앞의 논문.

와 라디오 등 근대 미디어의 발달로 등장하여 한국과 일본 대중사회에서 불러진 가창(歌唱) 위주의 대중음악을 가리켜 '한일 대중음악' 또는 '한일 근대 대중가요'라는 용어로 부를 수 있다. 둘째, 20세기 초의 대중음악이라는 문화 현상을 연구할 때는 현재의 국경 개념을 소급해서 적용하지 말고 당시의 눈으로 보아야 한다. 셋째, 대중음악의 가사에서 보이는 언어적 상호 교섭 현상을 문학적·번역학적 측면에서 이해하고 고찰하는 연구의 중요성을 확인했다.

번역이란 번역자가 하나의 언어 텍스트를 해석하여 다른 언어로 바꿈으로써 새로운 텍스트를 생산하는 주체적 행위이다. 그런데 어떠한 번역이든 정도의 차이는 있을지언정 출발어와 도착어 간에는 필연적으로 의미의 간극이 발생한다. 이러한 간극은 때로는 또 다른 의미를 파생시켜 의도하지 않은 창조적 결과를 낳기도 한다. 뿐만 아니라 번역자는 의식적이든 무의식적이든 미디어적 특징과 시대적 요구 또는 상업적 전략 등의 조건에 부합하는 방향으로 번역 텍스트를 수정하게 되기도 한다. 한일 대중가요의 번역 텍스트에 대한 구체적이고 분석적인 연구를 통해 20세기 문화에 대한 새로운 이해의 지평을 열 수 있을 것으로 기대한다.

여기서 살펴본 바와 같이, 한일 대중음악은 제국 일본이 구축한 문화권 속에서 이루어진 번역과 수용, 그리고 정서 코드의 공유를 바탕으로 형성되었다. 이 흐름을 구체적으로 추적하기 위해, 제1장부터 제3장까지는 한일 대중음악의 '전사(前史)'라 할 수 있는 번역창가(飜譯唱歌)를 다룬다. <멀리 보니>, <나비>, <반디>라는 세 곡을 중심으로, 교육·아동·민족 서사의 다양한 영역에서 번역이 어떻게 근대 감성의 토대를 만들었는지 살펴본다. 이를 통해 이후 유행가와 트로트·엔카로 이어지는 한일 대중음악사의 전개 양상을 확인하게 될 것이다.

제1장

근대 일본 번역창가의 문예적 성격

일본은 1853년 미국의 해군 제독 페리(Matthew Calbraith Perry, 1794~1858)의 내항과 함께 문호개방을 강요당한 이후로 구미 열강들과 불평등조약을 연이어 맺게 되었다. 1868년 메이지유신(明治維新)에 의해 도쿠가와 막번 체제를 무너뜨리고 성립된 신정부 국정의 최대 목표는 1차적으로 이러한 불평등조약을 바로 잡는 것이었고 궁극적으로는 하루라도 빨리 서구 열강과 어깨를 나란히 할 근대국민국가를 건설하는 것이었다. 1871년의 폐번치현(廃藩置県)을 비롯하여 징병제실시(1873년), 세제개혁(1873년) 등 국가 체제의 근본적인 구조개혁에 착수한 것은 이와 같은 절박함 때문이었다.

그런데 이러한 시급한 과제와 함께 메이지 정부에 있어서 더욱 중요시된 장기 프로젝트는 국가발전의 초석을 다지는 일, 즉 교육의 근대화였다. 사실상 에도시대에는 일본 전역에 분포한 데라코야(寺子屋)[1]를 통해 읽기와 쓰기

1 서민의 자제들에게 기초 지식과 기능을 교육한 민간 초등 교육시설. 기원은 중세 사원으로까지 거슬러 올라가지만 에도시대가 되어 상공업의 발달과 사회 전반의 문서주의(文書主義)로 인해 실무 교육의 수요가 급증하자 전국에 16,560개, 에도에만 크고 작은 데라코야가 약 1,300개가 있었다. 1872년 학제가 실시되자 교사(教師)와 교사(校舍)의 확보에 어려움을 겪던 정부는 기존 교육 시설인 이 데라코야를 활용했다.

및 셈법 등의 기초적인 지식이 일반 서민들에게 보급되어 당시 일본인의 식자율은 세계 최고 수준이었다. 이러한 기초 위에 1872년 8월 메이지 정부는 근대적 학교제도를 도입한 '학제(學制)'를 제정, 반포하여 전국에 소학교와 중학교의 설치를 의무화했다.

소학교의 교과목은 습자, 독본, 수신, 산술, 양생법, 지학대의(地學大意) 등 14개였고, 중학교는 국어학, 역사학, 이학, 부기법(簿記法) 등 16개였는데, 소학교에는 '창가(唱歌, "쇼카"로 읽음)', 중학교에는 '주악(奏樂)'이라는 과목이 포함되어 있었다. 이것이 지금의 음악 교과목에 해당한다. '창가'는 영어의 'song' 또는 'vocal music'의 번역어에 해당하는데 아악(雅樂)에서 사용하는 '창가'(唱歌, "쇼가"로 읽음)라는 용어를 전용(轉用)해온 것이다. 아악의 '창가'는 악기의 선율을 입으로 읊조리는 연습법을 가리키는데, 새로운 '창가'는 '악기에 맞추어 노래를 바르게 불러서 "덕성을 함양하고 정조(情操)를 도야(陶冶)"하는 목적의 교과목' 또는 '불리는 노래 그 자체'를 가리키게 되었다.[2]

그러나 당시의 일본에는 이러한 음악을 가르칠 지도방침이나 교사도 없었고 교과서나 악기 등 여건이 갖추어져 있지 않았기 때문에 '당분간 이것을 뺀다(當分之ヲ缺ク)'는 단서를 달아 '창가'와 '주악'의 교육을 유보하지 않을 수 없었다.[3] '창가'의 교육이 실제로 이루어지는 것은 1879년 음악취조괘(音楽取調掛)[4]가 문부성에 의해 설치되어 여기서 편찬한 일본 최초의 근대식 음악 교과서『소학창가집(小学唱歌集)』(1881~1984)이 발행되고 나서부터이다. 그때까지의 10여 년간 '창가' 교과목은 이름은 있지만 실제로는 운영되지 않는

---

2 團伊玖磨,『私の日本音楽史』, 日本放送出版協会, 1999, pp.183-185 참조.

3 위의 책, p.185 참조.

4 '온가쿠토리시라베가카리'로 읽히며, '음악조사부' 정도의 뜻인데, 이 책에서는 음절 수 등 지면의 한계도 고려하고 일본 근대사 용어 자체의 고유성도 인정하여 한자음을 그대로 읽은 '음악취조계'로 표기한다.

사실상의 '개점휴업' 상태였던 것이다.[5]

제1절 『소학창가집』 초편의 성립 과정

음악취조괘의 총책임을 맡은 사람은 장차 근대 일본의 대표적인 교육학자이자 음악교육가로 평가되는 이사와 슈지(伊沢修二, 1851~1917)였다. 시나노(信濃) 지방의 다카토조(高遠城, 현재의 나가노[長野]현 소재)에서 하급무사의 아들로 태어난 그는 도쿄대학(東京大学)의 전신인 다이가쿠난코(大学南校)를 나와 문부성과 공부성(工部省) 관료를 거쳐 관립 아이치사범학교(愛知師範学校)의 교장으로 있던 중, 1875년부터 1878년 사이에 사범학교 교육조사를 명받고 미국에 유학하게 된다. 미국에서는 매서추세츠주 브리지워터사범학교와 하버드대학에서 수학했으며 당시 보스턴에 와있던 미국 초등 음악 교육의 1인자 루더 화이팅 메이슨(Luther Whiting Mason, 1818~1896)을 만나 지도를 받는다.

1878년 4월 유학 생활을 마무리하면서 이사와는 미국 유학에 동행했던 유학생 감독 메가타 다네타로(目賀田種太郎, 1853~1926)와 연명으로 작성한 「학교 창가에 쓸 음악 취조 사업 착수 건의서」를 문부성에 제출한다. 여기에는 '무릇 음악은 학동들의 신기(神氣)를 상쾌하게 하여 그 면학의 피로를 해소하고, 폐와 장을 강하게 하여 그 건전함을 도우며, 음성을 맑게 하고 발음을 바르게 하며 청력을 좋게 하고 사고를 치밀하게 하고 또한 능히 심정을 즐겁게 하여 그 선성(善性)을 감발(感發)케 한다'[6]는 창가의 효용을 주장한다.

---

5 團伊玖磨, 앞의 책, p.185.

6 團伊玖磨, 앞의 책, pp.188-189에서 재인용. (夫レ音樂ハ學童神氣ヲ爽快ニシテ其ノ勉學ノ勞ヲ消シ、肺臟ヲ强クシテ其ノ健全ヲ助ケ、音聲ヲ清クシ、發音ヲ正シ、聽力ヲ疾クシ、考思ヲ密ニシ、又能ク心情ヲ樂マシメ其ノ善性ヲ感發セシム)

같은 해 5월 이사와는 귀국 후 곧바로 도쿄사범학교(東京師範学校, 현재의 쓰쿠바대학[筑波大学])의 교장으로 부임하는데 그 사이에도 계속해서 음악 교육의 필요성을 주장하며 문부성에 '음악전습소(音楽伝習所)'의 설치를 건의한다. 이것이 받아들여져서 일본 최초의 음악 교육 기관인 음악취조괘가 설치된 것이 1879년 10월의 일이다. 이사와는 도쿄사범학교 교장직과 함께 이 음악취조괘의 총책임자인 고요가카리(御用掛)를 겸하게 된다. 고요가카리에 임명된 직후 그는 또다시 문부성에 「음악취조괘에 관한 건의서」를 제출하여 ①동서양의 음악을 절충하여 신곡을 만들어야 하며 ②장래 국악[7]을 진흥할 인재를 양성해야 하며 ③모든 학교에서 음악을 교육해야 한다는 것을 주장했다. 이러한 주장은 이후 ①『소학창가집』 등 창가 교과서의 제작 발행 ②사범학교에서의 음악 교원 양성과 도쿄음악학교(음악취조괘의 후신, 현 도쿄예술대학)의 설립 ③각급 학교에서의 음악 교육의 확립으로 구체화·현실화된다.

이러한 과정에서 음악취조괘의 요청에 따라 문부성은 앞서 언급한 이사와의 음악 스승인 미국의 메이슨을 일본에 초청했다.[8] 1880년 3월 일본에 온

---

7 오늘날 한국에서 '국악'(國樂)이라고 하면 전통음악을 의미하는 말로 들리지만, 19세기 말 당시 일본에서 '국악'('고쿠가쿠'로 읽음)이라면 외래 문물과 함께 들어온 서양 음악도 아니고 궁중 아악과 같은 전통 시대의 음악도 아니며 일본 각 지역에 산재한 지방 음악이나 민속 음악도 아닌, 그야말로 중앙집권적 근대국민국가로서의 일본을 대표하고 상징하는 새로운 음악을 지칭하는 개념으로 사용되었다. 다시 말해 national language인 '고쿠고(国語)'와 함께 national music으로서의 '고쿠가쿠'가 필요했던 것이다. 이러한 포괄적 개념의 음악은 결국 서양 음악의 문법에 가까운 음악으로 받아들여진다.

8 中村理平, 『洋楽導入者の軌跡日本近代洋楽史序説』, 刀水書房, 1993, pp.485-489 참조. 일반적으로는 유학 시절의 인연으로 이사와와 메가타의 강력한 요청에 의해 메이슨을 초청하게 된 것으로 알려져 있지만 나카무라 리헤이(中村理平, 1932~1994)의 조사에 따르면 오히려 문부성의 다나카 후지마로(田中不二麿, 1845~1909) 몬부다이호(文部大輔, 현 문부성 차관에 해당) 등 문부성 수뇌부가 훨씬 전부터 음악 교육의 필요성에 대한 확고한 인식을 갖고 있었고 이것이 정책 방향에 작용했다는 것이다. 음악취조괘를 설치한 것부터가 이미 이러한 상급자의 방침을 받아들여 이사와 등이 자신의 업무를 충실히 실행한 것으로 볼 수 있다는 것이다. 이렇게 볼 때 메이슨의 초청이 실현된 것 역시 큰 정책의 흐름 속에서 이사

메이슨은 음악취조괘의 외국인 교사로 근무하게 되면서 교사 양성 및 학생 지도를 담당하게 되는데 이와 함께 그가 맡은 또 하나의 중요한 임무는 바로 창가 교육에 사용할 교재의 선곡 작업이었다. 이 작업은 이사와가 책임자로서 총괄하는 가운데 메이슨이 선곡하면 여기에 궁내성 아악과(雅楽課)의 악인(楽人)[9]들이 음악취조괘의 조교로서 곡을 다듬고 문학자[10]들이 가사를 붙이는 식으로 진행되었다. 이렇게 해서 처음으로 만들어진 것이 1881년 11월에 발행된 『소학창가집』 초편(총 33곡 수록)이다.

이어서 음악취조괘는 『소학창가집』 제2편(1883년 3월, 총 16곡), 『소학창가집』 제3편(1884년 3월, 총 42곡), 『유치원창가집(幼稚園唱歌集)』(1887년 12월, 총 29곡) 등의 편찬을 이어가면서 초등 교육에 있어서 창가 교과목의 기초를 다졌다. 그 사이에 1887년 10월에 음악취조괘는 도쿄음악학교로 개칭되고 이사와 슈지가 교장으로 취임한다.

1888년부터는 이 『소학창가집』과 병행하여 민간에서 발행한 창가집이 문부성의 검정을 거쳐 각급 학교에서 채택되기도 했다. 예를 들면 오와다 다케키(大和田建樹, 1857~1910)와 오쿠 요시이사(奥好義, 1958~1933)의 『메이지 창가(明治唱歌)』(1888~1890년 사이에 제1집부터 제6집까지 발행) 등이 그것이다. 그 이후로도 관선 혹은 민선 창가집이 계속 간행되었다. 도쿄음악학교에서

와와 메가타가 자신들의 인맥을 십분 활용하여 실무를 차질 없이 수행한 것으로 이해할 수 있을 것이다. 나카야마에 따르면, 이미 1877년 11월 23일에 도쿄대학에서 열렸던 다나카 후지마로 몬부다이호의 연설회 내용 및 여러 가지 정황으로 미루어 보아 당시 문부성의 최고실력자로서 다나카는 자신의 교육사상에 입각하여 시종일관 창가 교육에 대한 필요성을 열정적으로 설파했다는 것이다. 나카야마는 이 책의 p.403부터 p.553까지 150페이지에 걸쳐 메이슨에 관한 철저한 실증적 조사를 통해 각종 기록과 행적 및 연구를 망라하여 그 결과를 싣고 있다.

9 우에 사네미치(上真行, 1851~1937), 오쿠 요시이사, 쓰지 노리우케(辻則承), 시바 후지쓰네(芝藤鎮). 堀内敬三·井上武士, 『日本唱歌集』, 岩波書店, 1958, p.242.

10 이나가키 치카이(稲垣千穎), 사토미 다다시(里見義), 가베 이즈오(加部厳夫). 위의 책, p.242.

편집한 『중등창가집(中等唱歌集)』(1889년), 도쿄음악학교의 교관인 고야마 사쿠노스케(小山作之助, 1864~1927)가 편집한 『국민창가집(国民唱歌集)』(1891년), 이사와 슈지 자신이 단독으로 편집한 『소학창가(小学唱歌)』(1892~1893년) 등이 이어지면서 도쿄음악학교의 조교수 야마다 겐이치로(山田源一郎, 1870~1927)와 같은 사람은 『대첩군가(大捷軍歌)』(1894~1897)와 같은 군가집도 창가집으로서 편집, 보급하여 창가의 '국민적 확산'에 기여했다.

이러한 흐름 속에서 문부성에서 직접 편집한 『심상소학독본(尋常小学読本)』의 운문 텍스트를 기반으로 구성한 『심상소학독본창가(尋常小学読本唱歌)』(1910년 7월)에 이르러 문자 그대로 문부성창가(文部省唱歌)[11]라는 것이 탄생하게 되었다. 또 이를 바탕으로 1911년부터 1914년 사이에 각학년별 전 6권의 『심상소학창가(尋常小学唱歌)』가 출현했다. 오늘날 일본에서 애창되고 있는 소위 '문부성 창가'라는 것은 주로 이때 수록된 곡들을 가리킨다.

『소학창가집』 초편부터 『심상소학창가』에 이르기까지의 30여 년간 일본의 음악 교육은 음악취조괘와 도쿄음악학교 혹은 문부성에서 직접 주도한 관주도의 창가 보급으로 이루어져 왔다는 것은 위에서 살펴본 바와 같다. 그러다가 1918년에 이르러 이와 같은 관제(官製) 창가는 하나의 새로운 도전에 직면하게 되었다. 『빨간 새(赤い鳥)』(1936년 폐간)의 창간과 함께 스즈키 미에키치(鈴木三重吉, 1882~1936)의 '동요'[12] 운동이 출현한 것이다. 동요 운동은 당시 다이쇼 데모크라시(大正デモクラシー)라 불리는 자유주의·민주주의

---

11 메이지 시대부터 쇼와 시대까지 문부성이 편찬한 각급 학교 음악 교과서에 실린 악곡의 총칭으로 문부성이 정한 정식 명칭은 아님. 주로 1910년 『심상소학독본창가』부터 1944년 『고등과음악』(高等科音樂)까지의 교과서에 실린 악곡인데, 1900년대까지의 번역창가는 포함되지 않음.

12 上笙一郎, 『日本童謡事典』, 東京堂, 2005. 해당항목. pp.153-154, pp.194-197, pp.260-262, pp.431-433 참조.

의 분위기 속에서 나타났다. 창가에 대항하여 '좀 더 자유롭고 풍부한, 그리고 어린이의 마음에 와닿는 노래를 만들자'는 구호를 내걸고 민간에서부터 자연스럽게 일어났다.[13]

그러나 동요 운동이 제창될 때까지 창가는 당시 일본의 아동들이 음악적 정서의 기초를 형성하는 데에 영향을 준 유일한 미디어였다. 메이지 시대에 시작된 일본의 창가는 동요 운동 이후에도 '다이쇼, 쇼와(昭和)의 시기를 거치면서 소학교와 중학교라는 교육 현장에서 국정교과서 또는 검정교과서를 기반으로 한 공통의 노래'[14]로서 전 국민을 상대로 보급되었다. 특히 『심상소학창가』가 나온 1910년대부터 1940년대까지의 40년 가까운 긴 세월 동안은 일본뿐만 아니라 식민지 조선과 타이완에서까지도 국정교과서를 통해 거의 똑같은 노래를 '제국의 영토' 내에서 '일제히' 불러온 것이다.

필자는 여기서 그 사실을 놓고 어떠한 가치판단을 하고자 하는 것은 아니다. 다만 많은 사람이 자신의 삶 속에서 하나의 문화적 코드를 형성하고 특정한 텍스트를 받아들여 내면화하는 한편 자기 나름의 의미작용을 하면서 지내왔다는 엄연한 사실에 주목하고자 한다. 그래서 여기서는 번역 창가 중 지금까지 내려오는 곡들의 노랫말에 대한 언어적·미학적 분석을 시도함으로써 서구 문화의 동아시아적 변용이라는 관점에서 외래문화 수용의 구체적 사례를 검토하려는 것이다.

---

13 長田暁二, 「時代とメディアがつくる子どもの歌」, 東海教育研究所, 『望星』 2003年3月号, 東海大学出版会, p.19.

14 長田暁二, 『歌でつづる20世紀』, ヤマハ, 2003, p.39.

제2절 루소 작곡 <멀리 보니>의 선곡

『소학창가집』의 선곡은 앞서 말한 대로 이사와 슈지와 함께 미국인 음악교육가 메이슨에 의해 이루어졌는데 수록된 곡은 크게 세 가지 종류로 대별된다. 우선 '태서명곡에 일본어 가사를 붙인 것(泰西名曲に日本語の歌詞をつけたもの)', '아악이나 속악으로부터 채용된 것(雅楽や俗学から採用されたもの)', '새로 창작된 것(新しく創作されたもの)'이 그것이다.[15] 『소학창가집』에서 '태서명곡에 일본어 가사를 붙인 것' 즉 외국곡을 번안한 것이 여기서 다루고자 하는 '번역창가'[16]이며, 그 초편에 실린 곡 중 오늘날까지 눈에 띄게 널리 사랑받고 있는 것을 꼽자면 <멀리 보니(見わたせば)>, <반디(蛍)>, <나비(蝶々)>의 세 곡 정도이다.

이 곡들은 하나같이 원래의 가사와는 상당한 거리가 있는 내용으로 번안된 것들이다. 문체도 <멀리 보니>의 경우는 일본 고전의 문어체인 아문체(雅文體), <반디>의 경우는 한문체, <나비>의 경우는 굳이 말하자면 구어체에 해당하여 '와칸요(和漢洋) 혼재[17]'로 이야기될 수 있는 당시의 복잡한 시대상을 대변하고 있는 듯하다. 이 중 우선 <멀리 보니>를 텍스트로 하여 당시 번역창

---

15 '泰西名曲に日本語の歌詞をつけたもの、雅楽や俗学から採用されたもの、新たに創作されたもの', 團伊玖磨, 앞의 책, p.193.

16 일본에서 '번역창가'란 외국의 민요나 애창가곡 등에 일본어 가사를 붙여서 학교에서 불러졌다는 의미로 사용되며 '와세이창가(和製唱歌)'와 대립되는 개념으로 사용하고 있다. 藍川由美(1998), 「『翻訳唱歌集』について」, 藍川由美·中野振一郎, 『翻訳唱歌集 故郷を離るる歌』, DENON, p.4. [CD]. 그런데 당연한 이야기이지만 외래 문물이 들어와서 자문화의 전통과 접합이 일어나면 어떤 식으로든 형식상의 혹은 내용상의 변용이 일어나게 마련이다. 창가의 경우도 마찬가지여서 특히 메이지 시대의 것을 비롯하여 대부분의 경우 '번역창가'는 개사의 정도가 심한 경우가 많아서 사실상 '번역'이라기 보다 '번안'이라는 말이 더 어울릴 수 있다.

17 일반적으로 일본·중국·서양 문화의 혼합을 말함.

가의 문예적 특징을 살펴보려 한다. 먼저 곡의 도입 과정과 수록 과정에 관해 잠시 살펴보겠다.

<멀리 보니>는 시바타 기요테루(柴田清熙)와 이나가키 치카이(稲垣千穎, 1845~1913)가 각각 1절과 2절을 작사한 것으로 알려져 있다. 이 곡은 지금도 전 세계 여러 나라에 널리 알려진 멜로디이며 일본과 한국에서는 보육원 혹은 유치원에서 유아들을 상대로 한 노래 지도나 동작 지도에 자주 등장하는 메뉴의 하나이다. '주먹 쥐고 손을 펴서~'로 시작되는 누구나 들었음 직한 노래, 바로 <주먹 쥐고 손을 펴서>(むすんでひらいて)이다. 이 곡의 원래 작곡자는 프랑스의 계몽사상가 장 자크 루소(Jean-Jacques Rousseau, 1712~1778)로 알려져 있다. 원곡은 1752년 10월 18일 루이 15세(Louis XV, 1710~1774) 앞에서 공연된 후 1753년 3월 1일부터 일반에 공개된 오페라 <마을의 점쟁이(Le Devin du village)>의 제8장 판토마임에 사용된 곡이다.

루소의 작곡 이후 이 곡은 영국을 비롯한 유럽과 미국에서 여러 형태로 변형되어 받아들여지게 된다. 잘 알려진 것이 1773년에 존 포셋트(John Fawcett)가 작사한 찬송가 <그린빌(Greenville)>이다. 또 미국에서는 '소중히 기르던 거위가 죽었다고 로디 아줌마에게 가서 말해'라고 시작하는 민요 <로디 아줌마에게 가서 말해(Go tell Aunt Rhody)>가 되었다. 지금의 멜로디에 가깝게 변주된 것은 1812년 독일계 영국인 피아니스트 요한 밥티스트 크래머(Johann Baptist Cramer, 1771~1858)에 의한 <루소의 꿈(Rousseau's Dream)>에서부터였다.

일본에는 1874년 최초로 밥티스트 교회가 발행한 『성서의 초서(聖書之抄書)』에 찬송가 <그린빌>이 '그대의 인도자'라는 가사가 붙여진 상태로 수록되어 받아들여졌으나 1931년 이후에는 찬송가 목록에서 사라진다. 이에 대해 이 곡과 루소와의 확증적 관계를 찾기 위해 유럽 각지를 조사 연구하여 의미 있는 성과를 발표한 음악학자 에비사와 빈(海老沢敏, 1931~)은 그의 저서 『주먹

쥐고 손을 펴서 고찰(むすんでひらいて考)』에서 '찬송가로 실으려 해도 창가와 군가로서 너무 많이 알려져 버린 것이 요인이 아닐까'[18]하는 해석을 내놓았다.

『소학창가집』 초편에 실린 <멀리 보니>의 작사자는 시바타와 이나가키인데, 그 가사는 헤이안 시대(平安時代, 794~1192년)의 왕명에 의해 편찬된 시가집인 『고킨와가슈(古今和歌集)』(905년)의 와카(和歌)를 바탕으로 하고 있다. 소세이호시(素性法師, 생년미상~910?)의 '멀리 보니 버드나무 벚나무 한데 어울려 도회지의 봄은 비단이 되었구나(みわたせば柳桜をこきまぜて宮こぞ春の錦なりける)'라는 와카를 응용한 것이다. 원래 와카의 세계에서는 단풍으로 물든 가을 풍경을 비단에 비유하는 경우가 일반적이지만 여기서는 봄의 버드나무와 벚꽃의 색조를 시각적으로 제시하면서 가을과는 또 다른 색다른 '비단'으로 표현했다고 할 수 있다. 이러한 와카의 우아함과 정취를 그대로 가져와 설명적으로 읊은 노래가 <멀리 보니>이다.

그런데 이 가사는 찬송가와 함께 널리 보급되기 이전에 이미 교과서에도 더 이상 수록되지 않고 사람들의 기억에서도 희미하게 사라져버렸다. 그것은 초등학생이 배우고 부르기에는 다소 위화감이 느껴질 정도로 지나치게 고상하고 품격이 높은 가사이기 때문일 것으로 생각된다. 또 당시에 대두되는 전쟁 분위기 속에서 아무래도 군가가 더 급속도로 확산되었을 것이다.[19]

실제로 이후에 이 곡은 1895년 청일전쟁 때에 도쿄음악학교의 교수 도리이 마코토(鳥居忱, 1855~1917)에 의해 작사되어 <전투가(戦闘歌)>라는 제목으로 군가집인 『대동군가(大東軍歌)』에 수록된다. 모두 부분의 '멀리 보니'는 똑같지만 '멀리 보니 몰려들 온다 / 적의 대군 우습구나 / 이미 전투는 시작되

---

18 海老沢敏, 『むすんでひらいて考』, 岩波書店, 1986, p.242.

19 http://www.worldfolksong.com/closeup/musunde/intro.htm

었네 / 나가자 사람들아 쳐서 부수자 / 탄환을 넣고서 격파하라 / 적의 대군을 격파하라……(이하 생략)'와 같은 내용이다. 군가로서의 박력 때문인지 일반적으로는 학교에서 배운 우아한 분위기의 창가 <멀리 보니>보다 이 <전투가>가 더 많이 알려졌다. 재미있는 것은 청일전쟁 시기 한국에는 창가 <소나무(植松)>로 중국에는 군가 <상무의 정신(尚武之精神)>으로 알려져 불리었다는 점이다. 한국의 경우는 <멀리 보니>의 영향, 중국의 경우는 <전투가>의 영향을 받은 것으로 보고 있다.

제2차 세계대전이 끝나고 나서 1947년에는 문부성에 의해 초등학교 1학년을 대상으로 한 전후 최초의 '음악' 국정교과서가 『1학년 음악(一ねんせいのおんがく)』이라는 이름으로 발행되었다. 여기에는 완전히 새로운 가사로 등장하는데 이것이 바로 <주먹 쥐고 손을 펴서>이다. 현재까지 일본의 어린이집이나 유치원에서 널리 불리고 있는 바로 그것이다. 가사는 '주먹 쥐고 손을 펴서 / 손뼉 치고 주먹 쥐고 / 또 다시 펴서 손뼉 치고 / 그 손을 위로 (이후 반복, 마지막 구에서 밑으로, 앞으로, 옆으로 등 다양성을 부여함)' 그런데 이 새로운 가사의 작사자가 누구인지에 대한 정보는 전혀 알려지지 않았다.

가사의 내용으로 보아 아마도 유아 교육의 현장에서 개사곡에 의한 '유희가'로서 불리기 시작한 것이라 상상해볼 수 있다.[20] 더욱 놀라운 것은 한국의 어린이집과 유치원에서도 같은 가사를 사용하여 유아 대상 지도를 하고 있다는 점이다. 다만 노래의 후반부에서 일본어 가사에는 없는 '햇님이 반짝 햇님이 반짝 / 햇님이 반짝 반짝거려요'가 삽입되어 있다는 점만 다를 뿐이다. 양자의 유사성은 어디에서 비롯된 것인지, 일본어 가사에서 보이는 놀이문화적 다양성과 한국어 가사에서 보이는 '반짝'이는 창의성은 과연 어떠한

---

20 河嶋喜矩子, 「むすんでひらいて」, 『国文学 解釈と教材の研究』 特集 <日本の童謡>, 2004年2月臨時増刊号, 学燈社, p.117.

과정을 통해 생겨났을까 하는 것은 흥미로운 주제이다. 야스다 히로시(安田寛, 1948~)의 연구에 따르면 현재 일본의 <주먹 쥐고 손을 펴서>는 군가인 <전투가>가 창가유희로 변모하여 한일병합 한 해 전인 1909년에 '유아체조곡'으로 불리기 시작했다고 한다.[21] 이 점에 관해서는 향후 한국에서도 충실한 실증적 연구가 이루어져야 할 것이다.

제3절 와카와 창가의 시점과 풍경

『소학창가집』 초편에 실린 <멀리 보니>의 가사를 주로 수사 표현과 운율 및 음성적 효과의 면에서 분석해 보겠다.

見わたせば、あおやなぎ、	멀리 보니 파란 버들잎
花桜、こきまぜて、	벚꽃과 한데 섞여서
みやこには、みちもせに	도회지에는 길에 한가득
春の錦をぞ。	봄의 비단이로다.
さおひめの、おりなして、	사오히메(봄의 여신)가 짜 만들어서
ふるあめに、そめにける。	내리는 비에 색이 들었다.
みわたせば、やまべには、	멀리 보니 산 근처에는
おのえにも、ふもとにも、	봉우리에도 산기슭에도
うすきこき、もみじ葉の	엷고도 짙은 단풍 이파리
あきの錦をぞ。	가을의 비단이로다.

21 安田寛, 『「唱歌」という十二の物語: 讃美歌と近代の間で』, 文藝春秋, 2003, pp.24-26 참조.

たつたひめ、おりかけて、	다쓰타히메(가을의 여신)가 짜 엮어서
つゆ霜に、さらしける。[22]	이슬서리를 맞고 있다. (직역: 필자)

1절과 2절의 제4행째를 제외하고는 모두 5음구로 구성된 문어체의 노래로 전형적인 일본의 풍경을 읊고 있다.[23] 먼저 첫 구의 동사 '見わたす'는 '멀리까지 넓게 바라보다, 조망하다'는 뜻이다. 그리고 어미 '-せば'는 현대어와 달리 고어에서는 동사의 가정형(假定形)이 아닌 이연형(已然形)으로서 '확정적 사실의 가정'을 나타낸다. 따라서 '멀리까지 넓게 바라보면' '조망해 보면'이라기보다 '멀리까지 넓게 바라보니까' 또는 '조망해 보니까' 정도의 뜻으로 볼 수 있을 것이다.

첫 구에 이러한 말이 오는 것은 어떤 의미인가? 자연스럽게 이후의 '풍경'에 대한 시점(視點)의 틀을 제공한다. 그 점에서는 와카의 경우나 창가의 경우나 또 창가의 1절이나 2절이나 크게 다를 바가 없어 보인다. 어느 경우나 풍경을 한눈에 내다볼 수 있는 즉 조망권이 확보되는 어떤 지점에 서서 표현대상을 바라보고 있다는 것을 의미한다.

여기서 헤이안 시대의 '멀리보다'(見わたす)와 메이지 시대의 그것은 과연 동일한 의미로 해석할 수 있는지에 대한 의문이 들기도 한다. 고정적인 시점에 의해 통일적으로 파악되는 대상 혹은 풍경은 근대라는 특수한 시대의 중요한 특징에서 비롯된 것이라면 약 천 년의 차이를 두고 있는 두 개의 텍스트에서 동일한 의미를 취할 수 있는 것인가? 가라타니 고진(柄谷行人, 1941~)이 '근대에 있어서의 풍경이란 사생(寫生)이기 이전에 하나의 가치 전도'[24]라고 했듯이 양자 사이에는 어떤 큰 전환이 전제되어 있어야 하지 않을

22 堀内敬三 등, 앞의 책, p.15.

23 河嶋喜矩子, 앞의 논문, p.117.

까 하는 생각이다. 그것은 '기호론적 배치의 전도(顚倒)' 혹은 '원근법적 전도'[25]라고 표현될 수 있는 방식에 의해서 획득되는 시점이라 할 수 있을지도 모른다.

실제로 와카의 텍스트와 창가의 텍스트에서 의미화되는 과정의 차이를 섬세하게 음미할 필요가 있다. 와카의 경우는 표현 대상이 순간적 장면 포착의 결과와 같은 것이라면 창가의 경우는 이와 달리 원경(遠景)과 근경(近景)을 구분 가능하게 하는 시간적 흐름을 느낄 수도 있을 것 같다. 그러한 의미에서 창가의 '멀리 보니'(見わたせば)는 일회적 순간 포착의 동작이 아니라 연속적 계기적 사건의 중심 시좌(視座)를 확보하게 하는 동작으로 다가온다. 1절이 지나고 2절에서 또다시 '멀리 보니'가 반복되는 경우 그 효과가 직접적이다. 적어도 1절과 2절은 한 장면에 포착될 수 있는 내용이 아니며 어떤 시간적 과정과 공간적 깊이를 고려해야만 의미화되는 사상(事象)인 것이다.

와카의 경우는 '버드나무 벚나무를 한데 섞여서(柳桜をこきまぜて)'라고 하여 대상을 시각적으로 열거하는 데에 그쳤지만, 창가는 '파란 버들잎'이라 하여 처음부터 특정한 색깔을 제시하고 있다. 그뿐만 아니라 '길에 한가득(みちもせに)'과 같은 식으로 와카에는 없는 표현을 첨가하여 구사함으로써 좀 더 설명적인 느낌을 주고 있다. 어차피 와카의 표현은 5 / 7 / 5 / 7 / 7 총 31개의 음절수로 제한된 가운데 어휘를 선택해야 하므로 압축적인 대신 설명은 포기해야 하는 것이라면, 창가의 경우는 5 / 5가 여섯 번 반복되는 가운데 제4구를 예외로 하면 산술적으로는 1절당 58개로서 도합 116개의 음절수를 허용받은 것이 되므로 약 4배 정도의 여유가 있다. 따라서 필연적으로 무언가 와카에는 없던 내용을 대폭 첨가하지 않을 수 없었을 것이다.

---

24 柄谷行人, 『日本近代文学の起源』, 講談社, 1988, p.25.

25 위의 책, p.31.

이러한 점에서 봄의 여신인 '사오히메'를 등장시킨 것은 매우 절묘한 선택이었다고 본다. '사오히메'의 등장은 내용적으로 와카의 내용을 크게 벗어나지 않고 그 우아한 정취를 충분히 살리면서 '봄의 비단(春の錦)'을 잘 보충해 주는 역할을 하고 있기 때문이다. 그 점은 2절의 '다쓰타히메' 역시 마찬가지이다. 특히 1절과 2절의 조응 관계가 충분한 설득력을 갖는 것처럼 보인다. 그러나 한편으로 7·5 또는 5·7조의 전통적인 리듬감에 익숙한 당시의 문학자들이 5·5의 자수를 맞추는 것에 다소 어색함을 느꼈을지도 모른다. 새로운 형식의 노래를 만들어내는 것에 따르는 그만큼의 불안감도 있었을 것이라 여겨진다.

또 한 가지 음의 반복과 배치, 배열 등 음성적 효과의 측면에도 주목할 필요가 있다. 와카의 경우를 소리 나는 대로 알파벳 문자로 표기하면 다음과 같다.

> miwataseba yanagi sakurawo kokimazete
> miyakozo haruno nisiki narikeru

상구(上句)의 시작 음절과 하구(下句)의 시작 음절이 같은 것, 그리고 하구의 마지막 부분 어두에 'n'이 반복 되는 것 외에 특별히 의미 있는 규칙성은 찾기 어렵다. 이에 반해 창가의 경우는 다음과 같다.

> miwataseba aoyanag[i]
> hanazakura kokimazet(e)
> miyakoniwa mitimosen[i]
> haruno nisikiwozo
> saohimeno orinasit(e)

huruameni somenikeru

miwataseba yamabeniwa

onoenimo humotonim{o}

usukikoki momijiban{o}

akino nisikiwoz{o}

tatutahime orikakete

tuyusimoni sarasikeru

표시를 통해 알 수 있듯이 각 구의 첫 음절에 'mi'와 '모음'과 't'가 반복적으로 사용되고, 끝 음절에 'i' 'e' 'o' '-ikeru' 등이 반복적으로 오며, 일일이 표시는 하지 않았지만 전체적으로 'm' 'n' 'h' 등이 많이 사용되고 있다. 이러한 경향은 작사자가 의식했든 의식하지 않았든 하나의 의미 있는 음성적 효과를 낼 수 있는 조건이 어느 정도 갖추어져 있다고 볼 수 있다. 같은 음의 반복을 통해 시(詩)다운 멋과 소리의 안정감을 추구하고 'm'의 경우는 양순음으로서 파열음이나 파찰음보다는 상대적으로 부드럽고 편안한 느낌을 강조했다고 볼 수 있다.

근대 일본 최초의 '번역창가'집이기도 한 『소학창가집』 초편에 실린 <멀리 보니>는 프랑스 계몽사상가 루소가 작곡한 오페라의 일부가 변주된 곡이 메이지 유신 이후 일본에 들어온 것이다. 이러한 고찰을 통해 1절과 2절의 작사자 시바타 기요테루와 이나가키 치카이 두 사람은 서로 머리를 맞대고 의논하며 여러 가지 측면을 고려하면서 오랜 시간 문장의 조탁(彫琢)을 거쳐 이 노래 가사를 완성한 것이 아닐까 하는 추측을 충분히 가능하게 한다. 메이지 시대 초기의 음악 교육에 종사한 음악취조괘의 작사자들은 이처럼 각기 아문체, 한문체, 구어체를 구사하면서 악곡에 맞는 정서 표현과 음수와 음성적 효과까지 고려하며 작사 작업에 임했다는 것을 짐작할 수 있다.

그렇다면 이들은 어떻게 해서 원곡의 의미와는 전혀 상관없는 가사로 작사를 하게 된 것일까? 그리고 왜 하필 『고킨와가슈』의 제1권 '춘가 상(春歌上)'에 나오는 이 와카였을까? 그 대답은 다음 두 가지 정도의 이유로 설명될 수 있을 것이다. 첫째, 『고킨와카슈』와 같은 헤이안 시대의 고전시가집에서 전거를 취한 것은, 멜로디는 서양의 것을 그대로 차용하면서 가사는 일본의 전통에서 구한 화양절충(和洋折衷) 혹은 화혼양재(和魂洋才)의 전형적인 예라 할 수 있다. 둘째, 첫머리의 '멀리 보니' 즉 일본어로 '미와타세바(見わたせば)'는 마치 천황이나 황후가 군중이 환호하는 가운데 발코니에 나와 이를 바라보는 조망적 시점과 흡사한데, 이는 바로 천황의 통치하에 펼쳐지는 일본의 아름다운 자연 풍광을 찬양한 것이다. 다시 말해 그들은 철저한 국가주의적 입장에서 창가의 가사를 새롭게 '창작'한 것이다. 그리고 그 과정은 헤이안 시대 와카의 새로운 해석과 절묘한 변용을 통해 이루어졌다는 것이다.

덧붙이자면 이러한 '멀리 보면'의 시각적 행위는 이후 소학교 학생들이 노래를 부르면서 일제히 (멀리 보기 위해) 손을 이마에 대는 동작과 함께 일종의 신체적 규율로 받아들여져 '유아체조가'로 발전하고 '주먹 쥐고 손을 펴서'로 모습을 바꾸기에 이른다. 『소학창가집』의 작사자들은 '문학자' 또는 '국문학자'들로서 '국어' 및 '국문학'과 함께 '국악'의 창출에 매진하여 메이지 신정부가 목표로 하는 근대국가의 형성과 국민의 교육이라는 국가적 프로젝트에 이와 같은 방식으로 헌신했다고 할 수 있다.

제2장

'동요' 개념의 한일 차이와 번안의 수용

한국과 일본은 넓은 시야에서 볼 때 매우 독특한 공통의 '동요 문화'를 갖고있는 지역이다. 한일 간에는 근대 초기 서양의 동요가 동아시아에 이입되면서 이를 자기화하는 과정에서 비슷한 경험을 공유하고 있다. 한국과 일본만큼 서양의 동요를 형식과 내용 면에서 적극적으로 수용하고 소화해서 새로운 창작동요를 만들어내고 그 나름의 동요 문화를 발전시킨 지역은 그리 많지 않다.

그런데 한편 한일 간에는 '동요'의 개념을 비롯하여 서양 동요의 번역/번안과 수용 방식에 미세한 차이가 존재하는 것도 사실이다. 이 장에서는 이러한 공통점과 차이점에 주목하면서 동요의 성립과 외래 동요의 수용 방식에 대해 비교 고찰하고자 한다. 창가와 함께 동요는 유행가가 대중들의 마음에 자리잡는 감성적 토대가 되었기 때문이다.

제1절 한국어 '동요'와 일본어 '도요'

먼저 '동요'의 개념을 둘러싼 한일 간의 차이에 대해 정리해둘 필요가 있다. '동요(童謠)'라는 한자어는 현재 한국과 일본에서 공통적으로 쓰이고 있으나 그 의미에 약간의 차이가 있다. 한국어 '동요'는 일반적으로 어린이들의 세계를 반영하여 어린이들에 의해 또는 어린이들을 위해 만들어진 모든 노래를 포괄적으로 이르는 개념이다. 이에 반해 일본어 동요 즉 '도요(童謠)'는 주로 다이쇼 시대부터 패전에 이르기까지 구체적으로는 1918년부터 1945년까지에 제작된 어린이 노래를 의미하는 특수한 시대적 장르명으로 받아들여지고 있다. 좀 더 자세히 살펴보면 다음과 같다.

한국어 '동요'의 사전적 의미는 '①문학 장르의 하나로, 어린이들의 생활 감정이나 심리를 표현한 정형시. 형식상 음수율이 강화되어 음악성이 돋보이며 형식과 수사(修辭)를 중요시한다. ②어린이를 위하여 동심(童心)을 바탕으로 지은 노래'로 되어있다.[1] 전자는 '시(詩)로서의 동요' 즉 동시(童詩) 중에서 노래로 부를 수 있는 정형시를 말하고, 후자는 '노래로서의 동요' 그 자체에 대한 설명이다. 그런데 이 두 가지는 다른 대상을 나열하고 있다기보다 사실상 같은 것을 다른 각도에서 설명한 것으로 이해할 수 있다. 실제로 한국에서의 동요란 정형률을 갖춘 동시(童詩)에 음악적 요소를 가미한 것이기 때문이다. 한국어로는 시대와 상관없이 어린이들의 노래라면 다 '동요'에 속한다.

일본어 '동요'는 '①아이들에 의해 자연히 만들어지고 불리는 노래. 아이들이 만든 시나 노래 등. ②주로 <u>다이쇼 시대 이후 어린이도 이해할 수 있는 세계를 노래한 예술적 가곡</u>. ③민중에 의해 자연발생적으로 만들어져 널리

---

1 한국 국립국어원 표준국어대사전 https://stdict.korean.go.kr/search/searchView.do?word_no=414206&searchKeywordTo=3 (2025년 8월 28일 검색)

불리게 된 가요. 시류에 대한 풍자나 예언적 의미를 담은 노래. 원래 신의 뜻이 아동들의 입을 통해 드러난다고 생각한 것에서 비롯됨. (……)'[2](밑줄과 번역은 필자)으로 되어 있다. 또 일본의 아동문화연구가 가미쇼 이치로(上笙一郎, 1933~2015)의 『일본동요사전』(日本童謡事典)에서는 '동요'를 '아이들 노래의 명칭'(子どもの歌の名称)이라 정의하고 그 범위를 다음과 같이 논하고 있다.

> 총칭적인 뉘앙스로 사용되는 경우에는 <아이들이 부르는 노래 전반>을 의미하는데 근대 이전의 <와라베우타>는 물론 메이지 시대 학교 교육의 일환으로 보급된 <창가>(唱歌)와 그 창가를 뛰어넘으려는 의도로 다이쇼 시대에 등장한 <동요> 및 제2차 세계대전 후에 실제 아이들과의 거리를 좁히고자 새롭게 명명된 <고도모노우타>(子どもの歌) 모두를 포함한다. 그러나 일반적으로는 창가를 극복하고자 다이쇼 시대에 활짝 꽃핀 동심(童心) 찬미주의적인 아이들의 시가(詩歌)를 가리키며 특히 음악가에 의해 작곡된 노래를 의미한다.[3] (밑줄과 번역은 필자)

물론 일본어 '동요'도 한국어 '동요'처럼 '총칭'의 성격이 있어서 근대 이전

---

2 ①子ども達によって自然に作られ、歌われる歌。子どもの作った歌や詩など。わらべ歌。②主に大正期以後、子どもにも理解できる世界を歌った、芸術的歌曲。③民衆によっていつのまにか作られはやった歌謡。時流に対する風刺や予言的意味を含んだ歌。もと、神意が幼童の口を通して人々に示されると考えたところからいう。はやり唄。わざうた。俚謠。『日本国語大辞典』, 小学館.

3 '総称的なニュアンスでもちいられる場合には、<子どものうたう歌の全般>を意味しており、近代以前よりの<わらべ唄>はもちろん、明治期に学校教育の場を主軸として興った<唱歌>、その唱歌を乗り越えようとの意図で大正期に登場した<童謡>、および第二次大戦後に現実の子供との距離を縮めようとの考えから新称された<子どもの歌>のすべてを含む。しかし一般的には、唱歌を克服して大正期に大きく花開いた童心賛美主義的な子どもの詩歌である<童謡>を指し、とりわけ音楽家によって作曲され<歌曲>となったものを意味している。' 上笙一郎, 『日本童謡事典』, 東京堂出版, 2005, p.260.

에 항간에서 불리던 전래동요 같은 것까지 포함되기도 한다. 그러나 많은 경우 주로 다이쇼 시대 이후에 아동들을 위해 만들어진 예술적 가곡을 의미한다. 그러니까 특정 시대에 만들어진 장르를 지칭하는 하나의 역사적 개념이다.

그렇다면 일본에서는 그 시대 이외의 어린이 노래는 어떻게 지칭하는가? 근대 이전에 구전되던 민요의 성격을 띤 전래동요를 '와라베우타'(わらべ歌)라 하고 메이지 시대 근대적 교육의 실시와 함께 채택된 서양식 음악은 '창가'라 부른다. 앞서 말했듯이 '동요'라는 명칭은 다이쇼 시대의 매우 특수한 상황에서 등장한 것이고 제2차 세계대전 이후로는 '고도모노우타'(子どもの歌, '아이들의 노래'라는 뜻)로 불린다. 정리하자면 일본어 '동요'는 '와라베우타' '창가' '동요' '고도모노우타'의 전체 계보를 망라하는 개념으로도 쓰이지만 좁은 의미로는 1918년 이후에 등장하여 1945년 무렵까지 만들어진 어린이 노래만을 가리킨다. 한국과 일본의 이러한 용어 차이는 어떻게 해서 생긴 것일까? 우선 일본의 서양 음악 도입과정부터 이해할 필요가 있다.

19세기 후반 이후 동아시아에서 서양 음악이 수용된 양상은 크게 세 가지 경로를 통해 살펴볼 수 있다. 군대, 교회, 학교를 통해 받아들인 군악과 찬송가 그리고 교육용 악곡들이었다. 일본의 경우 이 중 가장 먼저 받아들인 것은 군악이었으나 점차 학교의 '창가'(唱歌) 교과목을 통해 서양의 민요나 동요 등의 애창곡들이 받아들여졌다. 최초의 음악 교과서인 『소학창가집』이 성립된 것은 1880년대 초의 일이다. 수록된 대부분의 곡이 서양의 멜로디에 일본어로 가사를 붙인 '번역창가'들이었다. 서양의 악곡이 일반에 본격적으로 소개된 것은 이와 같은 메이지 시대 학교 교육의 의무화를 통해서였다.

일본에서 서양식 음악은 '창가'라는 교과목을 통해 구체화했고 이때 보급된 노래 자체를 '창가'라고 불렀다. 그런데 멜로디는 서양 것을 취하되 가사는 원곡과 거의 관계가 없는 일본의 고전이나 한문 고전 등을 응용해서 붙였다. 그 가사 내용은 근대국가의 '국민'에게 요구되는 애국심을 고취한다거나 입신출세를 지향하는 것이었고 형식도 문어체 위주였다. 그 연장선에서 1900년 이후 일본인이 작곡한 '창작 창가'라 할 수 있는 소위 '문부성창가'의 가사 내용은 이러한 국가주의적 경향을 더욱 짙게 드러내고 있었다.

일본의 '동요'는 바로 이러한 기존의 '창가'에 대한 문제의식에서 나왔다. 1910년대 말부터 어린이의 눈높이와 동심(童心)을 강조하는 새로운 대안적 경향이 청년 지식인들에 의해 '동요 운동'으로 제시된 것이다. 그랬기 때문에 일본에서 창가나 동요는 둘 다 어린이의 노래이지만 동요는 창가에 대한 비판적 입장의 안티테제로서 등장한 것이며 양자는 일종의 대립적 개념으로 이해되고 있다. 1925년 이후 라디오 방송이라는 새로운 미디어의 등장과 함께 동요는 그 내용적 참신함으로 인해 전국적인 반향을 불러일으키며 '동요 가수'를 탄생시켰고 음반으로 발매되어 인기를 누렸다.

이 무렵 창가 교과서에는 기존의 '번역창가'와 '문부성창가'뿐만 아니라 새롭게 만들어진 '창작동요'가 함께 실리기 시작했다. 1941년 국민학교령(国民学校令)에 의해 음악 교과의 명칭이 '창가'에서 '예능과'의 '음악(音楽)'[4]으로 변경되면서 '창가'는 역사 속의 장르가 되었다. 이때 교과서의 제목도 『우타노혼』(ウタノホン, 노래의 책, 1941년 발행), 『초등과 음악』(初等科音楽, 1942~1943년 발행) 등으로 바뀌었다. 전후 교과목의 명칭이 '음악'으로 정착되면서 '창가'를 대신한 장르로서의 '동요' 역시 역사적 개념으로 자리 잡게 되었다. 장르로서의 어린이 노래는 '고도모노우타'(子どもの歌)로 불리게 되었다. 이러한 이유로 일본에서 어린이 노래의 명칭은 시기별로 용어가 다른 것이다.

4 国民科–修身/国語/国史/地理, 理数科–数学/算数/理科, 体錬科–体操/武道/水練, 芸能科–音楽/習字/図画/工作/裁縫/家事, 実業科–農業/工業/商業/水産, 外国語

제2절 한일 간에 공유되는 '동요' 개념과 맥락

한국어 '동요'도 사실은 이러한 일본어 '동요'와 깊은 관계를 갖고 있다. 바로 1920년대의 아동문화운동가 소파(小波) 방정환(方定煥, 1899~1931)이 매개가 된 것이다. 그는 1920년에 개벽사 도쿄 특파원으로 도일하여 이듬해에 근대 일본의 민예운동가이자 미학자이며 사상가인 야나기 무네요시(柳宗悅, 1889~1961)가 교수로 재직하던 도쿄의 도요대학(東洋大學) 문화학과 보통청강생으로 유학생활을 시작한다. 일본 유학을 계기로 아동문학과 아동문화 운동에 본격적으로 헌신하게 되는데, 당시 일본은 기성 작가를 비롯한 많은 역량 있는 소설가 시인 극작가들이 참여하여 아동문학이 비약적으로 발전하고 있었다. 이러한 일본의 상황은 방정환에게 대단히 중요한 자극이 되었다.

특히 그때까지 문부성창가 위주의 경직된 아동 음악교육에 반발하여 스즈키 미에키치(鈴木三重吉, 1882~1936) 등이 창간한 잡지 『빨간 새』(赤い鳥, 1918~1936)[5]를 중심으로 전개된 '동요운동'이 직접 관련된다. 이들은 창간호에서 '어린이(子ども)의 세계를 어린이의 언어로 어린이가 알 수 있게' 창작할 것을 주장하며 '창가'를 대신할 새로운 노래를 '동요'라 명명했다.[6] 잡지의 중심 인물격인 일본 근대의 대표적 시인 기타하라 하쿠슈(北原白秋, 1885~1942)는

---

5 아쿠타가와 류노스케(芥川龍之介, 1892~1927)의 「거미줄(蜘蛛の糸)」, 아리시마 다케오(有島武郎, 1878~1923)의 「한송이의 포도(一房の葡萄)」 등의 동화, 기타하라 하쿠슈 등의 동요, 오사나이 가오루(小山内薫, 1881~1928), 구보타 만타로(久保田万太郎, 1889~1963)의 아동극 등, 다이쇼시기 아동문학 관계의 명작이 모두 여기서 탄생했다. 종래 교훈 위주의 아동문학에서 예술로서의 아동문학으로 전환하는 직접적인 계기가 되었다.

6 '童謡'라는 말은 나라(奈良)시대의 『日本書紀』(720)에서도 용례를 발견할 수 있는데, 다만 이때의 독음은 '도요'가 아닌 '와자우타'였고 정치적 풍자나 예언을 담은 노래였다. 또 근세의 '童謡'는 와라베우타나 하야리우타(はやり唄, 유행가)의 뜻으로 쓰였다. 井手口彰典, 『童謡の百年』, 筑摩書房, 2018, p.30 참조.

'동요는 동심(童心) 동어(童語)의 노래'라 하며 '새로운 일본의 동요는 종래의 와라베우타에서 그 근본을 찾아야 한다'고 주장했다.[7]

노구치 우조(野口雨情, 1882~1945), 소마 교후(相馬御風, 1883~1950), 미키 로후(三木露風, 1889~1964), 사이조 야소(西條八十, 1892~1970) 등은 작사(作詞)를 구사카와 신(草川信, 1893~1948), 나리타 다메조(成田為三, 1893~1945) 등은 작곡(作曲)을 담당했다. 그런데 한 가지 재미있는 것은 문부성창가를 제작한 사람들은 도쿄제국대학(東京帝国大学) 도쿄음악학교(東京音楽学校) 도쿄고등사범학교(東京高等師範学校) 도쿄여자고등사범학교(東京女子高等師範学校) 등 국공립계열 대학의 교수진이 대부분이었다.[8] 이들의 목표는 음악교육을 통해 건전한 국민을 육성하는 것이었다. 이에 반해 동요의 창작자들은 와세다대학(早稲田大学) 등 사립대학과 관련 깊은 인사들이 상당수였고 이들이 '동요운동'을 주도해갔다. 그 목표는 어린이답고 참다운 인간을 교육하는 것이었다.

일본의 아동문학과 동요 운동은 당시 조선 출신의 유학생 방정환에게 깊은 감명을 주었을 것이다. 그는 일본의 『빨간 새』 등이 관(官) 주도의 아동교육과 문부성창가에 대한 대안 제시라는 점에 착안하여 식민지 조선에서의 '어린이' 운동을 구상했을 것이다. 다이쇼 데모크라시의 시대 분위기 속에서 방정환이 일본에서 접한 많은 인사 중 대부분이 인권과 정의 그리고 민간 주도의 근대적 계몽을 지향하는 시라카바파(白樺派)와 사회주의 계열의 그룹이었다. 방정환은 일본 당국의 통치 방식에 반기를 든 일본 지식인들과 교류하며 그들을 참고하여 식민지 청년으로서 민족이 나아가야 할 길을 독창적으로 개척한 것이었다.

---

7 長田暁二, 『歌でつづる20世紀 あの歌が流れていた頃 1901~2000』, ヤマハ, 2003, p.64 참조.

8 위의 책, pp.64-65 참조.

당시 조선의 각 학교에서도 일본식 창가를 가르치고 있었기 때문에 조선인의 처지에서는 이에 반발하여 일어난 일본의 동요 운동과 그 정신에 쉽게 공감할 수 있었다. 특히 아동들의 눈높이에서 새롭게 시작된 '동요'라는 장르에는 '와라베우타'의 전래 동요적 성격과 구전적 요소 및 지역성이 강조되었는데 방정환이 전개한 어린이 운동의 정신이 바로 이러한 것과 맥이 통하는 것이었다. 방정환에 의해 어린이 운동에 참가하게 된[9] 윤극영(尹克榮, 1903~1988) 작사 작곡의 <반달>을 비롯한 이 시기의 수많은 한국어 창작동요는 바로 일본 동요 운동의 조선적 전개가 가져온 결과라고도 할 수 있다.

근대 이후 일본의 어린이 노래로는 창가와 동요가 병존하고 있었다. 그러나 조선의 어린이 노래는 전래동요를 제외하고는 바로 이 시대에 등장한 동요가 최초이고 유일한 장르였다. 식민지 조선의 노래 중에도 '창가'로 불리는 장르가 존재했지만 그것은 조선 아동의 입장에서 볼 때 정서적인 일체감을 느낄 수 있는 것이 아니었다. 식민지 교육으로 강요당한 일본식 교육용 창가 외에는 기독교 신자와 일부 지식인들 사이에 불리어진 찬송가 밖에 없었고 애국창가와 같은 것은 일종의 금지곡에 속했기 때문에 드러내놓고 부를 수도 없었다.[10] 일본에서는 시대적 장르로서 '창가'와 '동요'가 자리매김되어온데 반해 한국에는 '동요'만이 줄곧 어린이 노래를 총칭하게 된 것이다.

그만큼 조선에서의 '어린이 운동'이라는 것은 '아동의 탄생'[11]으로 이야기

---

9 한용희, 『한국 동요음악사』, 세광음악출판사, 1988, pp.49-50 참조.

10 安田寛, 『日韓唱歌の源流』, 音楽之友社, 1999, pp.47-48 참조.

11 근대에 있어서 아동은 '작은 어른'이나 노동력이 아니고 성인과는 다른 독자적인 존재로서 애정의 대상으로 보게 되었다는 아동에 대한 시선의 전환을 갈파한 프랑스의 역사가 필립 아리에스(Philippe Ariès, 1914~1984)의 표현이다. 그의 『앙시앵 레짐기 아동과 가족의 탄생』(*L'Enfant et la Vie familiale sous l' Ancien Regime*)은 『아동의 탄생』(문지영 역, 새물결, 2003)으로 번역되었다.(일본어 번역은 杉山光信·杉山恵美子訳 『<子供>の誕生: アンシァン·レジーム期の子供と家族生活』, みすず書房, 1980). 周東美材, 『童謡の近代』, 岩波

되는 근대적 시선의 전환 양상이 세계 어느 지역보다도 격렬하고 혁명적이었다고 할 수 있겠다. 그 중심에 방정환이라는 존재가 있었다. 그러나 더욱 중요한 것은 한국이나 일본이나 다 같이 이 '동요'가 지식인들에 의해 주도되어 민간의 사회 운동적 맥락에서 인위적으로 전개된 저항적 장르라는 점이다. 너서리 라임(Nursery Rhymes)으로 총칭되기도 하는 영미권의 자연발생적인 전승동요(傳承童謠) 마더 구스(Mother Goose) 등과 비교해볼 때 그 성격이 더욱 두드러진다. 한국·일본의 '동요'는 철저하게 동심 위주의 예술성이 뚜렷하게 부각된 매우 특징적인 양국 공통의 장르라 할 수 있다.

그러한 의미에서 이 장에서 사용하는 한일 양 언어의 '동요' 개념은 맥락에 따라 조금씩 달라질 수가 있겠다. 그러나 이러한 차이를 넘어서 '어린이의 세계를 표현하거나 어린이를 위해 만들어지거나 어린이들에 의해 불리는 노래 일반'이라는 총칭으로서의 의미를 기본으로 하며, 양국의 1910년대 말 20년대 초의 '동요 운동' 과정에서 등장한 '안티 창가'로서의 함의도 담고 있다는 것을 밝혀두고자 한다.

필자의 또 하나의 목적은 서양의 동요를 수용할 때 한국어와 일본어 간 방법상의 차이를 비교 분석하려는 것이다. 외국어 노래 가사가 언어적 변환을 거치는 패턴은 크게 개사, 번안, 번역의 세 가지 방식이 있다. 원곡의 멜로디에 원래 가사와 전혀 다른 새로운 가사를 붙이는 개사(改詞), 원 가사를 해당 언어 환경에 맞게 적절히 바꾼 번안(飜案), 원 가사를 가급적 충실히 재현한 번역(飜譯)이 그것이다.[12] 다음 장에서는 서양의 동요가 일본어로 '개사'되어 한국어로 '번안'되는 과정에서 나타난 한일 두 언어의 표현과 문체상

書店, 2015, p.8 참조.

12 박진수, 「한국어 근대 대중가요와 번역: 일본어 텍스트와의 문화적 상호작용」, 『아시아문화연구』 45, 가천대학교 아시아문화연구소, 2017.12, p.58 참조.

의 특징을 한 동요 가사 텍스트의 구체적인 예를 통해 비교 검토해 보겠다.

언어 간의 위계가 존재하는 경우와 그렇지 않은 경우의 번역에는 어떠한 차이가 발생하는가 하는 것도 필자의 관심 영역이다. 사실상 전 세계에 수많은 언어가 있지만 그 위상이 다 똑같지는 않다. 오늘날 영어의 권위와 영향력은 절대적이고 막강한 언어 간의 권력 관계를 잘 보여준다. 이러한 측면에서 한국어, 일본어, 서양어 사이의 번역에는 이러한 힘의 관계가 어떻게 작용하는가? 20세기 전반의 한국어와 일본어 사이에는 식민지의 언어 '조센고'(朝鮮語=지방어)와 제국의 언어 '고쿠고'(國語=표준어)라는 위계가 존재했다. 그러던 것이 1945년 이후 서로 상대의 언어를 하나의 '외국어'로서 받아들이게 된다. 그렇지만 과연 명실상부하게 '대등한 타자(他者)의 언어'가 되었는지는 의문이다.

제3절 '창가'에서 '동요'가 된 <나비>

오늘날 한국에서 초등교육을 받은 사람이라면 누구나 알고 있을 <나비야>에 대해 살펴보겠다. 이 노래의 원곡은 <어린 한스>(Hänschen klein)라는 독일의 동요[13]로 현 독일 동부 드레스덴(Dresden)의 교사였던 프란츠 비데만(Franz Wiedemann, 1821~1882)이 아이들에게 이별과 여행, 슬픔을 극복하는 심리적 경험을 교육할 목적으로 작사한 것[14]으로 알려져 있다. 그런데 한국어 <나비

---

13 원래의 멜로디는 18세기 초 이전에 성립되었는데, Johann Gustav Gottlieb Büsching(1783~1829)과 Friedrich Heinrich von der Hagen(1780~1856)의 <사냥의 노래(Jägerlust)>이다. 가사는 Johann Nepomuk Vogl(1802~1866)의 시 'Das Erkennen'에서 모티프를 얻었다.

14 원곡의 가사는 다음과 같다.
Hänschen klein geht allein / In die weite Welt hinein. / Stock und Hut steht ihm gut,

야>의 직접적인 원천은 일본어 <나비>(蝶々)였다. 이 노래는 일본에서 1881년 『소학창가집』 초편에 총 33곡 중 17번째로 실렸던 곡이다.

『소학창가집』 초편에 실린 서양 곡의 번안 동요 중 오늘날까지 초등 음악 교육에 활용되고 있는 곡은 세 곡이다. 장 자크 루소(Jean-Jacques Rousseau, 1712~1778)가 작곡한 오페라곡 <마을의 점쟁이>(Le Devin du Village)에 『고킨와가슈』의 시가를 가사로 붙인 13번째 곡 <멀리 보니>(見わたせば), 스코틀랜드 민요 <올드 랭 사인>(Auld Lang Syne)에 중국 고사를 인용한 가사를 단 20번째 곡 <반디>(蛍), 그리고 이 <나비>이다. 오늘날 한국과 일본에서 <멀리 보니>는 유아 동요 <주먹 쥐고 손을 펴서>(むすんでひらいて)로 <반디>는 일본에서 <반디의 빛>(蛍の光)으로 한국에서는 <석별의 정>으로 널리 불리고 있다.

<나비>의 가사는 원래 일본의 전래동요인 와라베우타 <초초밧코>(蝶々ばっこ)를 원곡의 멜로디에 맞게 약간 수정한 것이다. 독일어 원곡 가사와는 전혀 상관없이 개사된 번안 동요로서 이 곡이 탄생하기까지는 상당한 우여곡절이 있었다. 일본 최초의 근대 음악 교육기관이었던 음악취조괘의 총책임을 맡은 이사와 슈지와 그의 미국 유학 당시 음악 스승이었던 루더 화이팅 메이슨 간의 알력이다. 『소학창가집』 편찬 작업을 진행하던 이사와는 곡의 선곡 등 자문을 위해 문부성의 초청으로 일본에 와있던 메이슨과 사사건건 의견이 부딪히고 있었다. 창가 지도에 있어서 미션 스쿨에서 하는 것처럼 영어 가사로 불러야 한다는 메이슨과는 달리 이사와는 일본어 가사로 할 것을 주장하

/ Ist gar wohlgemut. / Doch die Mutter weinet sehr, / hat ja nun kein Hänschen mehr. / "Wünsch dir Glück", / sagt ihr Blick, / "kehr' nur bald zurück"(……) [어린 한스 군은 혼자서 / 넓은 세계로 길을 떠나네 / 손에는 지팡이 머리엔 모자 / 한스 군은 너무나 기뻤다네 / 하지만 한스의 엄마는 / 이별이 슬퍼서 울고 말았지 / 그 눈동자엔 오로지 / "한스야, 잘 다녀와!"(……)]

고 있던 것이었다.

미일 간의 문화적 갈등으로도 볼 수 있는 두 사람 간의 대립은 서양의 멜로디에 일본어 가사를 붙인다는 화양절충(和洋折衷)의 방침을 굽히지 않은 이사와의 생각대로 마무리되었다. 특히 이사와에게 있어서 <나비>와 같은 곡의 경우는 이미 수년 전부터 준비된 가사였다. 미국 유학을 가기 전 이사와가 아이치사범학교(愛知師範学校) 교장이던 때에 교원 노무라 아키타리(野村秋足, 1819~1902)로 하여금 아이치 지방의 와라베우타를 정리하게 했다. 그 몇 곡 중의 하나가 <나비>의 제1절이다. 이 가사를 우연히 메이슨이 제시한 악보에 적용한 결과 너무나도 정확하게 멜로디에 부합하는 노래가 되었다는 것이다.[15] 원곡의 악보와 최초의 번안 가사는 다음과 같다.

① 一	てふてふてふてふ 菜の葉にとまれ	나비 나비 유채 잎에 앉아라
	なのはにあいたら 桜にとまれ	유채 잎에 싫증나면 벚꽃에 앉아라
	さくらの花の さかゆる御代に	벚꽃처럼 (천황의)번영하는 이 세상에
	とまれよあそべ あそべよとまれ	앉거라 놀아라 놀거라 앉아라
二	おきよおきよ ねぐらのすゞめ	일어나 일어나 둥지 속의 참새
	朝日のひかりの さしこぬさきに	아침햇빛이 내리쬐기 전에

15 安田寛(2003),『「唱歌」という奇跡十二の物語』, 文春新書, pp.50-51 참조.

ねぐらをいでゝ　こずゑにとまり	둥지에서 나와서 나뭇가지에 앉아
あそべよすゞめ　うたへよすゞめ	놀거라 참새 노래하거라 참새
(『小学唱歌集』 初編)	(필자의 직역)

제1절은 노무라 아키타리가 썼고 제2절은 음악취조괘에서 국학자 이나가키 치카이에 의해 만들어졌다. 와라베우타 <초초밧코>에서는 '유채 잎에 싫증나면 이 손에 앉아라'(菜の葉に飽いたらこの手に止まれ)였는데, 여기서 '이 손'(この手)을 '벚꽃'(桜)으로 바꾸어 벚꽃으로 상징되는 '천황'이 통치하는 '번영하는 이 세상'(さかゆる御代)을 즐겁게 날아다니며 '놀아라'하며 제1절을 맺는 것[16]이다. 제2절은 아동들에게 아침에 일찍 일어날 것과 부지런한 생활을 장려하는 내용[17]이다. 애국심과 근면은 근대국민국가에 있어서 교육의 핵심적인 강조 사항이다. 창가 가사 ①에는 이처럼 개인보다는 국가, 자유보다는 규율을 중시하는 당시의 시대상을 반영하고 있다. 이 가사는 전후 1947년에 다음과 같이 개작되어 교과서에 실리게 된다.

② ちょうちょう　ちょうちょう	나비 나비
菜の葉にとまれ	유채 잎에 앉아라
菜の葉にあいたら　桜にとまれ	유채 잎에 싫증나면 벚꽃에 앉아라
桜の花の、花から花へ	벚꽃의 꽃에서 꽃으로
とまれよ遊べ　遊べよとまれ	앉거라 놀아라 놀거라 앉아라
(『一ねんせいのおんがく』)	(필자의 직역)

---

16 上笙一郎, 앞의 책, p.236.

17 위의 책, p.237.

제2절 이하는 폐지되고 바로 이 가사 ②가 오늘날까지 널리 불리고 있다. 표기법이 현대식으로 바뀐 것과 전체 2절 중 제1절만 남았다는 것 외에 표현상으로는 한 군데만 달라졌을 뿐이다. 제1절 제3행 '(천황의) 번영하는 이 세상에'를 '꽃에서 꽃으로'(花から花へ)로 한 것이다. 그럼으로써 원래의 창가에 담겨 있던 국가주의가 사라지고 나비를 보는 어린이의 순진무구한 시선만이 익숙한 멜로디와 함께 밝고 따뜻한 느낌으로 부각되고 있다. 이 약간의 변화야말로 이 노래를 '창가'에서 '동요'로 새로 태어나게 했다. 다만 '벚꽃의'(桜の花の) 다음에 '꽃에서 꽃으로'(花から花へ)라는 연결은 아무래도 수식관계가 매끄럽지 않다. GHQ 점령기에 국가주의를 급하게 탈색하느라 그 완성도가 이전만 못 한 것이 아닌가 생각된다.

이 곡은 일본을 거쳐 한국에도 일찍부터 소개되었다. 1910년 조선 통감부하의 학부(學部)에서 편찬한 『보통교육창가집』(普通教育唱歌集)[18]에 <나비야나비야>라는 제목으로 실린다. 일본어 <나비>의 소재와 분위기를 그대로 가져와서 약간 번안한 것이다. 그런데 그 이후 여러 사람에 의해 다르게 개작된 바가 있다. 특히 미국인 선교사의 부인 애니 로리 아담스 베어드(Annie Laurie Adams Baird, 한국명 안애리[安愛理], 1864~1916)가 엮은 『창가집』(唱歌集, 1915)에는 <상학(上學)시간되거든>이라는 제목으로, 또 작곡가이자 교사였던 이상준(李尚俊, 1884~1948)의 『풍금독습중등창가집』(風琴獨習中等唱歌集, 1921)에는 <상학가>(上學歌)로 실렸다. 이들을 차례로 열거하면 다음과 같다.

> ③ 저 나비야 저 나비 이리와서 노너라 / 화계 위에 좋은 꽃 웃는 듯이 피었다 / 향기내도 맑거든 꿀맛조차 달구나 / 저 나비야 저 나비 꽃 속에서 잠자자
>
> (『普通教育唱歌集』)

---

18 高仁淑, 『近代朝鮮の唱歌教育』, 九州大学出版会, 2005, p.44.

④ 학도야 학도야 역사 지리 산술책 / 모두 다 가지고 어서 빨리와
상학시간 되기 전 미리와서 기다려 / 종소리 나거든 정신 차리세
(『唱歌集』)

⑤ 아침에 일찍이 밝기 전에 일어나 / 세수하고 밥 먹고 학과 책을 들고서
동무들과 한가지로 발빠르게 나아가 / 상학종을 치기 전에 빨리 등교합시다
(『風琴獨習中等唱歌集』)

③이 일본어 <나비> 제1절의 소재에 맞추어 다듬어진 번안이라면 ④와 ⑤의 경우는 제2절의 소재인 근면성을 강조하는 내용이 반영되어 면학(勉學)을 계몽하는 메시지로 번안된 것 같다. 다만 ④와 ⑤는 대상 연령층이 다소 높아진 느낌을 준다. 그리고 ③에는 '번영하는 이 세상'(さかゆる御代)과 같은 노골적인 국가주의는 나타나지 않고 있다. 다만 '화계 위에 좋은 꽃'이 '웃는 듯이' 피어 있고 '향기'도 맑고 '꿀맛조차' 달다는 표현을 통해 아동들에게 미학적 긍정적 세계관을 심어주고자 하는 교육적 의도는 찾을 수 있을 것이다. 그러면 오늘날 널리 불리고 있는 작사자 미상인 <나비야>를 같이 인용하여 살펴보자.

⑥ 나비야 나비야 이리 날아 오너라 / 노랑나비 흰나비 춤을 추며 오너라
봄바람에 꽃잎도 방긋방긋 웃으며 / 참새도 짹짹짹 노래하며 춤춘다.

1910년에 나온 『보통교육창가집』의 <나비야나비야>(③)는 1881년 『소학창가집』 이후 당시 일본에서 불리어지던 <나비>(①)를 저본으로 했을 것이다. 이에 반해 현재의 ⑥은 아마도 1947년 이후의 개작된 <나비>(②)를 저본으로 했거나 적어도 참고는 했을 것이다. 혹은 작사자가 밝혀지지 않은 점으로 미루어 『보통교육창가집』의 한국어 <나비야나비야>가 수십 년간 그리고

해방 후에도 여러 사람의 입과 엄밀하지 않은 기억을 통해 다듬어지고 재구성된 것일 가능성도 있다. ⑥에는 ③과 달리 마지막 부분에 '참새'가 등장하는데 이것은 창가 <나비>(①)의 제2절을 의식한 것으로 보인다. 또 나비가 '노랑나비 흰나비'와 같이 복수의 나비가 등장한다는 것과 계절에 있어서 '봄'을 명확히 하고 있는 점이 특징이다.

나비를 소재로 한 일본어(①②)와 한국어(③⑥)를 하나하나 비교해 볼 때 양언어 텍스트 간의 두드러진 차이는 시점(視點)에서 찾을 수 있다. 일본어의 경우는 날아다니고 있는 '나비'의 시점을 위주로 상황을 포착하고 있다는 것을 알 수 있다. '유채 잎에 싫증나면'이라는 나비의 내적 변화를 전제로 '벚꽃에 앉아라'고도 하고, 또 '꽃에서 꽃으로' 옮겨 다니면서 앉았다가 또 다른 곳으로 옮겨 가는 나비의 모습을 시적 화자가 나비의 눈을 통해 그려가고 있는 것으로도 파악된다. 이에 반해 한국어는 시적 화자인 어린이로부터의 주체적 시점이 나비를 상대화하고 있는 것으로 보인다.

③과 ⑥에서 '이리와서 노너라' 또는 '이리 날아 오너라'라며 자기가 있는 '이리'로 유인을 하고 있다. 특히 ③에서는 '저 나비야'로 부를 만큼 시적 화자와 '나비'는 어느 정도의 거리를 두고 있다. 그런데 같은 한국어인 ③과 ⑥ 사이에서도 1910년의 한국어와 오늘날의 것 사이에 일종의 간극을 발견할 수 있다. ③의 경우는 1, 2행에서 거리를 두다가 3행에서 돌연 '향기내도 맑거든 꿀맛조차 달구나'와 같이 명백히 '나비'에 몰입된 시점을 보여준다. 꽃들 사이를 휘젓고 다니면서 꿀을 빨아먹는 '나비'와 일체가 되지 않으면(그냥 바라보고 있는 어린이로서는) 포착할 수 없는 현상으로서의 맑은 '향기'이며 달달한 '꿀맛'이다.

게다가 ③에서 더욱 놀라운 것은 '향기내도 맑거든 꿀맛조차 달구나'라는 구문 자체가 자연스러운 한국어가 아니라는 점이다. '형용사+거든 형용사+하다'는 일본어의 '형용사+ければ 형용사 어미(い 또는 だ)'처럼 '~하거니와

~하기도 하다'를 직역한 표현으로 생각된다. 따라서 ③의 3행은 '향기내도 맑거니와 꿀맛도 달구나'로 표현되었어야 위화감이 없었을 것이다. ⑥의 경우는 이러한 위화감이 없으며 노래의 선율과 노래 부르는 가창자의 호흡이 착착 맞도록 다듬어져 있다는 생각이 든다. 하나의 노래가 시대적 흐름 속에서 어떤 요소들은 도태되고 또 어떤 것은 보태어지면서 끊임없이 변모해온 내적 동인 가운데에는 대중들의 의식적 무의식적 선택이 있었을 것이다.

애초에 독일의 동요 멜로디에 일본의 와라베우타가 결합하면서 국가주의 사상을 내포한 개사곡으로 만들어진 '창가' <나비>는 전후에 급작스럽게 황실을 찬미하는 내용이 제거되면서 '동요'로 거듭났다. 창가 <나비>의 번안곡 <나비야나비야>는 한국어 표현상의 특징과 일본어 번역투를 다 가진 점에서 '한일 절충적' 번안 동요라 할 수 있을 것 같다. 오늘날 한국에서 노래되고 있는 유아동요 <나비야>는 1910년부터 지금까지 시대의 물결을 헤치고 다듬어지면서 한국과 일본의 여러 텍스트를 알게 모르게 참고하면서 빚어진 집단창작의 결과일지 모른다. 그러한 의미에서 지금의 <나비야>는 작사자가 누구였는지 알 수는 없으나 그 때문에 오히려 많은 사람의 지혜와 꿈이 담긴 소중한 문화유산으로 여겨질 수도 있을 것이다.

21세기의 오늘날은 미디어의 눈부신 발달로 인해 세계 여러 지역의 문화가 전례 없는 속도로 공유되면서 새로운 차원에서 융합·확산되고 있다. 외국의 동요를 번역 번안하거나 멜로디를 차용하여 새로운 가사를 입히는 것은 근대 이후 이미 빈번한 일이 되어 왔지만 최근 들어서는 일상의 다반사가 되었다. 우리 주변에는 유아부터 어린이와 청소년 혹은 노년층을 포함한 성인들에게까지 애창되는 다양한 종류의 외국 동요가 존재한다. 이 중에는 외국의 동요로 제대로 알려진 경우도 있지만 한국에서 창작된 동요로 잘못 알려진 경우도 있다. 곡이나 가사가 차용된 정도나 방식도 각양각색이고 같은 곡에 여러 버전의 다른 가사가 붙여지기도 했다.

한국과 일본에서 번안 동요와 창작동요는 모두 근대 음악 교육의 기초를 다져온 양대 축이다. 자국어로 지어진 창작동요는 말할 필요도 없이 자국 문학사 및 자국 음악사의 소중한 일부이다. 이에 반해 번안 동요는 자국의 문학사에는 속할지 모르나 자국의 음악사와는 관계가 없다고 생각하기 쉽다. 그러나 일본의 경우 소위 번역 창가 즉 필자가 말하는 번안 동요를 자국 문화의 중요한 일부로 간주하여 보존과 계승에 힘쓰고 적극적으로 연구한다. 왜냐하면 번안 동요 역시 당연히 자국 문학사의 일부이며 자국 음악사 중 외래음악 이입사의 일부이기 때문이다. 한국의 경우 창작동요에 대해 번안 동요를 어디까지나 외래적이기만 한 것으로 간주하여 다소 경시하는 경우가 있다.

그러나 생각해보면 번안 동요 역시 자국 문화의 중요한 일부임에는 의심의 여지가 없다. 적어도 번안 동요의 존재 자체가 특수하다면 특수한 채로 자국 역사의 산물이다. 외래문화를 자신의 것으로 소화하고 받아들여서 자신의 일부로 일상화하려는 몸부림의 일환이다. 나아가 한국과 일본의 경계를 넘어서 동아시아와 서구의 구도에서 보더라도 이문화 수용의 보배로운 과정이다. 번안 동요는 서구의 멜로디와 동아시아의 언어가 만나 빚어진 융복합체로서 또 하나의 중요한 인류 공통의 문화유산임에 틀림없다.

제3장

번역창가와 문화 내셔널리즘

메이지 신정부 과제는 바로 '문명개화(文明開化)', '부국강병(富国強兵)'과 같은 슬로건으로 표출되었고 그 방법론으로는 '화혼양재(和魂洋才)'나 '화양절충(和洋折衷)'으로 구체화되었다. 서구 문물을 적극 수용해야하는 것은 틀림없지만 이전 시기부터 이어져 온 일본의 것을 소중히 여기면서 양자의 절충을 통해 조화롭게 발전시켜야 한다는 것이다. 이는 음악 교육에 있어서도 마찬가지였는데, '창가'라는 이름의 교과목 설치 역시 이러한 서구 문물 수용의 일환이었기 때문이다.

문부성 산하 음악취조괘에서 1881년에 편찬한 『소학창가집』[1] 초편이 발행되고 나서 학교 교육을 통해 본격적인 음악 교육이 실시되자, 전통음악과는 매우 이질적인 서양의 음악적 양식이 일본에 받아들여졌다. 이후 이렇게 받아들여진 서양 음악은 '요가쿠(洋楽)'라는 이름으로 일본음악의 주류를 형성해갔다. 그러나 근대 일본음악이 서양의 음악과 다를 수 있는 것은, 서양

1 『소학창가집』은 1881년부터 1884년에 걸쳐 모두 세 차례 발행되었다. 곡번호 1~33의 33곡이 실린 초편은 1881년 11월 24일, 34~49의 16곡이 실린 제2편은 1883년 3월 28일, 50~91의 42곡이 실린 제3편은 1884년 3월 29일에 각각 발행되었다. 단, 초편의 경우 문부성의 심의를 거쳐 실제로 간행된 것은 이듬해인 1882년 4월이다.

음악의 형식에 일본적 정서가 절묘하게 결합된 화양절충의 '창가'와 같은 독특한 장르[2]가 교육 현장에서 형성되었기 때문이다.

'창가'가 성립되는 초기에는 서양 음악의 기존 곡을 가져와 가사를 일본어로 바꿔 부르는 단계를 거치게 되는데 이와 같은 과도적 형태의 창가 장르를 '번역 창가'라고 부른다. 이 경우 대개 원곡의 가사를 그대로 옮겨와서 의미를 번역하기 보다는 해당 곡의 분위기와 나름의 목적에 맞게 완전히 새로운 가사를 붙이는 것이 일반적이었다. 그러므로 '번역 창가'의 '번역'이란 서양어의 '가사'를 '번역'했다는 뜻의 '언어적 번역'이 아니라 일종의 비유 표현(metaphor)으로서 '문화적 번역' 또는 '번안(飜案)'이라 할 수 있을 것이다. 이 장은 『소학창가집』 초편의 곡 중 세계적으로도 널리 알려진 스코틀랜드 민요 <올드 랭 사인(Auld Lang Syne)>의 일본어 번역창가인 <반디(蛍)>(<반디의 빛(蛍の光)>으로 많이 알려짐)를 중심으로 논의를 전개하고자 한다.

제1절 서양음악의 도입과 번역창가

1) 국민 교육의 소프트웨어 '창가'

일본 역사상 서양 음악이 전래된 최초의 기록은 1551년 스페인 출신의 신부(神父) 프란시스코 자비에르(Francisco de Xavier, 1506~1552)에 의한 것으로 되어있다. 자비에르가 스오(周防)의 영주 오우치 요시타카(大内義隆, 1507~

2 교과목명으로서 출발한 '창가'라는 명칭은 점차 '창가' 시간에 부르는 하나하나의 곡 자체 혹은 이러한 곡들이 이루는 장르를 가리키는 명칭이 되어갔다고 할 수 있다. 전자는 '가(歌)를 창(唱)한다'는 '목적어+동사'의 구조라면, 후자는 '창(唱)하는 가(歌)'라는 '수식어+피수식어'의 구조가 된다고 볼 수 있겠다.

1551)에게 기독교의 포교를 허락받기 위해 진상한 물품 중 크라보(cravo)로 추정되는 소형 건반악기가 있었고 그 자리에서 실제 연주도 이루어진 것으로 보인다.[3] 자비에르가 일본을 떠난 이후에도 예수회 선교사들의 조직적인 포교에 의해 교육기관이 설치되었고 이를 통해 성가(聖歌)를 중심으로 한 합창과 연주 등이 이루어졌다.

이러한 활동은 1587년 도요토미 히데요시(豊臣秀吉)의 선교금지령(バテレン追放令)에 이어 1612년에 에도 막부의 금교령과 후미에(踏み絵)[4] 등 기독교 탄압으로 절멸된다. 이로써 200여 년의 쇄국 기간 중 일본에서의 서양음악은 자취를 감추게 되었다.

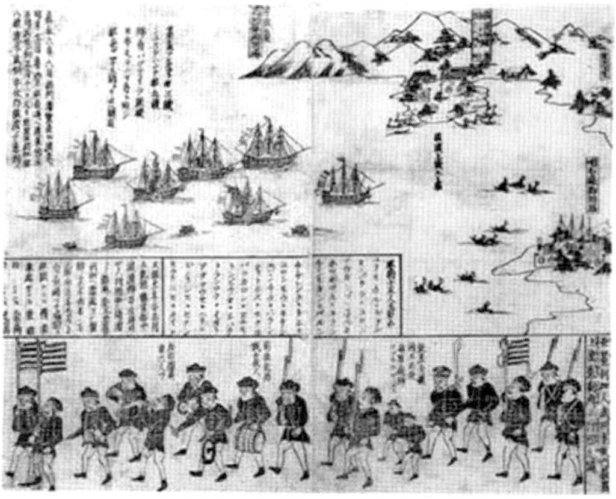

구리하마 상륙 후 행진하는 미 해군 군악대

3 『오우치 요시타카기(大內義隆記)』의 기록에 의함. 團伊玖磨, 앞의 책, pp.46-48 참조.

4 에도 막부가 기독교 신자의 색출을 위해 사용한 목제나 금속제의 예수 그리스도나 성모 마리아 그림으로, 신자로 의심되는 사람으로 하여금 밟고 지나가게 함.

오늘날 일본음악의 발전에 근본적인 영향을 준 근대 서양음악이 본격적으로 전해진 것은 1853년 페리 내항 이후의 일이다. 특히 이해 7월 8일부터 시작된 무력시위 끝에 14일 구리하마(久里浜) 해변에 상륙하게 된 페리 일행과 함께 2개 소대 규모의 군악대가 행진곡을 연주했다는 기록이 있다.[5] 이것이야말로 근대 서양음악이 일본열도에 울려 퍼진 최초의 일로 볼 수 있을 것이다.

그런데 당시 일본인에게 있어서 서양의 근대 음악은 곧바로 소화되고 수용될 수 있는 성질의 것이 아니었다. 서양인에게 일본음악은 일종의 소음이었고 일본인에게 서양인 성악가의 공연은 개 짖는 소리나 돼지 멱따는 소리처럼 들렸다고 한다.[6] 타악기 반주의 격식을 중시하고 선율적으로는 소박한 일본의 전통 음악과, 화성 진행이 발달하고 멜로디 구성 방식이 논리적인 서양음악은 곧바로 동화되기 힘든 것이었다.

개항 후 일본에 있어서 서양음악의 도입은 크게 다음 두세 가지 경로를 통해 이루어졌다. 하나는 번(藩)이나 메이지 정부에 의한 고적대(鼓笛隊) 또는 군악대(軍樂隊)의 창설이고, 다른 하나는 학교제도의 확립과 함께 실시된 창가의 보급이다. 또 한 가지가 있다면 찬송가인데 이는 기독교의 선교를 통한 직접적인 전파보다는 주로 학교 창가를 통한 간접적인 전파의 형태로 이루어졌다.

따라서 일본에서의 서양음악은 국가적 차원에서 주도적으로 도입한 것이다. 고적대나 군악대와 창가가 왜 필요했을까를 생각해보면 일본의 서양음악 수용은 단지 순수 문화적 원인에서 비롯된 것은 아니다. 왈츠를 추고 오페라 아리아를 감상하는 등 일상적인 음악문화를 서양화하는 방법의 일환이었다고 볼 수만은 없다는 것이다. 그보다는 오히려 서양음악이 일본의 근대화

5 土屋喬雄·玉城肇訳, 『ペルリ提督日本遠征記』 岩波文庫, 1948. 團伊玖磨, 앞의 책, p.130 참조.

6 倉田喜弘, 『近代歌謡の軌跡』, 山川出版社, 2002, pp.3-5 참조.

특히 일본인의 심신(心身)의 근대화와 국민 만들기를 위한 구체적인 수단[7]이었다는 설명이 설득력을 얻고 있다.

다시 말해 하드웨어로서의 서양식 무기가 도입되고 군사제도가 새로워지자 이에 맞게 병사들에 대한 보다 효율적인 명령체계와 조직훈련 등 적절한 소프트웨어가 필요해졌다. 새 무기를 '신체화'하는데 있어서 매우 효과적인 수단이 바로 고적대와 군악대가 연주하는 서양음악을 통한 청각 훈련이었다는 것이다. 또 학교 교육을 통해서 체계적으로 애국심과 국민정신을 내면화하도록 규율하고 통제하는 시스템을 구축했는데 이러한 면에서 창가는 '국민 만들기' 프로젝트에 있어서 대단히 중요한 교육 내용의 일부였다는 것이다. 문부성 산하 음악취조괘에서 진행한 『소학창가집』을 비롯한 일련의 음악 교과서 발간 사업은 바로 이러한 중요한 임무를 수행하기 위해 기초를 다지는 일이었다.

2) 『소학창가집』과 번역창가의 선곡

『소학창가집』 초편은 이사와 슈지와 루더 화이팅 메이슨, 이 두 사람에 의해 선곡이 이루어졌다. 『소학창가집』 전3편에 수록된 곡은 크게 세 가지로 대별된다는 것은 앞서 말한 대로이다. ①태서 명곡에 일본어 가사를 붙인 것, ②아악이나 속악으로부터 채용된 것, ③새로 창작된 것이 그것이다.

그런데 사실상 『소학창가집』 초편에 실린 33개의 곡 중에는 위의 ①과 ③에 해당하는 곡만 존재한다. 제1번부터 제12번까지 앞부분 열두 개의 곡은 서양 음계의 음정에 대한 초보적인 이해와 연습을 위해 메이슨이 직접 편성한 곡이다. 메이슨은 미국의 초등학교에서 수업할 때 악보를 일일이 칠판에

---

7 奥中康人, 『国歌と音楽』, 春秋社, 2008, p.vi 참조.

그려가면서 했는데 판서에 너무 많은 시간이 걸리자 괘도를 작성하게 되었다. 그는 이미 1868년 미국 오하이오의 신시네티(Cincinnati)에 있을 무렵부터 독일인인 하인리히 호만(Christian Heinrich Hohmann, 1811~1891)이 만든 교과서를 차용하여 자신만의 『음악괘도(音楽掛け図)』를 완성해두었다. 1880년 일본에 올 때에 그 『음악괘도』를 가져와서는 이 중 제2권의 12곡을 『소학창가집』 초편에 수록한 것이다.[8]

그 외의 곡은 주로 찬송가 및 독일, 스코틀랜드, 시칠리아 등 유럽 각지의 민요를 비롯한 서양의 곡들이다. 찬송가의 곡들이 들어간 것은 전적으로 메이슨의 선곡에 의한 것이었다. 독실한 크리스찬인 메이슨은 기독교 음악을 보급함으로써 일본 사회를 개량할 수 있다고 보고 창가의 보급은 기독교 선교의 효과적인 수단이라고 믿고 있었다.[9] 이렇게 음악 교육을 통한 일본에서의 선교에 지대한 관심을 갖고 있던 그에게 있어서 음악취조괘의 외국인고문으로 초빙을 받아 활동하게 된 것은 그야말로 하늘이 내린 기회였다.

외국곡이 아닌 일본인의 곡은 당시 궁내성(宮内省) 아악부(雅樂部)의 시바 후지쓰네(芝葛鎮, 1849~1918)가 작곡한 31번과 32번 의 단 두 곡뿐이다, 따라서 『소학창가집』 초편의 대부분 곡은 ①, 즉 외국곡을 번역(번안)한 것이라 할 수 있다. 가사는 주로 도쿄사범학교의 교원이었던 이나가키 치카이, 사토미 다다시(里見義), 가베 이즈호(加部巖夫) 등이 작사한 것을 토대로 사토 조지쓰(佐藤誠実, 1839~1908)와 시마다 사부로(島田三郎, 1852~1923) 등의 의견을 들어 수정했다.[10]

---

8 上原一馬, 『日本音楽教育文化史』, 音楽之友社, 2005, p.191. 야스다 히로시, 「일본 근대 양악사 개론」, 민경찬·장전·야스다 히로시·류인옥·김성준, 『동아시아와 서양음악의 수용』, 음악세계, 2008, p.163 참조.

9 安田寛, 『「唱歌」という奇跡 十二の物語』, 文藝春秋, 2003, p.52.

10 堀内敬三·井上武士, 『日本唱歌集』, 岩波書店, 1958, p.242 참조.

이 중 현재까지 널리 애창되는 것으로는 <주먹 쥐고 손을 펴서>로 많이 알려진 제13번째 수록곡 <멀리 보니>와 제17번째 수록곡 <나비>, 그리고 제20번째 수록곡 <반디>를 들 수 있다. 이 세 곡은 모두 한국에도 많이 알려져 있는 곡들로서 <주먹 쥐고 손을 펴서>는 오늘날 유아 교육의 현장에서 불리는 같은 이름의 유기곡(遊技曲)이고, <나비>는 <나비야>라는 제목의 유아 동요이다. 전자는 프랑스의 계몽사상가 장 자크 루소가 1753년 작곡한 오페라 삽입곡이 원곡이며, 후자는 1710년 경에 성립된 독일의 민요 <어린 한스(Hänschen klein)>가 원곡인 것으로 알려져 있다.[11] 세 번째 <반디>의 원곡은 앞서 말했듯이 스코틀랜드 민요에서 유래한 <올드 랭 사인>이다. 그렇다면 이 곡은 원래 어떠한 노래인가? 오늘날 세계 곳곳에서 학교의 졸업식이나 송별회 등 아쉬운 작별을 기념하는 때에 늘 등장하는 스코틀랜드의 민요 <올드 랭 사인>에 대해 다음 절에서 좀 더 자세히 알아보자.

제2절 <올드 랭 사인>의 수용과 애국적 감성

1) 스코틀랜드 민요와 번즈의 애국

미국의 머빈 르로이(Mervyn LeRoy, 1900~1987) 감독의 흑백 영화 ≪애수(哀愁, Waterloo Bridge)≫(1940)는 제1차 세계대전 중의 런던을 무대로 스코틀랜드 출신의 귀족장교 로이 크로닌과 클래식 발레 댄서 마이라 레스터의 비련(悲戀)을 그리고 있다. 로버트 테일러(Robert Taylor, 1911~1969)와 비비안 리(Vivien Leigh, 1913~1967)가 주연을 맡은 이 영화의 끝부분은 크로닌 대령이

---

11 安田寛, 앞의 책, p.51 참조.

마이라와의 이루어지지 못한 사랑을 떠올리며 두 사람이 처음 데이트를 하던 날을 회상하는 것이다. <올드 랭 사인>의 바이올린 연주가 이어지는 가운데 두 사람이 왈츠를 추고 촛불이 하나둘 꺼지면서 마지막에 키스로 이어지는 장면이 매우 인상적이다.

이 영화는 제2차 세계대전 중에 제1차 세계대전 당시를 회상하는 것이 주된 내용인데 두 차례의 전쟁에 모두 참가하게 된 군인을 주인공으로 하고 있는 점이 특징이다. '비극적 사랑'과 함께 '전쟁'이라는 모티브는 이 영화에서 매우 중요하게 다루어지고 있다고 할 수 있다. 또 제2차 세계대전 중에 제작된 영화로서 전쟁이라는 것에 대한 중요한 메시지를 담고 있다고도 생각된다. 더구나 미국 영화로서 같은 연합국 측인 영국을 무대로 영국 군인의 이야기를 그리고 있다는 것 역시 하나의 정치적 입장이 전제된 것으로 보인다. 그런데 여기에 <올드 랭 사인>이 배경 음악으로 깔리고 있는 점에 필자는 주목한다. 이 곡은 이미 스코틀랜드뿐만 아니라 모든 영국인들에게 더 나아가 미국인들에게도 직접적이지는 않지만 어떤 종류의 '애국적 감성'을 불러

영화 ≪애수≫의 한 장면

일으키는 것이 아닌가 하는 생각을 하게 된다. 이 <올드 랭 사인>은 과연 내용적으로 '애국'과 관련이 있는 것인가?

<올드 랭 사인>은 스코틀랜드의 애국 시인 로버트 번즈(Robert Burns, 1759~1796)가 1788년에 쓴 같은 제목의 시에 곡을 붙인 것이다. 정확히 말하면 오래 전부터 민간에 구전되던 노래를 그가 채록하여 새롭게 정리·개작한 것이다. 멜로디와 가사가 현재 부르고 있는 것에 거의 가까운 형태로 정착된 것은 1799년 런던에서 출판된 조지 톰슨(George Thomson, 1757~1851)편 『독창적가요가곡정선집(A Select Collection of Original Scottish Airs for the Voice)』 제3권에서부터이다. 번즈는 이 노래에 대해 '내가 한 노인으로부터 전해 듣고 받아 적기까지 인쇄되거나 기록된 적이 없는 아주 오래된 옛날 노래'라고 하고, 멜로디에 대해서는 '스코틀랜드에서 잘 알려진 컨트리 댄스'라고 설명하고 있다. 이 곡의 원곡은 스코틀랜드의 민속무용인데 그 기원을 찾아 올라가자면 1687년 무렵까지 확인이 된다.[12]

1707년 잉글랜드에 병합된 후 타탄체크(Tartan checking)의 퀼트라고 불리는 전통 스커트와 백파이프(bagpipe)의 연주가 금지되고 고유의 언어나 노래, 또 컨트리 댄스도 탄압을 받았다. 그 때문에 스코틀랜드인에게 있어서 옛날을 그리워하는 기분은 이렇게 특별한 애국적 감정과 연결되었던 것이다. 시인 번즈가 스코틀랜드의 옛 노래에 가슴이 뜨거워졌던 것도 이러한 배경이 있어서일 것이다.[13] 결국 번즈의 애국심에 불을 지핀 스코틀랜드의 오래된 컨트리 댄스 곡이 300년 이상의 세월을 거쳐 현재에 이르고 있는 셈이다. 잠시 원곡의 가사인 로버트 번즈의 시를 인용하여 살펴보도록 하자.

---

12 安田寬, 앞의 책, p.41 참조.

13 위의 책, pp.41-42 참조.

Auld Lang Syne

Should auld acquaintance be forgot,
  And never brought to min'?
Should auld acquaintance be forgot,
  And days o'lang syne?
  (Chorus)
For auld lang syne, my dear,
  For auld lang syne,
We'll tak a cup o' kindness yet,
  For auld lang syne.

We twa hae run about the braes,
  And pu'd the gowans fine,
But we've wandered mony a weary foot,
  Sin' auld lang syne.
  (Chorus)
We twa hae paidled i' the burn,
  From morning sun till dine;
But seas between us braid hae roared
  Sin' auld lang syne.
  (Chorus)
And there's a hand my trusty fiere,
  And gie's a hand o' thine;
And we'll tak a right gude-willie waught,

For auld lang syne.

(Chorus)

And surely ye'll be your pint-stowp,

And surely I'll be mine;

And we'll tak a cup o' kindness yet,

For auld lang syne.

(Chorus)[14]

내용을 요약하자면 대략 다음과 같다. "옛 친구는 정녕 잊혀져가는 것인가? / 지난날도 정녕 잊혀져가는 것인가? / 친구여, 지난날을 위해 축배를 들자꾸나. / 우리 두 사람은 언덕을 달리며 가련한 들국화를 꺾고서 놀았지. / 그러나 오랫동안 우린 헤어져 지치도록 방황했었네. / 우린 하루 종일 작은 시냇가에서 놀았었지. / 그러나 둘 사이엔 오랫동안 거친 바다가 가로놓였네. / 지금 여기 내 친구의 손이 있군. 어디 한 번 손을 줘보게. / 지난날을 위해 우리 함께 우정의 축배를 들자꾸나. / 자네는 자네의 잔을 들고 나는 나의 잔을 들어 / 지난날을 위해 함께 축배를 들자꾸나"정도로 해석할 수 있다. 다만 오늘날 통용되는 <올드 랭 사인>의 가사는 제5연이 제1연과 제2연 사이에 놓여서 1·2·3·4·5가 아니라 1·5·2·3·4의 순으로 되어있다.

이같이 원래 가사는 친구와의 재회를 기뻐하는 즐거운 노래이다. 그런데 문제는 이 노래가 어떻게 유럽이나 미국에서 연말 카운트다운이나 각종 모임의 마지막을 장식하는 곡이 되었는가 하는 것이다. 또 영어권과 비영어권을 막론하고 어떻게 해서 그 많은 나라에서 헤어짐을 의미하는 곡이 되었는지도

---

14 Abrams Meyer Howard ed., *The Norton Anthology of English Literature*, W.W. Norton & Company, 1979, pp.107-108.

궁금한 일이다. 우선 생각할 수 있는 것은 아마도 송별을 아쉬워하는 마음이 다른 의미로는 어느 미래에 친구와의 기쁜 재회를 예상하고 기원하는 방향으로 작용한 결과일 것이다. 그렇다면 이제는 일본을 중심으로 한 동아시아에서 근대 이후 이 곡을 어떻게 받아들여 소화해 왔는가 하는 것을 확인해 보자.

2) <반디>의 가사와 이나가키 치카이

메이지 신정부가 출범한 지 14년째가 되던 해, 그리고 학제가 반포된 지 9년이 되던 1881년 무렵에는 그동안 개점휴업 상태였던 음악 교육에 대한 준비가 어느 정도 갖추어져 가고 있었다. 7월 9일 천황과 대신참의(大臣参議)들이 참석한 궁중의 식사 연회에서 시바 후지쓰네 등에 의해 <반디>가 연주되었고, 이 자리에서 이사와는 다음과 같이 이 곡을 설명했다.

> 이 곡은 스코틀랜드에서 옛부터 전해 온 것인데 그 작자는 알 수 없다. 하지만 그 의미는 친구와 헤어질 때 서로의 건강을 비는 데에 있다. 그 ①곡조는 우리나라의 소조료시와 다르지 않은 것이다. 그 ②노래는 도쿄사범학교 교원 이나가키 치카이가 만든 것으로 학생들이 수년간 공부하고 형설의 공을 쌓아 학업을 이루고 성과를 빛어 학교를 떠날 적에 동창인 벗들에게 작별을 고하고 ③장래 국가를 위해 협심진력할 것을 다짐하는 모습을 담은 것으로서 졸업 때에 불러야 하는 노래이다. [번역과 밑줄 및 번호는 필자. '소조료시(双調呂施)'는 일본의 전통 음계를 일컫는 말.)]
>
> (此曲ハ蘇格国土ノ古伝ニ出テ其作者ヲ詳ニセズ。然レドモ其意ハ告別ノ際自他ノ健康ヲ祝スルニアリトス。其調ハ我国ノ双調呂施ニ異ナラザルモノ也。其歌ハ東京師範学校教員稲垣千頴ノ作ニシテ、学生ラガ数年間勧学シ蛍雪の功ヲ積ミ業成リ事遂ゲテ学校ヲ去ルニ当タリ、別ヲ同窓ノ友ニ告

ゲ、将来国家ノ為ニ協心尽力セン事ヲ誓フ有様ヲ述ベタルモノニテ、卒業ノ時ニ歌フベキ歌也。[東京日日新聞 1881年(明治14年)7月15日])

이러한 언급은 당시 메이지 정부와 이사와 슈지의 음악교육과 창가에 대한 입장도 엿볼 수 있는 중요한 단서를 제공한다. 여러 가지 내용을 담고 있지만 여기서 주목할 것은 다음과 같은 세 가지 점이라 할 수 있다. ①과 같이 <반디>는 일본의 전통 멜로디와 크게 다르지 않다는 것, ②가사는 이나가키 치카이가 썼다는 것, ③노래의 가사 내용이 애국적이라는 것 등이다. 이를 하나하나 자세히 검토해 보자.

<반디>가 일본의 전통 멜로디와 다르지 않다는 ①의 내용은 도대체 무엇인가? 이것은 바로 <반디>가 <올드 랭 사인>에서 멜로디를 가져왔지만 그 멜로디가 일본 전통의 요나누키음계(ヨナ抜き音階)와 같은 곡이어서 차용하기에 무리가 없었다는 것이다. 요나누키음계는 메이지(明治)시대 초기의 학교교육에 있어서 서양의 음악을 도입하여 일본식으로 가공해 만든 창가(唱歌)의 창작에 주로 쓰이던 방식이다. 서양의 음계는 도·레·미·파·솔·라·시의 7음계인데, 동아시아 지역의 전통적 음계는 이 중 파와 시를 제외한 도·레·미·솔·라의 5음계와 같이 되어 있는 경우가 많았다. 네 번째인 파와 일곱 번째인 시를 제외했다고 해서 '요(4)나(7)누키(제외)' 음계라 불리는데 이는 서양음악을 수용하는 과정에서 발생한 일종의 '음악의 번역현상'이라 할 수 있다.[15] 스코틀랜드의 민요는 5음 음계를 사용하고 있는 곡이 많아 메이지 시대의 번역창가가 된 곡이 다수 있다. 실제로는 『소학창가집』 초편부터 제3편까지의 전체 91곡 중 스코틀랜드의 민요가 여덟 곡으로 서양의 민요 가운데 가장 많은 수를 차지한다.

15 민경찬, 「한국근대양악사개론」, 민경찬 외, 앞의 책, p.85 참조.

『소학창가집』 초편의 「반디」 부분 악보

뿐만 아니라 1888년 『메이지창가(明治唱歌)』에 수록된 이후 오늘날까지 애창되고 있는 스코틀랜드 민요 <호밀 밭 사이로(Comin' Thro' the Rye)>[16]의 번역창가 <고향의 하늘(故郷の空)> 역시 요나누키음계의 곡이다. 이 곡은 오와다 다케키[17]의 센티멘탈한 가사와 함께 요나누키음계와 푠코부시(ピョンコ節)[18]가 조화를 이루어 매우 부르기 쉽고 외우기 쉬운 곡으로 유명하다. 이와 같은 음악적 조건 역시 <올드 랭 사인>의 멜로디를 선곡하게 된 중요한 요인으로 생각할 수 있다.

그리고 ②에 따르면 <반디>의 가사를 쓴 것은 이나가키 치카이라는 것이

16 한국에는 '나가자 동무들아 어깨를 걸고'로 시작하는 <들놀이>로 알려진 곡.

17 <학도가>의 원곡 <철도창가>(1900)의 작사가이기도 하다.

18 4분의 2박자 또는 4분의 4박자의 곡으로 1박을 4분음표와 8분음표, 또는 8분음표와 16분음표로 나타내어 깡충깡충 뛰는 듯한 느낌을 주는 리듬을 중심으로 구성된 곡. 일본 전통시가의 7·5조와 잘 맞아떨어져 메이지 시대 이후 창가와 군가에 많이 사용되었다.

다. 도쿄사범학교의 교원인 그는 당시 음악취조괘 업무의 총괄을 맡고 있던 이사와 슈지 교장의 요청에 의해 작사 작업에 몰두하게 되었다.[19] 그런데 <반디>의 작사자는 1950년대까지 '이나가키 치카이, 가베 이즈호, 사토미 다다시 등 중 누구일까, 기록이 없다'[20]고 하여 정확하게 알려져 있지 않았다. 그러다가 바로 위에 인용한 기사가 알려지면서 이나가키 치카이의 작사임이 분명해진 것이다. 1962년부터는 초중학교 음악 교과서에 일제히 <반디>의 작사자로서 그의 이름을 표시하고 있지만, 아직까지 음악관련 서적에 '작사자 미상(作詞者不詳)'이나 '문부성창가'로만 표기하고 있는 경우가 종종 있을 정도이다.

또 한 가지 주목할 것은 ③과 같은 <반디>의 가사 내용에 대한 언급이다. '형설의 공을 쌓아 학업을 이루고 (……) 학교를 떠날 적에' '동창인 벗들에게 작별을 고'하고 '장래 국가를 위해 협심 진력할 것을 다짐'하는 '모습을 담은' 곡이라는 설명이다. 학업을 마치고 학교를 떠나는 졸업생들이 해야 할 일은 친구들과 교사에게 그 간의 정을 나누고 고마움을 전하는 일, 그리고 언젠가 다시 만날 날을 기다리며 서로의 안녕을 기원하는 일일 것이다. 그런데 이에 덧붙여 '국가를 위해 협심 진력할 것을 다짐'한다고 하면 오늘날의 감각으로는 다소 어색하거나 위화감을 느낄 수도 있을 것이다. 이는 다시 말해 학업의 목적이 바로 국가를 위해 헌신하는 사람이 되기 위한 것이라는 당시 메이지 관료의 시대적 인식을 잘 보여주고 있다.

정리하자면『소학창가집』초편에 <올드 랭 사인>이 선곡된 것은 5음계로 된 요나누키음계의 멜로디가 가진 장점 때문이었다. 가사의 내용은 이사와의

---

19 이나가키는『소학창가집』초편의 33곡 중 19곡의 작사를 담당하고 다른 3곡의 작사에도 부분적으로 관여한 것으로 보인다.

20 堀内敬三·井上武士,『日本唱歌集』, 岩波書店, 1958, p.17.

주문에 의해 이나가키가 상당한 부심 끝에 형설지공(螢雪之功)과 같이 면학을 권하는 중국의 고사(故事)를 담아 당시의 시대 상황에 부합하는 애국적 정서를 7·5조의 문어체에 반영하여 만들었을 것이다.

제3절 내셔널리즘의 언어와 텍스트로서의 <반디>

1) 권학가로서의 <반디>

현재 <올드 랭 사인>은 한국과 일본, 타이완에서 가사의 내용은 각각 다르지만 공히 초·중등학교의 졸업식을 비롯하여 송별회 등 '작별'과 '헤어짐'을 뜻하는 곡이 되어 있다. 우선 일본에서의 경우를 살펴보자. 『소학창가집』 초편에 '반디'라는 제목으로 실린 이후 가사의 첫머리를 딴 '반디의 빛'이라는 제목으로 더 많이 알려져 있는 한문체 권학(勸學) 내용의 <반디>가 일반적으로는 어떻게 받아들여져 왔는가? 다음은 『소학창가집』 초편에 실린 <반디>의 가사이다.

ほたるのひかり、まどのゆき、(蛍の光、窓の雪、)
ふみよむつきひ、かさねつゝ、(書読む月日、重ねつゝ、)
いつしかとしも、すぎのとを、(何時しか年も、すぎの戸を、)
あけてぞけさは、わかれゆく。(開けてぞ今朝は、別れ行く。)

とまるもゆくも、かぎりとて、(止まるも行くも、限りとて、)
かたみにおもふ、ちよろづの、(互に思ふ、千萬の、)
こゝろのはしを、ひとことに、(心の端を、一言に、)

さきくとばかり、うたうなり。(幸くと許り、歌うなり。)

つくしのきわみ、みちのおく、(筑紫の極み、陸の奥、)
うみやまとほく、へだつとも、(海山遠く、隔つとも、)
そのまごころは、へだてなく、(その眞心は、隔て無く、)
ひとつにつくせ、くにのため。(一つに尽くせ、國の為。)

ちしまのおくも、おきなはも、(千島の奥も、沖縄も、)
やしまのうちの、まもりなり。(八洲の内の、護りなり、)
いたらんくにに、いさをしく、(至らん國に、勲しく、)
つとめよわがせ、つゝがなく。(努めよ我が背、恙無く。)

(반디의 빛 창문의 눈
글 읽어온 세월이 쌓이고 쌓여
어느 사이에 해가 지나간 것을
날이 밝아 오늘은 떠나간다네

머문 사람 가는 사람 오늘을 기해
서로를 생각하네 수천수만의
복잡한 이 심정을 한 마디 말로
잘 가시오라고 할 뿐 노래 부르네

쓰쿠시의 끝까지 땅의 끝 간 곳
산과 바다 저 멀리 떨어졌어도
우리의 이 진심은 변함이 없이

오직 한 마음으로 나라를 위해

지시마의 오지도 오키나와도
야시마의 이 땅은 지켜주시리
멀고 먼 그곳에도 굳세게 가라
노력하라 내 친구 언제나처럼)

첫머리의 형설지공(螢雪之功)은 중국의 고사에서 비롯된 것이다. '반디의 빛'이란 동진(東晋) 시대의 차윤(車胤, 333?~401)이라는 사람이 집이 가난하여 등에 쓸 기름을 사지 못하고 여름에 반디의 불빛을 모아서 책을 읽으며 공부했다는 고사를 말한다. '창문의 눈(雪)'이란 손강(孫康, ?~?)이 겨울에 창 밖에 쌓인 눈에 비친 달빛으로 책을 읽었다는 것, 그래서 두 사람은 학문에 정진하여 그 노력의 결과로 조정의 고급 관리로 출세했다는 것이다.[21]

후쿠자와 유키치(福澤諭吉, 1835~1901)의 『학문의 권유(学問のすゝめ)』(1872) 이후 이러한 입신출세주의는 메이지 시대의 전형적인 가치를 반영하고 있다고 볼 수 있다. 많은 중국 고사 중에서도 하필이면 이와 같은 내용을 끄집어내어 강조하고 있는 배경이 결코 단순하지 않다는 것이다. 『학문의 권유』가 발행된 같은 해에 학제가 반포되고, 이어지는 학교의 설립과 함께 '근대국가의 건설'과 '국민 만들기'가 맞물려가는 시대적 맥락에서 '국민'에게 요구되는 것은 바로 '입신출세'에 대한 내적 의지였을 것이다. '부국강병'과 '일등국가'를 향한 공적 욕망은 바로 이 '입신출세'라는 사적 욕망이 모여서 달성되는 것이었기 때문이다. <반디>는 그러한 점에서 당시의 시대적 상황을 너무나도 잘 반영한 '국민교육용' 번역창가라 할 수 있다.

---

21 『晋書』夏月則練嚢盛数十蛍火、以照書、以夜継日。『蒙求』康家貧無油、常映雪読書」。

다만 친구와의 재회의 기쁨을 표현하며 마치 떠들썩한 동창회 모임을 연상케 하는 원곡에 비해 이렇게 <반디>는 너무나도 성실하고 교훈적이며 엄숙하기까지 하다.[22] <올드 랭 사인>은 '잔을 높이 들라'며 술을 권할 뿐이지만 <반디>는 학문에 대한 정진을 권하는 내용의 형설지공을 이야기하며 나아가 진지하게 애국과 국가사회에 대한 헌신을 강조한다.

오늘날에는 주로 제1절과 제2절만을 부를 뿐 제3절과 제4절은 부르지 않는 것이 상례이다. 그러나 처음에는 제3절과 제4절도 매우 중요하게 여겨졌으리라 생각된다. 사실상 『소학창가집』 초편이 발행되기 전인 1881년의 단계에서는 제3절의 경우 제2행과 제3행이 다른 가사로 되어 있었는데 문부성의 보통학무국장 쓰지 신지(辻新次, 1842~1915)에 의해 지적을 받아 수정된 것이다. '산과 바다 저 멀리 떨어졌어도(海山遠く、隔つとも)'가 원래는 '헤어져 가는 길은 변함없지만(別るゝみちは、変わるとも)'으로, '우리의 이 진심은 변함이 없이(その眞心は、隔て無く)'가 원래는 '변치 않는 마음은 서로 통하고(変らぬ心、行き通い)'였다는 것이다. 이 부분이 남녀 간에 주고받는 말처럼 들린다는 것이 그 이유였다. 이와 같은 지적 때문에 실제의 발행이 이듬해로 연기된 것이었다.[23]

이러한 <반디>가 제2차 세계대전 당시에는 한때 적성 국가 영국의 음악으로 규정되어 학교에서 부르는 것이 금지되기도 했다.[24] 그런데 이를 제외하면 『소학창가집』 제3편에 실리고 소위 문부성창가에도 포함된 <우러르면 거룩하도다(あふげば尊し)>와 함께 오랫동안 졸업식[25]과 망년회, 송별회 등에서

---

22 上笙一郎, 『日本童謡事典』, 東京堂, 2005, p.366.

23 http://ja.wikipedia.org. '蛍の光' 참조.

24 安田寛, 앞의 책, p.40 참조.

25 20~30년 전까지 일본의 졸업식에는 이 두 곡이 불리어졌으나, 2000년대에 들어 경향이 바뀌고 있다. 그 양상에 관해서는, 安田寛, 앞의 책, p.28과 永六輔, 『人はなぜ歌うか』,

불리어졌다. 전전에는 <고별행진곡(告別行進曲)>이라는 제목으로 '대일본제국' 해군의 졸업식 곡으로도 쓰였다. 전후 현재까지 NHK 연말 인기 프로그램인 홍백가합전(紅白歌合戦)의 엔딩곡, 프로야구 은퇴 선수의 은퇴 기념곡, 철도 노선 폐지 시의 마지막 출발을 장식하는 곡으로서 연주되며 아쉬운 작별을 기념하는 경우에 사용되곤 한다. 영화 ≪애수≫의 삽입곡인 변주곡 <이별의 왈츠(別れのワルツ)>는 흔히 백화점이나 대형 할인매장의 폐점 시간을 알리는 곡으로서도 자주 접하게 된다.

2) 동아시아의 <올드 랭 사인>

한국과 타이완에서는 애국가 혹은 애국적 감정을 표현하는 노래로서도 오랫동안 사랑받아 왔다. 그렇다면 한국과 타이완 등에서 이 곡이 어떠한 상황에서 지금까지 이처럼 오랫동안 사랑받으면서 수용되어 갔는가 하는 양상도 아울러 살펴보도록 하자.

한국에서 <올드 랭 사인>은 '오랫동안 사귀었던 정든 내 친구여~'로 시작하는 <졸업식 노래>로 널리 알려진 곡이다. 기독교의 찬송가로 쓰이기도 한 이 곡이 한국에서 불리게 된 가장 오래된 기록은 1896년 배재학당의 학도들이 독립문 정초식(定礎式)에서 만들어 부른 <애국가(愛國歌)>인데, 그 가사가 현재 <애국가>의 모체이다.[26] 이후 이 곡은 일제강점기를 거쳐 해방 직후까지 가사의 변형은 있었지만 <애국가>로서 기능했다.[27] 한국에서 20세기 전반기를 배경으로 한 근대사 드라마에 <구 애국가(舊愛國歌)>로서 자주 등장하는

NHK出版, 2003, pp.87-89 참조.

26 "성자신성 / 오백년은 우리 황실이요 / 산수고려 동반도는 / 우리 본국일세 / 무궁화 삼천리 화려강산 / 조선사람 조선으로 / 길이 보존하세". 민경찬, 앞의 논문, p.51.

27 李明花, 「愛國歌 형성에 관한 연구」, 『역사와 실학』 10, 1999, pp.641-654 참조.

것은 이러한 이유에서이다. 그러다가 해방 직후 아동문학가 강소천(姜小泉, 1915~1963)에 의해 <석별의 정>이라는 제목으로 번안되어 당시 교과서에 실리면서[28] 졸업식이나 환송회, 송년회 등에서 자주 불리게 되었던 것이다.

타이완에서의 <올드 랭 사인> 혹은 <반디>는 매우 특별한 의미를 가질 수 있다. 일본이 1895년 시모노세키 조약으로 청나라로부터 타이완을 할양받은 직후인 1895년 이사와 슈지는 타이완 총독부의 민정국 학무부장으로서 식민지 교육의 선두에 서게 된다. 당시 타이베이 근교의 지산암(芝山巖)에 근대식 학교를 건립한 그는 타이완에서도 음악교육에 심혈을 기울인다. 이른바 '일본어 가사'로 된 음악교육을 통해 '내지(內地)'의 언어와 문화를 식민지에 보급하여 충량한 신민을 길러낸다는 목표 하에서였다. 이사와 자신이 수업을 직접 담당하면서 창가를 지도했고, 교재는 일본의 『소학창가집』을 그대로 사용했다.[29]

그런데 이 <반디>의 4절은 일본제국주의의 영토 확장 과정 및 식민지 타이완과도 밀접한 관계가 있다. '지시마의 오지도 오키나와도(千島の奥も、沖繩も)'에 해당하는 구절이 청일전쟁의 결과를 반영하여 '지시마의 오지도 타이완도(千島の奥も、台湾も)'로 바뀌었다가(東京音楽研究会, 『新撰模範教育唱歌集成』, 1927), 다시 러일전쟁의 결과를 반영하여'타이완의 끝까지도 사할린도(台湾の果ても、樺太も)'로 개정(日本児童音楽協会, 『新撰小学唱歌曲集』, 1928)된다.[30] 당시 식민지 타이완의 학생들은 처음에 '지시마의 오지도 오키나와도'로 배우다가 이렇게 바뀌는 이 구절을 어떠한 심경으로 불렀을지 궁금하다.

한편 이 노래는 현재 중국과 타이완에서 <우정은 영원하리(友谊地久天长

---

28 이천진, 「성회 수요일에 부르는 찬송 <천부여 의지 없어서>」, 『基督教思想』 vol. 650, 2013, p.253.

29 安田寛, 앞의 책, pp.32-33 참조.

30 위의 책, p.34 참조.

또는 友誼萬歲)>라는 노래로 더 많이 알려진 곡이다. 그런가 하면 특히 타이완에서는 <이별가(驪歌)>의 대표적인 곡으로서 중화민국(中華民国) 초기의 애국적 감성을 읊은 가사로도 유명하다. 20세기 초 일본 유학을 통해 창가와 서양 음악의 영향을 받고 돌아온 동경 유학생들이 만든 중국의 교육용 창가인 '학당악가(學堂樂歌)'에도 속해 있었다.[31] 1907년에 출판된 『여자 신창가(女子新唱歌)』 제3집에는 당시의 서정가 <가는 봄 아쉬워(惜春歸)>에 이 곡의 멜로디가 붙여져 게재되어 있었다. 당시 중국에서 지하활동에 참가한 혁명가들이나 조국의 운명을 슬퍼한 많은 지식인들에 의해 애창되었다고 한다. 뿐만 아니라 <군국민(軍國民)>, <국민개병(國民皆兵)> 등도 직접 애국적 가사를 담아 널리 불리어졌다.[32]

子規啼血三春暮 春去原無路
無端花落怨東風 寂寞庭空處
(두견새 울어 울어 봄은 저물고 어느새 봄은 가네
야속한 봄바람에 꽃은 떨어져 빈 뜰은 적막하기만 하네)[33]

위의 인용은 <가는 봄 아쉬워>의 가사이다. 자연 풍경을 묘사하고 있지만 그 변화 속에서 쓸쓸함과 아쉬움을 느끼는 시적 화자의 심경을 은근히 표현하는 점이 마음에 와닿는다. 처연한 심정으로 이 노래를 부르던 우국지사들의 모습이 눈앞에 그려지는 듯하다.

이렇게 『소학창가집』 초편에 실린 <반디> 그리고 <반디의 빛>, 한국의

31 장전(張田), 「중국 근대 양악사 개론」, 민경찬 외, 앞의 책, pp.244-245 참조.
32 安田寛, 앞의 책, p.39.
33 위의 책, p.39.

<구 애국가>와 <작별>, 중국의 <가는 봄 아쉬워>와 <이별가>, <우정은 영원하리> 등 <올드 랭 사인>과 의 번역창가 및 번역동요 혹은 번역곡들, 심지어는 <이별의 왈츠>를 포함하여 내용은 다르지만 하나같이 공통점이 있다. 많게 적게 명시적으로 암시적으로 '조국'에 대한 뜨거운 낭만적 감정을 내포하고 있다는 것이다.

지금까지 서양 음악을 도입하는 과정에서 성립된 근대 일본의 번역창가 중 스코틀랜드 민요 <올드 랭 사인>을 차용한 <반디>의 가사 언어에 대한 텍스트 분석을 통해 내재한 의미를 찾아보았다. 문명개화와 부국강병을 절대적 과제로 받아들이고 화혼양재와 화양절충을 그 방법론으로 채택한 근대국민국가 건설기의 일본이 학교를 통해 창가라는 장르를 교육하고 보급한 이유는 새로운 국민 만들기 프로젝트의 일환이었다.

『소학창가집』에 실린 노래들은 대부분 일본의 음악적 전통에서 무리 없이 접합할 수 있는 요나누키음계로 이루어진 곡들이었고 여기에 일본어로 된 가사를 붙여서 시대적 상황과 필요에 맞게 구성했다. <반디>는 바로 이러한 시도의 성공적인 예로 볼 수 있다.

결국 이 아름다운 선율의 곡은 원곡 <올드 랭 사인>의 경우와 마찬가지로 동아시아에서도 일종의 애국적 감성을 고양시키는 곡으로 수용되었다. 각 민족들 간의 전쟁과 병합, 식민지와 피식민지화, 지배와 피지배의 역사로 점철된 20세기에 동아시아 각국은 각기 자신의 상황에 맞게 '애국'적 내용의 가사를 붙여서 받아들였다. 일본은 물론 한국과 중국, 타이완에서도 <올드 랭 사인>은 각각의 언어로 번역(번안)되어 뜨거운 조국애를 담은 곡이 되었다. 이는 근대 이후 동아시아 문화 내셔널리즘의 양상을 연구하는 중요한 단서를 제공할 것이다.

지금까지 살펴본 바와 같이 번역창가는 일본을 비롯한 동아시아에서 서구 근대 문물을 받아들이면서 수용된 여러 가지 분야 중 하나였다. 특히 정부 주도로 교육 분야에서 서양음악을 적극적으로 도입한 일본은 '창가'를 통해 바람직한 '국민'을 키워낼 수 있을 것이라는 생각을 했다. 근대 이전부터 존재하던 아악(=정악)과 각 지방의 민속 음악만으로는 국민국가의 국민을 하나로 통합하고 규율하고 일체화할 수 없었기 때문일 것이다. 그런데 이러한 새로운 음악 교육은 전체 국민의 음악적 감수성을 새롭게 계발하는 결과를 낳았다. 그러한 가운데 대중음악이라는 새로운 장르가 개척되고 국가의 통제를 벗어난 보다 풍부한 보다 보편적인 소리의 새시대를 열어가는 계기가 마련되었다. 이러한 일련의 과정은 단지 음악을 번역한 것을 넘어서 서구 그 자체를 번역한 '문명의 변주'였던 것이다.

제Ⅱ부

한일 대중음악의 성립과 번역의 문화사

제Ⅱ부에서는 한국과 일본 양국의 대중가요 성립기에 있어서 '번역'의 문제를 본격적으로 그리고 다각적으로 검토할 것이다. 특히 가사(歌詞)의 원문 텍스트와 번역문 텍스트를 비교하면서 그 언어 표현과 문학성에 대해 면밀하게 분석하고자 한다. 여기서 중점을 두고자 하는 것은 '누가 번역했나' 혹은 '무엇을 번역했나'보다도 '어떻게 번역했나' 하는 번역 양상의 문제이다. 번역과 번안 그리고 개사의 세 가지 유형이 다양한 맥락 속에서 각각의 역할을 창조적으로 수행했다.

제4장

대중가요의 성립과 번역

'대중가요'의 성립 과정을 살펴보는데 왜 하필이면 '번역'의 문제를 다루려고 하는가, 이 '번역' 문제를 다루는 것이 대중가요의 성립에 과연 어떠한 의미를 갖는가 하는 것부터 먼저 언급하겠다. 새로운 문화적 양식의 출현은 대부분 이문화(異文化) 간의 접촉으로 일어난다. 서로 다른 문화 사이에 이루어지는 접촉의 가장 대표적인 매개가 번역(飜譯, translation)이라 할 수 있다.[1] 번역은 단순히 특정한 언어를 다른 특정한 언어로 옮겨 즉석에서 통(通)하게 하는 통역(通譯, interpretaton)의 역할에 그치지 않고 하나의 언어를 포괄하는 '문화'를 다른 '문화'로 뒤집고(飜) 바꾸어서(trans-) 전달함으로써 궁극적으로 문화간소통(文化間疏通, intercultural communication)을 꾀하는 작업의 과정임은 두말할 필요가 없다.

한국과 일본의 대중가요 성립기에 있어서 번역은 그러한 의미에서 대단히 중요한 역할을 했다. 일본의 경우 서양의 음악을 번안하거나 번역하여 '창가(唱歌)'와 '군가(軍歌)'를 성립시켰고, 이를 통해 교육되고 계발된 대중의 음악적 감성은 거듭되는 레코드 기술의 발전과 방송이라는 새로운 미디어 환경

1 물론 여기서 번역이라 함은 번안(飜案, adaptation)을 포함한 포괄적 의미의 번역이다. 나아가 언어 간의 번역뿐만 아니라 미디어 간의 번역도 이에 속한 개념으로 본다.

속에서 매우 독특한 '유행가(流行歌)' 또는 '가요곡(歌謠曲)' 장르를 형성했다. 한국의 경우 서양과 일본 등 외래의 곡들을 번역·번안하여 '찬송가'와 '애국창가'를 만들어내고, 이를 철저하게 자기화·내면화하면서 식민지 치하의 상황에서 나름의 대중음악 문화를 발전시켜갔다.

근대 문화의 큰 흐름이 서양에서 일본으로 일본에서 한국으로 전해지는 일정한 방향성을 갖고 있었지만 실제로 문화의 전달과 수용·변용의 양상은 이보다 훨씬 복잡하다. 한국과 일본 대중음악 분야의 번역 루트는 주로 다음 다섯 가지 경우로 분류할 수 있을 것이다. 첫째 서양 곡이 일본에 수입된 경우, 둘째 서양 곡이 일본을 거쳐 한국에 수입된 경우, 셋째 서양 곡이 직접 한국에 수입된 경우, 넷째 일본 곡이 한국에 수입된 경우이다. 그리고 나머지 하나 다섯째는 한국 곡이 일본으로 수출된 경우이다. 한국이나 일본의 곡이 서양에 수출된 예는 많지 않으나 한국 곡이 일본에 수출된 경우는 적지 않다. 1930, 40년대에 <아리랑>을 비롯한 많은 곡이 일본어로 번역되어 유행하기도 했다.

이 장에서 다루고자 하는 것은 이 중 바로 네 번째 경우, 즉 일본 곡이 한국에 수입된 경우를 우선 살펴보고자 한다. 한국 대중음악사가 일제강점기에 비로소 시작되었고 그로 인해 일본 대중음악의 절대적 영향을 받았다는 사실은 자주 지적되고 있다. 그러나 구체적으로 어떤 특정한 곡이 어떻게 번역되었고 그 내용이 어떠한지에 대한 면밀한 고찰은 많지 않았다. 이러한 점에서 필자는 일본의 레코드 유행가 제1호로 이야기되는 <카추샤의 노래(カチューシャの唄)>[2]에 대한 텍스트 분석 작업을 시도하려는 것이다. 이 곡에

2 일본어로 <カチューシャの唄> 한국어로 <카추샤의 노래>는, <カチユーシャの唄>, <カチユウシャの唄>, <カチューシャの歌>, <카츄샤의 노래>, <카쥬샤의 노래>, <갖주샤의 노래> 등 다양하게 표기 되었다. 여기서는 현재 일본어와 한국어 표기 원칙에 부합하면서 통칭되는 <カチューシャの唄>와 <카추샤의 노래>로 통일하며, 특정 텍스트를 따로

대해 원문 가사와 번역된 가사의 문맥과 담론의 전달 방식을 통해 언어의 심층에 녹아 있는 대중의 심정(心情)을 건져 올려 시대와 정서의 상관관계를 음미해 보고자 한다.

제1절 일본 유행가 제1호 <카추샤의 노래>

일본 근대 대중가요의 역사는 지금으로부터 100여 년 전인 1914년부터 시작되었다고 할 수 있다. 당시 아무도 예상하지 못했던 레코드 발매 2만 장이라는 기록을 세우며 일세를 풍미한 <카추샤의 노래>가 등장함으로써 비로소 '유행가'의 시대가 열린 것이다. 항간의 많은 사람들에 의해 불리어진 문자 그대로의 '유행'하는 노래는 당연히 그 전부터 존재했겠으나 <카추샤의 노래>를 최초의 대중가요 즉 레코드 유행가 제1호로 꼽는 데에는 다음 두 가지 획기적인 점 때문이다. 하나는 근대 음향 복제기술에 기초한 '상품화된 노래'로서 등장하여 '유통'되고 '판매'되었다는 점이다. 또 하나는 내용 면에서 서양 음악의 기법으로 일본 대중의 심정을 멜로디화했다는 점이다.

<카추샤의 노래>의 제1절은 유럽으로부터 돌아와 자연주의를 일본에 소개한 문학자 시마무라 호게쓰가 썼고 제2절부터 나머지 제5절까지는 그의 제자인 시인이자 와세다대학(早稲田大学) 강사 소마 교후(相馬御風, 1883~1950)가 썼다. 이 가사에 도쿄음악학교(東京音楽学校)를 갓 졸업한 시마무라의 문하생 나카야마 신페이(中山晋平, 1887~1952)가 곡을 붙인 것이다. 시마무라는 자신이 주재하는 극단 예술좌(芸術座)의 제3회 공연 톨스토이(Лев Николаевич Толстой, 1828~1910) 원작 『부활』(Воскресение, 1889~1899)의 번역극을

취급하는 경우에만 원표기 대로 적기로 한다.

준비하는 과정에서 제1절의 가사를 건네주며 나카야마에게 다음과 같이 주문했다고 한다.

> '러시아의 젊은 귀족과 그 집의 아름다운 하녀와의 로맨틱한 장면에 등장하는 노래……하녀가 부르는 노래이므로 너무 고상하지 않도록 찬송가 냄새가 나서도 안 되고 학교 창가가 되어서도 곤란하며 서양의 리드[lied, 독일의 낭만파 예술가곡. 필자 주]와 일본 속요의 중간적인 것을 목표로 하는 것이 어떨까' (中山晋平, 「カチューシャの思い出」, 『音楽』, 1947.9)[3]

나카야마는 곧바로 작곡에 착수했으나 좋은 악상이 떠오르지 않아서 애를 먹었다고 한다. 그날 밤은 결국 잠을 이루지 못하고 이튿날도 잠을 못 잤다. 1주일이 지나도 2주일이 지나도 단 한 마디의 선율도 떠오르지 않았다. 한 달 가까이 신음을 하며 지내다가 어느 날 갑자기 '가미니네가이오'(神に願ひを, 신께 소원을)와 '가케마쇼카'(かけましよか, 빌어볼까요) 사이에 '라라'(ララ)와 같이 추임새를 넣는 아이디어를 떠올렸다.[4] 작곡가 나카야마 신페이의 데뷔곡이 되었던 이 곡의 성공 비결은 주로 요나누키음계라는 독특한 작곡법에 기반한 멜로디 체계 때문이라고 한다.

여주인공 '카추샤' 역의 여배우 마쓰이 스마코(松井須摩子, 1886~1919)는 일본적 애수(哀愁)를 띤 서양 여인을 연기함으로써 곡의 분위기를 잘 소화하여 감동을 주었다. 33세의 짧은 생애를 마치게 되는 그녀는 여러 가지 기록을

---

3 永嶺重敏, 『流行歌の誕生「カチューシャの唄」とその時代』 吉川弘文館, 2010, p.9.

4 근처의 도네가와(利根川) 강변에 누워 구름을 쳐다보다가 떠올렸다고도 하고, 길을 걷다가 떠올렸다고도 한다. 전자는 斉藤武雄, 『カチューシャの唄よ、永遠に』, 郷土出版社, 1996, p.182와 長田暁二, 『歌でつづる20世紀』, やまは, 2003, p.46 참조. 후자는 永嶺重敏, 앞의 책, pp.9-10 참조.

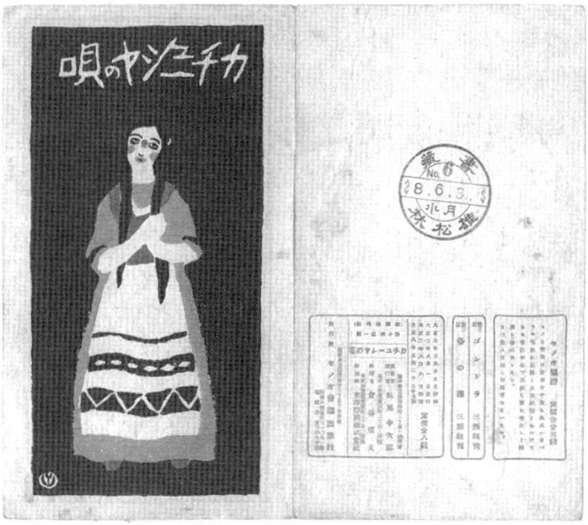

1919년 다케히사 유메지(竹久夢二, 1884~1934)가 그린 판화 '새 노래 제1편 <카추샤의 노래>'(新小唄第1編 カチューシャの唄)가 있는 악보집 표지

보유한 일본 근대 초창기의 여자배우이다. 유행가 제1호 <카추샤의 노래>에 의해 최초의 '노래하는 여배우'가 되었다는 사실 외에도, 배우가 되기 전 배우양성학교에 입학하기 위해 납을 넣어 코를 높이는 수술을 한 최초의 '성형미인 배우'였다. 또 1917년에 발매된 레코드 곡 <다시 태어난다면>(今度生まれたら)의 가사에 '어여쁜 여자애와 자면서 살자'(かわい女子と寝て暮らそ)라는 부분이 외설적이라는 문부성의 지적으로 발매금지 레코드 제1호 가수가 되기도 했다.

쓰보우치 쇼요(坪内逍遥, 1859~1935)와 시마무라 호게쓰를 중심으로 결성된 문예협회(文芸協会)[5]의 연극연구소 제1기생이 된 마쓰이 스마코는 1911년 헨릭

5 오사나이 가오루(小山内薫, 1881~1928) 등의 자유극장(自由劇場)과 함께 일본 신극(新劇) 운동의 모태가 된 단체로 처음에는 문학, 미술, 연극 등 다양한 장르에 걸친 운동을 전개하다가 점차 연극 중심으로 변모함.

요한 입센(Henrik Johan Ibsen, 1828~1906)의 희곡 『인형의 집』(Et Dukkehjem, 『人形の家』)의 주인공 노라(Nora) 역을 맡아 인정받게 되었다. 그러던 중 이미 두 번에 걸친 결혼생활의 실패를 경험한 그녀는 1914년 시마무라 호게쓰와의 불륜[6]이 표면화되면서 그와 함께 문예협회를 탈퇴하고 예술좌를 결성했다. 이러한 스캔들에 휩싸인 극단 예술좌의 운영은 어려움을 겪고 있었고 바로 그해 3월 도쿄 제국극장(帝國劇場)에서 처음 공연된 ≪부활≫(復活)은 첫날부터 놀라운 속도로 유행하기 시작했다.[7] 4월 이후의 오사카와 교토 순회공연을 통해서도 도쿄 공연의 소문이 삽시간에 퍼져서인지 기대 이상의 엄청난 인기를 누리게 되었다.

<카추샤의 노래>는 이후 엔카시(演歌師)[8]의 바이올린 연주와 함께 전국적으로 파급[9]되었고 같은 해에 영화화되어 히트했다. 영화는 먼저 니혼키네토폰(日本キネトフォン)에서 마쓰이 스마코가 노래 부르는 장면 등 연극 무대를 그대로 담은 뮤직비디오 성격의 단편영화를 제작했다. 토키 영화가 등장하기 10년 전이었는데 여기서는 무성영화에 축음기를 연동시킨 방식을 사용했다. 그리고 이를 참고로 하여 닛카쓰무코지마촬영소(日活向島撮影所)에 의해 ≪카추샤≫(カチューシャ)라는 제목의 본격적인 영화가 제작되었는데 가부키(歌舞伎)적 전통에 따라 온나가타(女形)[10] 다치바나 데이지로(立花貞二郎, 1893~1918)

---

6 1918년 11월 5일 시마무라 호게쓰가 스페인 독감으로 사망하자 마쓰이 스마코는 이듬해 1월 5일 예술좌의 소품실에서 목을 매어 자살했다.

7 지금까지는 도쿄에서의 흥행이 부진했고 4월 무렵의 오사카, 교토 순회공연부터 관객이 몰리기 시작한 것으로 알려졌으나, 최근의 연구에 의하면 이미 제국극장의 공연 첫날부터 사람들의 관심이 쏠리면서 순식간에 유행한 것으로 밝혀졌다. 永嶺重敏, 앞의 책, p.40 참조.

8 일본의 메이지(明治) 시대부터 다이쇼(大正) 시대를 거쳐 쇼와(昭和) 시대까지 존재했던 거리의 악사, 떠돌이 예능인. 연주와 함께 노래를 불렀다.

9 엔카시에 의한 가사지의 판매는 레코드보다 저렴했기 때문인지, 판매고가 7만 8천 부, 해적판까지 포함하면 14만 5천 부에 달했다. 『二六新報』, 1915년 9월 13일자 참조.

10 가부키는 에도시대에 풍속의 관리 단속 차원에서 여성의 출연을 금했고 여자 역할은 남성

가 '카추샤' 배역을 맡았다. 이들의 흥행이 크게 성공했으며 그야말로 1914년은 '카추샤 붐'의 해라고 해도 과언이 아닐 정도였다.

1915년 오사카의 오리엔트레코드사에서 마쓰이 스마코의 노래와 연극 중의 일부를 녹음하여 <부활창가>(復活唱歌)라는 제목으로 레코드를 발매했고 이것이 또한 대히트를 기록했다. 당시의 보급률로 볼 때 2만 매의 기록은 축음기를 보유한 거의 모든 사람이 구입했음을 의미한다. 연극 상연 당일 극장의 복도에 가사를 크게 적어 걸어놓으면 사람들이 메모하느라 장사진을 이루다가 누군가의 선창으로 합창이 되었다는 에피소드도 전한다.[11] 또 전국의 고등여학교·중학교·여자전문학교·고등학교 학생들 사이에도 유행하여 이를 염려한 나머지 ≪부활≫ 연극 관람을 금지하는 학교가 속출하고, 급기야 제3고등학교와 도쿄의 여자전문학교 등은 <카추샤의 노래>에 대한 가창 금지령(歌唱禁止令)을 내릴 정도였다고 한다.[12]

<카추샤의 노래>와 ≪부활≫의 폭발적 인기는 메이지 시대의 억압적 분위기에서 벗어나 소위 다이쇼 데모크라시로 대변되는 새 시대를 맞은 청년층의 서구식 민주주의와 자유를 갈망하는 욕구가 그 배경에 깔려 있었음을 말한다. 또한 이러한 청년층의 욕구가 분출되는 하나의 문화적 계기로 작용한 것이라 볼 수도 있을 것이다. 이에 대해 학교 당국의 단속과 금지 조치는 아무래도 또 다른 각도에서 당시 제1차 세계대전 개전 직전의 사회적 상황과 보수적 분위기를 반영[13]한 것이었다. 이 곡으로 인해 마쓰이 스마코는 일약

배우가 맡았으며 그 배우를 '온나가타'(女形)라 불렀다. 초기의 영화는 가부키를 그대로 영화화한 케이스가 많았고 따라서 가부키의 양식이 영화에 영향을 주는 경우가 많았다.

11 長田暁二,『ハンドブック 日本の愛唱歌』, ヤマハミュージックメディア, 2006, p.51 참조.

12 『九州日日新聞』, 1915년 6월 27일자.『萬朝報』, 1915년 8월 11일자.

13 倉田喜弘,『日本レコード文化史』, 岩波書店, 2006, p.96 참조.

시대의 상징이 되었고[14] 그녀가 출연한 ≪부활≫은 1914년 3월부터 1918년 6월까지 일본 전역뿐만 아니라 타이완(타이베이 등 7개 지역), 조선(부산, 서울, 목포, 대구, 평양 등 12개 지역), 중국(만주 10개 지역), 러시아(블라디보스톡)에서의 순회공연까지 합해서 5년간 총 444회의 공연을 하면서 인기를 누렸다.[15] 이로 인해 <카추샤의 노래>는 일본 대중가요의 첫 페이지를 활짝 열어젖힌 곡이 되었고 식민지 조선의 대중문화에도 많은 영향을 주었다.

제2절 서양적 멜로디와 일본적 정서의 조화

『부활』은 1899년 러시아의 잡지 『니바』(Нива, '밭'이라는 뜻)에 연재된 톨스토이의 만년 장편소설로서 인간의 속죄와 영혼에 대한 구제를 그려내며 당시 사회의 위선을 고발하는 내용을 담고 있다. 젊은 귀족 드미트리 이바노비치 네흘류도프(Дмитрий Иванович Нехлюдов)는 어느 살인사건의 재판에 배심원으로 참석하게 되는데 피고인석에서 젊은 시절 자신이 겁탈하고 버린 백모의 하녀 카추샤 마슬로바(Катюша Маслова)를 발견하고 놀란다. 자신의 아이를 낳은 후 오갈 데 없는 신세가 되어 창녀로 전락한 카추샤는 살인사건에 휘말려 재판을 받게 된 것이다. 네흘류도프는 카추샤의 석방을 탄원하면서 감옥을 드나들던 중 계급과 빈부격차에 의해 무고한 사람들이 죄인으로 갇혀 있는 사회의 모순을 발견하고 시베리아 유형을 받게 된 그녀를 따라 떠난다. 결국 벽지의 어느 여관방에서 신약의 복음서를 읽다가 자신

---

14 이 시대에는 아직 레코드 취입에 따른 개런티가 지불되는 일이 없었으며, 막상 스마코 본인에게 주어진 보수는 자신의 노래가 담긴 레코드뿐이었다고 한다.

15 永嶺重敏, 앞의 책, p.84 참조.

의 영혼을 부활시킬 깨달음을 얻는다는 줄거리이다.

톨스토이는 1887년 법률가인 친구로부터 이 소설의 모델이 될 실제 사건을 전해 듣고 창작을 결심하게 되었다고 한다. 그 사건이란 친척 청년이 놀러 왔다가 하녀를 유혹해 임신시켰는데 해고된 하녀는 후에 매춘부로 전락하여 돈을 훔치다가 4개월 형을 받게 되고 양심의 가책을 느낀 배심원 청년은 그녀에게 청혼을 하나 그녀는 감옥 안에서 전염병으로 죽고 말았다는 이야기이다.

젊은 시절을 방탕하게 보낸 톨스토이는 이 이야기에 감동하여 자신의 행동에 대한 회한을 느끼며 반성의 마음을 담아 집필에 착수, 10여 년 만에 완성했다. 원래는 카추샤와 네흘류도프의 결혼으로 마무리하려 했으나 계급을 초월한 해피엔딩이 당국에 의해 위험 사상으로 취급당하므로 할 수 없이 다른 유형자와의 결혼으로 바꾼다. 국가권력과 재판제도, 지주제도와 농민의 실상, 감옥 제도의 부당성과 죄수들의 실태를 철저하게 고발하고 비판한 이 소설로 인해 톨스토이는 러시아정교회에서 파문당했다.

이렇게 사회참여적 성격이 강한 박애주의 소설 『부활』이 일본에는 비교적 일찍부터 알려졌다. 1905년 우치다 로안(内田魯庵, 1868~1929)에 의해 최초로 번역되었고, 닛카쓰(日活)의 전신인 요시자와쇼텐(吉沢商店)에 의해 1910년에 처음으로 영화화되었다. 이는 러시아와 미국에 이어 세계적으로는 세 번째로 영화화된 것이다. 다만 일본에서는 사회적·종교적 측면보다 비련(悲戀)의 이야기로 받아들여진 점이 특징적이다. 그것은 바로 시마무라 호게쓰가 각색한 연극 ≪부활≫과 <카추샤의 노래>가 당시의 대중에 의해 절찬리에 받아들여진 상황에 힘입은 바가 큰 것이다. 네흘류도프가 카추샤와의 즐거웠던 한때를 회상하는 장면에 등장하는 이 슬프고도 낭만적인 노래의 일본어 원문에는 비련의 여주인공의 모습이 잘 드러나 있다. 우선 원곡 가사를 살펴보자면 다음과 같다.

1. カチユーシヤかはいや。

わかれのつらさ、

せめて淡雪(あはゆき)とけぬ間(ま)と、

神(かみ)にねがひを、かけましよか。

2. カチユーシヤかはいや。

わかれのつらさ、

今宵(こよい)ひと夜(よ)にふる雪(ゆき)の、

明日(あす)は野山(のやま)の道(みち)かくせ。

3. カチユーシヤかはいや。

わかれのつらさ、

せめて又逢(またあ)ふそれまでは、

同(おな)じ姿(すがた)でゐてたもれ。

4. カチユーシヤかはいや。

わかれのつらさ、

つらいわかれの涙(なみだ)のひまに、

風(かぜ)は野(の)を吹(ふ)く、日(ひ)は暮(く)れる。

5. カチユーシヤかはいや。

わかれのつらさ、

ひろい野原(のはら)をとぼとぼと、[16]

ひとり出(で)て行(ゆ)く明日(あす)の旅(たび)。

(『読売新聞』, 1914년 3월 25일자, 절 번호는 논문필자)

시마무라 호게쓰는 극단 예술좌의 경영난을 타개하기 위해 처음으로 ≪부활≫ 공연이 시작된 1914년 3월 26일보다 열흘 정도 전부터 사전 홍보 활동에 들어갔다. 강연회를 개최하는 한편 극중가 <카추샤의 노래>의 악보와 가사를 각 신문에 게재하기도 했다.[17] 위의 가사는 그 중 하나이다.

전체가 다섯 개의 절로 이루어진 가사는 하나의 절이 세 개의 구로 이루어져 있다. 모든 절의 첫째 구는 두 개의 행으로 표기되어 있는데, '카추샤 가와이야 와카레노 쓰라사(カチユーシヤかはいや。 / わかれのつらさ、)'로 계속 같은 가사가 반복되므로 사실상 둘째 구와 셋째 구만 새로운 내용으로 전개되는 구조이다. 게다가 'カチユーシヤかはいや'의 바로 뒤에 '。'과 같은 구점(句點)이 찍혀 있고 다음 가사는 '、'와 같은 두점(讀點)으로 연결되다가 하나의 절이 끝날 때 다시 구점으로 맺고 있다. 이러한 구두점의 사용 방식을 실마리로 하더라도 반복되는 앞 구절을 다른 레벨에서 받아들여야 할 여지가 발생한다. 이 부분은 일종의 리프레인(refrain)과 같은 역할을 하며 노래의 분위기를 이끌어간다.

음수율로는 기본적으로 7·7 또는 7·5조에 속한다. 첫째 구가 7·7, 둘째 구가 7·5, 셋째 구는 7·5로 구성되어 있다. 위의 가사에는 없는데 가타카나로 표기되어 함께 실린 악보의 제1절에는 앞서 기술한 나카야마 신페이의 아이디어에 의해 추임새 '라라'가 첨가됨으로써 7·7처럼 된다. 그러나 전체적으로는 7·5조의 시가 형식을 갖는다고 보아도 무방하다. 제1절부터 제5절까지의 음수는 다음과 같으며 총 192음이다. 제4절 둘째 구만 전체적인 규칙성에서 벗어나 7·5가 아닌 7·7로 구성되어 있다.

---

16 'とぼとぼ'는 원문에 반복부호였으나 논문필자가 히라가나로 고침.

17 永嶺重敏, 앞의 책, pp.14-17 참조.

7·7 / 7·5 / 7·5

7·7 / 7·5 / 7·5

7·7 / 7·5 / 7·5

7·7 / 7·7 / 7·5

7·7 / 7·5 / 7·5

이렇게 7·5조의 반복으로 구성된 음수율의 형식적 특성과 함께 음성학적 특징에도 눈이 간다. 노래 가사인 만큼 귀에 울리는 소리의 느낌과 그 느낌을 좌우하는 음운의 음성학적 조합과 배열순서의 특징 또한 무시할 수 없기 때문이다. <카추샤의 노래> 가사의 제1절을 로마자로 배열하면 다음과 같다.

katyusya kawaiya wakareno tsurasa

semete awayuki tokenumato

kamini negaiwo rara kakemasyoka

여기서 대단히 특이한 점이 발견된다. 자음 k(8개)와 모음 a(19개)의 잦은 출현이 그것이다. 무성연구개파열음(無声軟口蓋破裂音) k와 비원순전설광모음(非円唇前舌広母音) a, 이 두 자모(子母)의 결합인 'か'(ka)가 이 노래의 제1절 총 40음절 중 여섯 개나 나타난다. 그것도 첫째 구와 셋째 구 마지막 부분 등 단어의 첫음절인 경우가 많다. 이렇게 'か(ka)~か(ka)~か(ka)~' 하는 식으로 'か'(ka)음절로 시작하는 부분이 두드러진 것은 무엇을 의미하는가?

제1절의 작사자인 시마무라 호게쓰가 이를 의식했는지 하지 않았는지는 알 수가 없으나 결과적으로 이러한 'か'(ka)음의 반복에 의해 시의 서양시의 두운(頭韻)과 같은 음악적 효과가 나타나는 것은 분명하다. '카추샤'의 'か'(ka)이며 '가와이이'의 'か'(ka)임과 동시에 '가미'(神)의 'か'(ka)이며 'か

けましょか'의 'か'(ka)이다. 그러한 의미에서 'か'(ka) 음은 이 노래에서 중요한 계기를 만들어낸다고 볼 수 있을 것이다. 다음으로 내용적 특징과 의미의 전달 구조를 고찰하겠다.

첫머리인 제1절 첫째 구의 앞부분 가사를 해석하는 것부터 의외로 어렵다. 'カチユーシヤかはいや'란 무슨 뜻인가? 현대일본어에 'かわいや' 혹은 'かわい'라는 말은 없다. 생각할 수 있는 것은 일단 형용사로서의 'かわいい'인데 '귀엽다' 또는 '예쁘다', '사랑스럽다'의 뜻이다. 또 이 단어의 고어형인 'かはゆし'를 고어사전에서 찾으면 '불민(不憫)하다', '안됐다', '불쌍하다'의 뜻이 있으며 현재도 일부 방언에 이러한 뜻이 있다고 한다.[18] 'かわい'는 'かわいい'와 관련이 있거나 'かはゆし'(현대어의 'かわいそうだ'에 해당함)의 방언적 활용으로 봐야 할 것 같다.

즉 '불쌍하다'는 뜻에서 '예쁘다'와 같은 의미로 이행하는 말로서 두 가지 내용이 겹치는 말로 볼 수 있다. 또 조사 'や'는 간투조사(間投助詞)로서 영탄, 감동의 뜻이 있다. 그렇다면 여기서 바로 뒤에 '와카레노 쓰라사'(わかれのつらさ)가 나오는 문맥까지 고려하면 아무래도 '예쁘다', '사랑스럽다' 보다는 '안됐다', '불쌍하다'로 보는 것이 자연스럽다. 그래서 'カチユーシヤかはいや わかれのつらさ'를 축어적(逐語的)으로 직역하자면 '카추샤 불쌍하구나 이별의 괴로움'이 될 것이다.

그러나 실제 ≪부활≫의 무대에서 이 노래가 불리어진 장면을 참작하면

---

18 『日本国語大辞典』(小学館)에 의하면, 'かわいい かはいい[可愛](形 口語)「かわゆい」の変化した語. ①あわれで、人の人情をさそうようなさまである。かわいそうだ。ふびんだ。②人や動物に心がひかれて大事にしたいというかんじである。いとしい。③(若い女性や子どもの顔や姿が)かわいらしい。④(品物が)小さくて、やさしく扱ってやりたい気持を起こさせるさまである。かわいらしい。'로 되어 있음. 또 『例解 古語辞典』(三省堂)에 따르면, 'かはゆし(形ク) ①恥ずかしい。おもはゆい。②かわいそうだ。気の毒だ。いじらしい。③かわいらしい。'로 설명함.

그 의미가 조금 달라질 수도 있다. 이 노래는 제1막과 제4막에서 두 번 불리어졌다. 제1막에서는 카추샤가 네흘류도프와의 달콤한 사랑을 속삭이는 장면에서 제1절을 카추샤가 부르고 곧이어 네흘류도프와 함께 부르는 것으로 설정되어 있었다. 제4막에서는 시베리아 유형이 확정된 후 감옥 내 병실에서 카추샤가 여동생인 후요도시아와 함께 이별을 고하며 둘이서 부르는 것으로 되어 있었다. 따라서 이러한 점을 고려하면 '카추샤여! 이렇게 아름다움에도 불구하고 이토록 슬픈 운명에 처하다니' 또는 '이토록 슬픈 운명에 처했으면서도 이렇게 아름다움을 잃지 않다니'라는 의미도 내포되어 있었을 수 있겠다.

시마무라 호게쓰가 참조한 프랑스의 극작가 앙리 바타이유(Henry Bataille, 1872~1922)의 각본에 의하면 극중가의 첫 구절이 '어여쁜 카트린느'로 시작한다고 한다.[19] 만약 <카추샤의 노래> 제1절이 이 부분에서 발상을 얻은 것이라면 '어여쁘다'로 받아들이는 것이 더 적절할지도 모른다. 그러나 또 한편 처음에는 '어여쁘다'는 의미가 강하던 것이 공연이 거듭되면서 관객의 여주인공에 대한 동정심과 공감이 더해져서 '불쌍하다'의 뜻으로 수용되고 나아가 이 두 가지 내용이 구분되지 않고 하나의 단어 속에서 중의적으로 공존했을 수도 있다. 따라서 어느 한 가지 의미로 확정하는 것이 그다지 큰 의미가 없는 단계로까지 텍스트 자체가 확장되어버린 경우라 하겠다.

또한 화자가 어떤 존재인지 쉽사리 판단이 가지 않는다. 이 첫머리의 앞부분 'カチユーシヤかはいや'(카추샤 불쌍하구나)[20]는 도입부로서 카추샤에 관한 화자의 단도직입적 주관 서술인데, 뒷부분 'わかれのつらさ'(이별의 괴로움)는 카추샤의 심경을 화자가 공감하여 서술한 것인지 아니면 당사자인 카추샤 자신이 화자가 되어 독백을 하는 것인지가 애매하다. 즉 화자가 일관

19 永嶺重敏, 앞의 책, p.13 참조.

20 이후 일본어 원문에 병기한 괄호 속의 번역은 논문필자에 의한 한국어 직역.

되지 않고 중간에 바뀌었을 가능성이 있다는 것이다. 화자가 바뀌었다면 뒷부분은 카추샤 자신이 '이별의 괴로움'을 토로한 것이 되고, 바뀌지 않았다면 카추샤의 심경을 이해하거나 꿰뚫어보는 입장을 취하는 방식으로 화자가 서술태도를 바꾼 것이 된다. 이렇게 볼 때 첫째 구의 앞부분과 뒷부분에 드러난 서술 방식의 특징은 화자가 바뀌었거나 화자의 서술태도가 바뀌었거나 둘 중 하나이다.

그런데 둘째 구와 셋째 구를 함께 보자면 이러한 화자의 전환은 좀 더 명확해진다. 'せめて淡雪とけぬ間と'(그나마 가랑눈 녹지 않을 때), '神に願ひをかけましょか'(신께 소원을 빌어볼까요) 정도로 직역이 된다고 할 때 'かける'(빌다)의 주어는 누구인가? 역시 '신께' 소원을 비는 카추샤 자신으로 보는 것이 당연하다. 더구나 이 동사는 의지형(意志形)으로 활용되고 있다. 그렇다면 분명히 첫째 구 앞부분의 화자와 둘째 구, 셋째 구의 화자가 달라진 것이다. 전자는 카추샤의 입장이 아니며 후자는 카추샤 자신의 입장이다. 그리고 첫째 구 뒷부분의 경우는 화자의 입장이 바뀌어가는 중간 단계로 이해해도 무방할 것 같다.

이러한 문제에 대해 시점(視點, point of view)이나 거리(距離, distance)의 문제로 치환해서 생각하면 해결의 실마리를 얻을 수 있다. 첫째 구 앞부분에서 카추샤를 바라보던 화자의 시점이 뒷부분에서 카추샤에 점차 초점화(焦點化, focalization)되어감으로써 둘째 구, 셋째 구에서는 카추샤 자신에 한없이 가까운 존재가 된다.

서술 주체인 화자와 서술 대상인 카추샤와의 거리를 생각해보더라도 처음에 대상을 파악할 수 있는 충분한 거리를 유지하다가 내면에 근접하고 다음에는 아예 그 존재 자체로 동화하여 거리를 없애가는 과정이다. 흔히 서양의 근대 이후 소설에서 화자의 시점이 작중인물에 완전히 초점화되어 서술 주체와 서술 대상의 거리가 제로(0)가 될 때 발생하는 것이 자유간접화법(free indirect speech)과 같은 현상이다. 따라서 제1절 첫째 구를 인용부호 없는 인용이면서 주어는 화자에 일치시키는 자유간접 화법처럼 이해할 수 있을 것이다.

또 한 가지 첫째 구 앞부분의 화자 자체에 관한 문제이다. 이 화자는 어떠한 존재인가? 작중 세계와는 직접적으로 상관이 없는 텍스트 밖에서 서술을 주도하는 화자인가, 아니면 작중 세계에 등장하는 작중인물 중의 누군가인가? 혹시 카추샤의 상대역 네흘류도프와 같은 존재는 아닌가? 첫째 구의 앞부분까지는 적어도 카추샤에 근접한 입장은 아니며 카추샤에 대해 'かわいや'(불쌍하구나)와 같은 주관적 느낌을 발화하고 있다. 그다음 뒷부분은 'わかれのつらさ'(이별의 괴로움)의 'つらさ'(괴로움)처럼 형용사의 명사형을 통해 카추샤의 내면에 대한 공감을 표현한다. 그러다가 둘째 구, 셋째 구에 이르러서는 완전히 카추샤의 입장에서 이야기를 전개한다. 제2절 이후까지 좀 더 범위를 확대하여 살펴보자.

제2절의 둘째 구와 셋째 구는 '今宵ひと夜にふる雪の'(오늘 밤 하룻밤에 내리는 눈의), '明日は野山の道かせ'(내일은 들과 산의 길 감춰라)이다. 제1절의 둘째 구, 셋째 구와 마찬가지로 눈(雪)이라는 자연의 힘을 빌려서라도 이별을 조금이나마 지연시키고 싶은 여인의 마음을 표현했다고 하겠다. 화자는 당연히 카추샤의 입장에서 발화하고 있으며 제1절의 둘째 구, 셋째 구와 마찬가지로 자유간접 화법처럼 이해된다. 내용적으로는 마치 『만요슈』(万葉集)의 제11권 「가키노모토노히토마로가집」(柿本人麻呂歌集)에 나오는 작자미상의 노래 2513번의 '鳴る神の 少し響(とよ)みて さし曇り 雨も降らぬか君を留めむ'(천둥소리가 조금씩 울리면서 구름 끼는데 비는 아니 오려나 [비가 오면] 그대를 잡을 텐데)와 같은 이별에 즈음한 동양적·전통적 여인의 마음을 연상케 한다. 이 대목이야말로 서양의 멜로디에 일본적 정서를 담아냄으로써 당시 많은 사람의 공감을 불러일으킨 부분일 것이다.

그런데 제3절의 둘째 구와 셋째 구는 또 다른 서술 구조가 펼쳐진다. 제3절의 경우 'せめて又逢ふそれまでは'(적어도 다시 만날 그 때까지는), '同じ姿でゐてたもれ'(똑같은 모습으로 있어주오)는 떠나가는 사람의 관점이 반영되어 있다. 언젠가 있을지 모르는 재회를 기대하면서 다시 만날 때까지 지금과 같은 모습으로 영원히 있어 달라는 바램, 그것은 카추샤를 상대로 발화하는 네흘류도프에 가까운 입장인 것이다. 화자의 시점은 이번에는 네흘류도프에게 초점화한 것으로 볼 수 있지 않을까? 물론 카추샤가 떠나가면서 네흘류도프에게 변하지 말 것을 당부하는 것으로 볼 수도 있겠다. 그러나 첫째 구에서 반복되는 '카추샤 가와이야'가 '카추샤'에 대한 호명(呼名)처럼 작용하는 뉘앙스 때문에 네흘류도프의 카추샤에 대한 당부로 보는 것이 자연스러울 것 같다.

제4절에 와서는 'つらいわかれの涙のひまに'(괴로운 이별의 눈물 사이로), '風は野を吹く日は暮れる'(바람은 들을 불고 날은 저문다)로 되어 있다. 이 제4절의 둘째 구에 나오는 'わかれ'(이별)은 일회적 사건으로서의 헤어짐이 아닌 지속적 상태로서 사랑하는 이의 오랜 부재 상황을 표현한 것으로 보인다. 셋째 구는 그러한 상황에서의 객관적 풍경묘사로서 바람의 '거침'과 날이 저무는 '어둠'을 통해 매우 상징적으로 이별 상태의 '괴로움'과 '외로움'을 표현했다고 볼 수 있을 것이다.

그렇다면 화자는 다시 네흘류도프보다 카추샤의 입장에 가깝지만 전체적인 상황을 그려가는 작중 세계 밖의 서술 주체로서 흔히 말하는 전지적(全知的) 존재로 보인다. 이 부분이 사실상 <카추샤의 노래>의 감정적 클라이맥스가 아닌가 생각된다. 이러한 서술 구조는 제5절의 'ひろい野原をとぼとぼと'(넓은 들판을 터벅터벅), 'ひとり出て行くあすの旅'(혼자서 길을 나서네 내일의 여행길)로 이어져 같은 선상에서 납득할 수 있다. 즉 작중세계 밖의 전지적 존재로서의 화자가 카추샤의 인생 역정을 원경(遠景)으로 포착하고 있는

것이다. '혼자서' '내일의' 길을 나서는 그 슬픔의 주인공 카추샤의 애잔한 모습을 연민의 정을 갖고 그려가는 것으로 이해된다.

제3절 '서양적 일본'의 한국적 수용

식민지 조선에 일본의 유행가가 유입되던 초기에는 주로 극단의 무대에서 소개되는 것이 일반적이었다.[21] <카추샤의 노래>가 조선에 알려진 것도 이러한 경로를 통해서였다고 볼 수 있다. 1915년 일본의 극단 예술좌가 조선에서 ≪부활≫ 순회공연을 한 후, 이를 참고로 하여 1916년 서울의 단성사에서도 윤백남(尹白南, 1888~1954)과 이기세(李基世, 1888~1945)가 이끄는 예성좌(藝星座)가 ≪카츄샤≫로 제목을 바꾸어 상연했다.[22] 당시 『매일신보』(每日新報)의 홍보성 기사(1916년 4월 13일자)에는 악보와 함께 노래가사가 5절까지 번역 소개되었고 극중에서는 온나가타(女形) 배우 고수철(高秀喆, ?~1919)이 카추샤의 역할을 하며 <카추샤의 노래>를 불렀다고 한다.[23]

한국어로 부른 <카츄샤의 노래>[24] 가사의 번역자는 분명히 알려져 있지 않기는 하나 당시 예성좌를 이끌었던 이기세나 윤백남이 거의 직역해 지었을 것으로 추정된다.[25] 이 노래는 당시에도 대유행을 거두었고 『낙원창가』(정경운, 광문서림, 1920), 『신유행창가』(이상준, 삼성사, 1922), 『남녀병창유행창가』

---

21 박찬호, 안동림 역, 『한국가요사 1』, 미지북스, 2009, p.241 참조.

22 예술좌의 내한 공연에 직접 영향을 받은 예성좌의 신극 운동 전개 양상에 관해서는, 윤민주, 「극단 「예성좌」의 <카추샤> 공연 연구」, 『한국극예술연구』 38, 2012.12, pp.19-21 참조.

23 우수진, 「카츄샤 이야기: <부활>의 대중서사와 그 문화 변용」, 『한국학연구』 32, 2014.2, p.217 참조.

24 최초의 번역인 예성좌에서 '카츄샤'로 표기함.

25 이영미·이준희, 『사의 찬미(외)』, 범우, 2006, p.21.

(강하형, 태화서관, 1923), 『이팔청춘창가집』(강범형, 시조사, 1929) 등 많은 노래책에 가사가 수록되었다.[26] 따라서 1916년 당시뿐만 아니라 1920년대와 그 이후에도 지속적으로 유행한 초창기의 인기 대중가요로 확고하게 자리를 잡았다고 볼 수 있겠다.

그러나 조선에서는 일본에서와 달리 이 노래가 단독으로 녹음되어 음반이 발매되지는 않았다. 1920년대에 연극 ≪부활≫이 여러 극단에 의해 공연될 때마다 불리어진 <카추샤의 노래>는 사실상 거의 구전(口傳)에 의해 유행된 것이었다. 그러다가 1929년 일본 컬럼비아 축음기 주식회사에서 발매한 '영화극' ≪부활≫(음반번호 Columbia40019-20)의 극중가로 그 일부가 삽입되어 있었고 이때 노래는 당시 막간 가수로 활동했던 유경이(劉慶伊, ?~?)가 불렀다고 한다.[27]

한국어로 음반이 발매되지 않은 상황에서 입에서 입으로 전해지다 보니 <카추샤의 노래>의 번역 가사는 여러 경로를 통해서 많은 이본(異本)이 생기기도 했을 것이다. 박현환(朴賢煥, 1891~?)의 번역소설 『해당화』(海棠花, 1918), 흑조생(黑鳥生)의 『부활한 카추샤』(1926), 이서구(李瑞求, 1899~1981)가 『매일신보』에 연재했던 「부활 후의 카추샤」(1926)에 인용된 노래들은 상당한 개사가 이루어진 것으로 보인다.[28] 또 오랜 기간 동안 여러 극단에 의해 번역극의

26 위의 책, p.21.

27 우수진, 앞의 논문, p.225 참조.

28 윤민주, 앞의 논문, pp.30-31 참조. '카추샤 내 사랑아, 이 이별을 어이해 / 눈 녹기까지나마 있어지 다오 / 주 님께 우리 기도 (라라) 드릴까이나 / 카추샤 내 사랑아, 이 이별을 어이해/ 오늘 밤 밤새도록 쌓이는 눈이 / 우리 임 가실 길을 (라라) 덮어 주게나 / 카추샤 내 사랑아, 이 이별을 어이해 / 일후에 우리 다시 만날 때까지 / 그 양자 변치 말고 (라라) 기다려 다오 / 카추샤 내 사랑아, 이 이별을 어이해 / 애끊는 이별 눈물 비가 될 때에 / 바람은 들에 불고 (라라) 날이 저무네 / 카 추샤 내 사랑아, 이 이별을 어이해 / 가없는 빈 벌판에 이 몸만 혼자 / 알뜰 한 임을 두고 (라라) 떠나겠구나'(『해당화』) 등.

단골 메뉴로 상연되었던 점을 고려하면 현재 확인되는 것보다 더 많은 버전이 있을 수도 있다. 여기서는 일단 연대적으로 가장 빠른 1916년 예성좌 공연 당시의 『매일신보』 기사에 실린 한국어 번역 가사를 살펴보도록 하자.

1. 카츄샤의쳐롭다、리별ᄒᆞ기스러워
   그나마ᄆᆞᆰ은누운、풀니기젼에
   신명ᄭᅴ축원을、라〻드리워볼가

2. 카츄샤의쳐롭다、리별ᄒᆞ기스러워
   이져녁에왼밤을、오ᄂᆞᆫ누운아
   ᄅᆡ일은들과산에、라〻길을덥푸게

3. 카츄샤의쳐롭다、리별ᄒᆞ기스러워
   그나마다시만날、그ᄯᅢᄭᆞ지ᄂᆞᆫ
   지금의이자ᄐᆡ로、라〻잇셔쥬게나

4. 카츄샤의쳐롭다、리별ᄒᆞ기스러워
   스러운리별눈물、나ᄂᆞᆫ동안에
   바람은들을불고、라〻날은져무네

5. 카츄샤의쳐롭다、리별ᄒᆞ기스러워
   적막ᄒᆞᆫ넓은들을、차즘〻〻이
   호올로ᄯᅥ나가는、라〻ᄅᆡ일에갈길

(『每日新報』, 1916년 4월 13일자. 절 번호는 필자)

위의 예성좌 공연 번역 가사는 앞서 말한 1922년의 노래책 『신유행창가』에는 '카츄샤'가 '카추샤'로 'ᄋᆡ쳐롭다'가 'ᄋᆡ처롭다'로, '져무네'가 '저무네' 등 복모음이 단모음화 되거나 '덮푸게'가 '덥프게'로 '만날'이 '맛날'이 되는 정도의 약간의 표기상의 변화를 보이고 있다. 그러나 이러한 점을 제외하고는 일정한 기간 동안 거의 그대로 채용되고 있었던 것으로 보인다. 이후 대유행의 계기가 된 첫 번역이었던 점을 고려하면 다양한 이본의 중심에서 일종의 기준점이 되었을 가능성을 배제할 수 없는 텍스트로 생각된다. 우선 눈에 띄는 것은 원곡의 음수를 가급적 정확하게 맞추려 의식적으로 노력했다는 점이다. 원곡의 음수와 비교하자면 다음과 같다.

7·7 / 7·5 / 7·5 → 7·7 / 7·5 / 6·5

7·7 / 7·5 / 7·5 → 7·7 / 7·5 / 7·5

7·7 / 7·5 / 7·5 → 7·7 / 7·5 / 7·5

7·7 / 7·7 / 7·5 → 7·7 / 7·5 / 7·5

7·7 / 7·5 / 7·5 → 7·7 / 7·5 / 7·5

제1절 셋째 구의 앞부분은 원곡이 7음이었으나 번역곡이 6음이 되었고, 제4절의 둘째 구 뒷부분이 변형격인 7음이었으나 번역곡은 5음이 된 것을 지적할 수 있다. 또 'ララ'라는 별 뜻 없는 추임새는 '라々'로 가사 속에 표기해 넣은 점도 눈에 띄며 일본어의 글자 반복부호를 그대로 가져왔는데 이러한 표기는 이 시기에 아주 흔한 것이었다. 그러나 이 부분 말고는 번역곡의 음수는 원곡의 음수와 똑같다. 뿐만 아니라 제1절 둘째 구 앞부분과 제2절 둘째 구 뒷부분의 '유키'(雪, 눈)는 2음절에 맞추기 위해 '누운'으로 무리한 번역을 하기도 했다. 이렇게 음수에 집착할 수밖에 없었던 것은 당장 배우가 무대 위에서 불러야 하는 상황에서의 번역이라는 현장의 절박함이 있었기

때문이 아닐까 추측을 해본다.

그런가 하면 일본어 원문에 있어서의 음성학적 배열의 특징인 'か'(ka)음절로 시작하는 부분이 두드러진다는 사실에 관해서는 이를 감지했다고 하더라도 살릴 수가 없었을 것이다. 다만 'か'(ka)음을 살리는 방법은 포기했더라도 가사 전체의 매끄러운 전개와 음향적 울림을 좋게 하려는 노력을 전혀 하지 않았다고 볼 수도 없을 것 같다. 의식적이지 않았을지는 몰라도 각 절의 첫째 구를 제외한 둘째 구와 셋째 구의 각운(脚韻)에 해당하는 모음이 다소 규칙성을 느끼게 해준다. 열거하자면 e·a / a·e / a·a / e·e / i·i 와 같다. 서양시의 각운의 효과와 같지는 않겠지만 듣기에 따라 정돈된 느낌을 받을 수도 있을 것이다. 그렇다면 다음으로 원문과 번역문의 표현 방식과 표현 구조를 비교해 보도록 하자.

첫머리 부분 'カチユーシヤかはいや。わかれのつらさ、'의 번역 '카츄샤의쳐롭다、리별ᄒᆞ기스러워'(카추샤 애처롭다 이별하기 서러워)부터 검토해 가겠다. 'かはいや'는 앞서 말했듯이 어떤 문맥에서는 '귀엽다' 또는 '예쁘다', '사랑스럽다'는 뜻의 현대어 'かわいい'를 또 어떤 문맥에서는 '불민(不憫)하다', '안됐다', '불쌍하다'는 뜻의 'かわいそうだ'를 의미할 수 있는 말이다. 여주인공 카추샤에 대한 화자의 판단을 표현한 원 문맥을 잘 살리고 바로 뒷부분의 내용 'わかれのつらさ'(이별의 괴로움)을 고려하여 '애처롭다'로 옮긴 것은 후자의 의미를 취했는데 고민을 한 흔적이 엿보인다. '이별의 괴로움'을 '이별하기 서러워'로 한 것은 절묘하다. 원문에 있는 형용사의 명사형을 그대로 옮겨오지 않고 '서럽다'의 감탄형으로 종결하면서 거두어지는 독특한 효과가 있다. '애처롭다'고 한 화자의 카추샤에 대한 감정이 카추샤의 내면에 한 단계 더 접근함으로써 구체성을 띠고 있기 때문이다.

제1절 둘째 구 'せめて淡雪とけぬ間と'는 '그나마ᄆᆰ은누운、풀니기젼에'(그나마 맑은 누운[눈, 雪] 풀리기 전에)로 했다. 'せめて'를 '그나마'로 옮긴

것은 적절했으나 '淡雪'를 '맑은 눈'으로 한 것은 다소 어색하다. 그러나 당시의 '맑다'라는 형용사의 용례에 대한 좀 더 다각적인 확인을 요한다. 'とけぬ間と'를 '풀리기 전에'로 한 것도 이해가 간다. '~と'는 일반적으로 병렬의 뜻을 나타내는 격조사지만 이 경우는 인용에 가깝게 쓰인 것으로 생각되며 '그나마 눈이 녹고 있지 않는 동안……'이라고 신에게 빌어본다는 것으로 풀이할 수 있다. '……' 부분에는 '눈 때문에라도 가지 않도록 해 주십시오'는 정도의 내용일 것이다. 이러한 생략법은 일본어 특유의 표현으로 번역이 어려운 대목인데 역자는 뜻을 정확하게 포착했다고 볼 수 있다.

문제는 셋째 구 '神に願ひをかけましよか'(신께 소원을 드려볼까요)를 번역한 '신명씌축원을、라々드리워볼가'(신명[神明]께 축원[祝願]을 라라 드리어 볼까)이다. '神に願ひを'의 '가미'(神, かみ)를 '신명' 즉 '천지신명'(天地神明)의 줄임말로 옮기고 있다. 서양어의 'god'와 일본어의 '가미', 그리고 '천지신명'은 모두 제각각 다른 의미를 갖고 있다. 어차피 기독교적 전통과 신토(神道)나 불교, 샤머니즘 및 도교적 전통에서의 개념적 차이가 존재할 텐데, 일본어 '神に願ひを'를 '(천지)신명께 축원을'이라 옮긴 것은 일종의 문화적 번역(clultural translation)이라 볼 수 있지 않을까?

그렇다고 일본어의 '가미' 또는 '가미사마'(神様, かみさま)가 반드시 신토나 불교의 개념이라고 볼 수도 없다. 이미 기독교적 '신'(神, god)의 개념이 일본과 한국에 이전 시기부터 유입되었고 번역극의 극중가라는 전제가 작사자나 관객에게 널리 공유되고 있었을 것이기 때문이다. 그러한 가운데 '神'를 '신명'으로 옮긴 것 역시 전통 종교를 계승했다기보다는 '하느님'이나 '천지신명'을 동일한 차원에서 생각하는 보편적 '신'의 개념으로 이해했을 것이다. 재미있는 것은 1922년 이상준의 『신유행창가』에 수록된 악보를 보면 가사는 '신명씌축원을'인데 악보에는 '~축원으을'로 늘려서 음절수를 맞추었다. 실제 공연과 가창에는 이러한 식으로 부르는 것이 일반적이었을 것이다.

제2절의 '今宵ひと夜にふる雪の'(오늘 밤 [바로 이] 하룻밤에 내리는 눈의)를 '이져녁에왼밤을、오ᄂᆞᆫ누운아'(이 저녁에 온 밤을 오는 눈아)로 옮긴 경우는 어떠한가? 원문의 '오늘 밤 하룻밤'을 '온 밤'으로 표현한 것은 문맥에 적절한데, 문제는 '눈'에 대해 호격조사 '~아'를 사용한 점이며 이러한 의인법이 대단히 특이하다. 원문의 '雪の'를 어떻게 해석해야 할지 논리적인 답을 구하기가 사실상 매우 어려운데 여기서도 일본어 특유의 생략법이 적용된 것이 아니라면 일종의 시적 자유(詩的自由, poetic licence)로서 받아들일 수밖에 없다. 이를 '눈아'와 같이 번역한 것은 또 다른 의미의 시적 자유를 번역자가 구사한 것으로 이해할 수 있지 않을까?

특히 셋째 구의 '明日は野山の道かくせ'(내일은 들과 산의 길을 감춰라)의 번역 '릭일은들과산에、라々길을덥푸게'(내일은 들과 산의 라라 길을 덮게)의 명령형 어미와 호응하여 원문보다 명확한 논리 관계를 발생시키는 점이 놀랍다. 이를 필자는 '번역적 자유(飜譯的自由, translationic licence)'라는 용어를 새롭게 만들어 부르고 싶을 정도로 번역의 묘미를 느끼게 하는 대목이다. 이렇게 볼 때 밤새도록 눈이 내리고 쌓여 사랑하는 이가 떠나지 못하게 또는 떠나는 것을 연기(延期)하도록 초자연적인 힘에 호소하는 심경을 한국어로도 손상되지 않게 오히려 발전적으로 옮긴 것으로 평가된다. 뿐만 아니라 결과적으로는 제1절의 '신명께 축원을' 드리는 마음과 함께 화자의 카추샤에 대한 초점화가 그대로 반영되었다고 볼 수 있다.

제3절의 경우 'せめて又逢ふそれまでは'(적어도 다시 만날 그 때까지는)가 '그나마다시만날、그ᄯᆡᄭᆞ지ᄂᆞᆫ'(그나마 다시 만날 그 때까지는)으로, '同じ姿でゐてたもれ'(똑같은 모습으로 있어주오)가 '지금의이자ᄐᆡ로、라々잇셔쥬게나'(지금의 이 자태로 라라 있어주게나)로 번역되었다. 'せめて'를 제1절에서 '그나마'로 했듯이 여기서도 '그나마'로 하고 있는데 필자로서는 적어도 이 부분은 '적어도'로 하는 것이 더 자연스럽다고 생각한다. 다만 'ゐてたもれ'

를 '있어주게나'와 같이 바꾼 것에 주목하고 싶다. 'たもれ'는 'たまはる'(賜る·給る)의 변형 'たもうる'의 명령형을 축약적으로 표기한 것으로 보이는데, 현대어로는 'くださる', 'くれる', '~てくださる', '~てくれる'의 뜻이며 손아랫사람에게 정중하게 말할 때에 쓰이는 말이다. 화자의 시점이 네흘류도프에 초점화된 원문의 느낌을 이 '~주게나'보다 더 잘 살릴 수 있는 말은 별로 없다고 생각한다.

제4절의 둘째 구 'つらいわかれの涙のひまに'(괴로운 이별의 눈물 사이로)를 '스러운리별눈물、나는동안에'(서러운 이별 눈물 나는 동안에)로 했다. 제1절과 제3절의 'せめて'를 둘 다 '그나마'로 옮겼듯이 형용사 'つらい'는 일관되게 '서럽다'로 통일하고 있다는 점이 눈에 띈다. 다만 원문은 'つらいわかれの涙のひまに'가 7·7의 음수로서 뒷부분이 5음인 다른 절과 달리 뒷부분의 제1음절과 제2음절을 붙여서 간격을 촘촘하게 해서 부르고 있다. 따라서 앞부분은 '괴로운 이별의', 뒷부분은 '눈물 사이로'와 같이 '이별'과 '눈물' 사이에 약간의 휴지부가 느껴지는 데에 반해, 번역문은 앞부분을 '서러운 이별 눈물', 뒷부분을 '나는 동안에'로 하여 '눈물'을 '서러운 이별'로 수식하여 그 의미를 한정한다. 또 원문의 경우는 둘째 구에서 '괴로운 이별의 눈물'이 나는 그 사이사이로 셋째 구의 자연현상이 일어나는 것으로 설명되지만, 번역의 경우는 '눈물'이 나는 것과 동시에 일어나는 것이 된다.

셋째 구의 '風は野を吹く日は暮れる'(바람은 들을 불고 날은 저문다)는 '바람은들을불고、라々날은져무네'(바람은 들을 불고 라라 날은 저무네)로 번역했다. 여기서 '日はくれる'을 '날은 저무네'와 같이 감탄형으로 한 이유는 무엇인가? 이 경우 미묘한 차이지만 객관적 상황을 이야기하기 보다는 서정적 느낌을 주기 때문이 아닐까 생각된다. 앞서 말한 이 부분의 화자는 카추샤에 초점화하면서도 그녀의 인생 역정과 전체적인 상황을 그려가는 작중세계 밖의 전지적 서술 주체이다. 원문과 번역문을 비교하자면 번역문이 오히려

카추샤의 모습을 드라마틱하게 서술하면서 관객의 감성에 호소하는 데에 효과적이지 않았을까 한다.

이러한 점은 제5절에 와서 더욱 확대된다. 'ひろい野原をとぼとぼと'(넓은 들판을 터벅터벅)를 '적막ᄒᆞᆫ넓은들을、차즘々々이'(적막한 넓은 들을 차츰차츰이)로, 'ひとり出て行くあすの旅'(혼자서 길을 나서네 내일의 여행길)를 '호올로써나가는、라々ᄅᆡ일에갈길'(호올로 떠나가는 라라 내일의 갈 길)로 옮겼다. 원문에는 없는 '적막한'과 같은 어휘를 과감하게 도입했다. 사실상 원문의 'ひろい野原'(넓은 들판)는 과연 적막하리라는 생각이 든다. 그런데 'とぼとぼと'에 대해 '차츰차츰이'로 번역한 것은 얼핏 이해가 가지 않는다. 어휘 자체의 사전적 의미로는 '터벅터벅'과 같은 천천히 걷는 모습을 뜻하는 의태어이다. 다만 전체적인 문맥에서 카추샤의 걸음걸이에 초점을 두지 않고 마지막 절인 만큼 적막한 들판에 혼자서 길을 가는 여주인공의 미래를 향한 고독한 전진의 과정을 담아내려 한 것일 수도 있다.

마지막에 'あすの旅'를 '내일의 갈 길'로 번역한 것은 <카추샤의 노래> 한국어 번역의 백미라 하겠다. 한자어가 아닌 일본어 고유어로서 '다비'(旅, たび)에 해당하는 적당한 한국어 어휘를 찾는 일은 쉽지 않기 때문이다. 대부분의 일한사전에는 '여행'으로 간략하게 설명되어 있지만, '다비'가 지니는 독특한 뉘앙스가 있다. 한국어의 '나그네 길' 정도와 비슷하지만 '나그네'라는 주체가 명시되지 않은 행위 그 자체를 말한다. 일본의 어휘사전에는 '① 사는 곳을 떠나서 일시적으로 외지에 가는 것, 또는 주거로부터 떨어진 토지로 이동하는 것. ② 자택 이외의 장소에 임시로 있는 것. 외지에 가지 않는 경우도 말함.……'(『日本国語大辞典』, 小学館)[29] 등으로 나와 있다. 현대 일본어나

---

29 『日本国語大事典』에 의하면, '旅'는 '① 住む土地を離れて、一時、他の離れた土地にいること。また、住居から離れた土地に移動すること。② 自宅以外の所に、臨時にいるこ

한국어가 갖는 '여행'(旅行)이라는 어휘의 근대적 상업적 이미지와 카추샤의 경우와는 전혀 다른 것인 만큼 지금 번역을 한다고 해도 매우 고민스러운 어휘이다. 그런데 문맥에 맞고 음절수에 무리가 없는 '갈 길'이라는 표현을 씀으로써 매우 정확한 답을 찾았다고 생각된다.

이상의 고찰과 분석을 통해 한국과 일본 양국의 대중가요 성립기에 있어서 '번역'의 문제를 <카추샤의 노래>의 일본어 원곡과 한국어 번역곡 가사를 비교함으로써 두 텍스트의 어휘와 구문 구조, 화법, 작중세계 및 서술 구조 등에 관해 분석해 보았다. 일본어 원곡은 7·5조의 기본적 음수율과 'か'[ka]음이 마치 두운처럼 반복되는 리듬감을 살린 음악적 형식을 지니고 있다. 내용의 전달 구조는 화자가 주인공 카추샤와 상대역 네흘류도프에 초점화하기도 하지만 전체적으로는 전지적 존재로서 카추샤의 인생 역정을 원경으로 그리면서 장대한 서사적 흐름을 펼친다. 그럼으로써 청자나 관객의 카추샤에 대한 연민을 불러일으키는 효과를 낼 수 있었을 것이다.

한국어 번역의 경우는 원곡의 기본적 음수율을 철저하게 지키려고 노력한 흔적이 역력한데 이는 공연에 있어서의 가창을 전제로 한 번역이어서 더욱 그럴 것이다. 다만 그래도 정확히 맞지 않는 경우는 악보 등으로 실제 가창 시에 조정하면서 최대한 일본어 원곡의 리듬감을 반영하려 한 것으로 보인다. 두운처럼 기능하는 'か'[ka]음의 반복은 언어가 다름으로 인해 반영할 수 없었을 것이지만 각운 등 다른 방식으로 음향적 규칙성을 냄으로써 정돈된 느낌을 주려한 무의식적(?) 노력의 흔적이 감지된다. 내용의 전달 면에 있어서는 원문의 화자와 시점의 서술 구조를 최대한 살린 번역이 되었다고 할 수 있다. 뿐만 아니라 몇몇 어휘나 표현에 있어서는 번역자의 창작성을 발휘하여 원문보다 더한 재미와 감동을 이끌어내는 기지를 발휘하고 있음을 확인했다.

と。よその土地へ行かない場合でもいう。'로 되어 있음.

상황과 문맥에 따라 다르겠지만 일반적으로 일본어를 한국어로 번역해보면 짧아지는 경우가 종종 있다. 동일한 내용인 경우 일본어의 음절수가 더 많다는 것이다. 따라서 한국어와 일본어 간에는 구문 구조가 비슷하고 같은 한자 어휘를 사용한다고 하더라도 노래 가사의 번역인 경우 음수까지 맞추는 일은 대단히 어려운 경우가 대부분이다. 그렇기 때문에 오히려 번역의 기술이 작용할 수 있는 여지가 많다고 볼 수도 있겠다. 1916년에 이루어진 예성좌의 <카추샤의 노래>의 한국어 번역 <카츄사의 노래>는 이처럼 원문의 뉘앙스를 충분히 살리면서도 번역자의 창의성을 발휘한 명번역으로 평가될 수 있지 않을까 한다.

서양적 멜로디에 일본적(또는 동양적) 정서를 실어 일본 최초의 유행가가 된 <카추샤의 노래>가 한국어로 번역되어 전해지고 사람들이 이렇게 '서양화된 일본'을 신문화의 하나로 여겨 수용하고 일상적으로 부르게 된 상황은 당시로서는 시대의 흐름을 받아들이는 일이었다. 그러나 수동적 위치에서 새로운 문화를 뒤따라가고 흉내 내려고만 했던 것이 아니라 그 흐름에 적극적으로 뛰어들어 자기화하고 내면화해간 노력이 분명히 존재했다. 그 대상과 자신을 보다 조화롭게 만들어 가고자 한 이러한 세세한 흔적들이 대중문화의 텍스트 갈피갈피 속에서 곧잘 발견될 수 있음을 새삼 확인하게 되었다.

식민지 조선의 대중들에게 한국어로 번역된 <카추샤의 노래>는 단순한 노래 이상의 것이었다. 연민의 대상이자 동경의 대상 '카추샤' 자체였고 신문화 자체였고 바로 자기 자신의 모습을 투영한 거울이었다. 1916년은 한국의 이른바 근대 언문일치체가 나타나기 이전이었으며 한국의 대중가요가 태동하기도 한참 전인 시기였다. 소설과 시 등 문학 장르를 통틀어서 일본어를 한국어로 '번역'한 이 시기의 흔치 않은 텍스트인 만큼 가사의 한 글자 한 글자가 매우 소중하게 여겨진다.

제5장

번안을 번역하다

이 장에서는 한국어 대중가요가 성립 전개되는 과정에서 외부 특히 일본어 대중가요 가사 번역이 가져다준 언어적 문화적 영향에 대해 살펴보겠다. 1910년 전후 일본어 창가 등이 한국에 본격적으로 유입되면서 노래 가사를 일본어에서 한국어로 바꾸는 작업이 이루어졌다. 그러나 그 양상은 매우 다양했다. 앞서 살펴본 <카츄샤의 노래>는 언어적으로 매우 충실한 번역이었으나, 1905년 경으로 추정되는 <학도가>는 <철도창가>의 가사와는 전혀 다른 곡이다. 또 그런가 하면 <곤지키야샤>를 옮긴 <장한몽가>는 소설과 연극의 주제가로서 '번안'에 충실한 번역이었다.

제1절 번역과 번안의 여러 층위

제2장에서 언급했듯이 가사에 있어서 언어적 경계를 넘나드는 변환의 패턴은 크게 개사, 번안, 번역의 세 가지로 나눌 수 있다. 개사는 멜로디만 가져오고 원래 가사와는 상관없이 전혀 다른 가사를 붙이는 방식, 또 번안은 원래 가사의 내용은 살리되 일부 요소들을 해당 언어 환경에 맞게 적절히

바꾸어 고치는 방식, 그리고 번역은 원래 가사를 충실하게 해당 언어로 옮겨 재현하는 방식이다. 이러한 세 가지 방식 중 어떤 것이 채택되는가 하는 것은 하나하나의 곡마다 복잡하고 특수한 개별적 사정이 있으므로 일반화해서 설명하기는 곤란하다. 그 곡 나름의 내재적 이유와 함께 특정한 외부 상황과 우연적 요소가 동시에 작용하면서 결정되기 때문이다.

종종 개사와 번안의 결과를 '번안곡'이라 부르고, 번역의 결과를 '번역곡'이라고 한다. 일반적으로 번역(飜譯)이 하나의 언어를 다른 언어로 옮기는 것이라면 번안(飜案)의 사전적 의미는 대개 '원작의 내용을 바탕으로 개작(改作)'하는 것을 이르는 말이다. 그렇다면 이 개사의 경우는 개작의 정도가 심해서 원작의 내용 자체를 완전히 바꾼 것에 해당하므로 흔히 말하는 번안과 구별할 필요가 있다. 그래서 이 책에서는 일단 개사, 번안, 번역으로 나누어 용어화하면서 논의를 전개하고자 한다.

번역과 번안을 엄밀히 구분하는 것도 사실상 무의미하거나 불가능에 가깝다. 이것은 마치 직역(直譯)과 의역(意譯)의 구분이 경우마다 애매해지는 것과 비슷하다. 직역이란 원문 단어 하나하나의 의미에 축어적(逐語的)으로 충실한 번역을 말하고 의역이란 단어나 구절에 얽매이지 않고 전체의 뜻을 살린 번역을 이른다. 어떤 개별적 경우를 놓고서는 사전적 의미를 적용한 100%의 순수한 직역 혹은 의역이 있을 수 없는 것처럼 번역과 번안도 마찬가지이다. 개념적으로 '완전한 번역'이라고 한다면 그것은 원어(출발어)의 의미를 완벽히 재현한 것이고 '완전한 번안'이라고 한다면 번역어(도착어)의 완성도를 극단적으로 높인 경우가 될 것이다. 그러나 실제로 이러한 '완전한' 경우는 존재하지 않는다.

다시 말해 번역에도 어느 정도의 번안적 태도가 필요하고 번안에도 당연히 번역 표현이 개입된다는 것이다. 그러한 의미에서 번안도 넓은 의미의 번역이라고 보는 경우가 있으며 위에 말한 번안과 번역의 경우를 다 넓은 의미의 번역이라 할 수가 있다. 이 두 가지는 겹쳐진 영역이 있을 수도 있고 보기에 따라 다를 수도 있고 또 어떤 기준을 가지려 한다면 그저 원어에 더 충실한지 번역어에 더 충실한지 하는 '정도의 차이'일 뿐이다. 이 두 개념은 대개 편의적으로 사용될 수밖에 없다.

나아가 '번역'의 의미를 언어 밖으로까지 갖고 가서 음악 등 장르적 영역으로 확장한다면 개사·번안·번역 모두를 번역의 범주로 포괄하여 생각할 수 있을 것이다. 따라서 여기서는 개사 및 번안과 번역을 포함한 개념들을 엄밀하게 구분하는 데에 집착하지 않고 어디까지나 상식적으로 받아들여질 수 있는 차원에서 편리하게 사용할 뿐임을 미리 밝혀둔다. 중요한 것은 노래 가사를 통한 한국어와 일본어 간의 이러한 언어·문화적 교섭 현상과 그 결과로서의 텍스트에 대한 고찰을 통해 근대 초기의 시대적 상황을 일면적으로나마 알 수 있다는 것이다. 뿐만 아니라 노랫말을 음미하면서 하나하나의 표현에 깃들인 근대 한일 대중의 일상적 삶과 정서를 사회 문화적 맥락에서 엿볼 수 있을 것이다.

1910년대와 1920년대의 한국은 식민지가 된 상황에서 일본을 통해 서양과 일본의 문물을 받아들이게 되었다. 그런데 이 시기는 한국어의 역사에 있어서도 매우 중요한 전환기였다. 사실상 소위 근대 '언문일치체'라는 새로운 문체가 성립되고 정착되어 가던 시기였다. 한국은 일본보다 근대 문체 혁명에 있어서 30년 가까이 늦었다. 일본의 경우는 1890년대부터 근대적 문체가 정착되어 갔고 한국의 경우는 1920년대가 이에 해당한다. 한국의 1910년대는 이러한 점에 있어서 과도기였다. 이 시기의 일본어 번역은 그래서 오늘날의 것과 달리 언어간 비대칭성이 두드러진다.

일반적으로 최초의 한국어 근대 언문일치체 소설은 이광수(李光洙, 1892~1950)의 『무정(無情)』(1917)으로 본다. 일본의 근대 언문일치체 소설은 후타바테이 시메이(二葉亭四迷, 1864~1909)의 『뜬 구름(浮雲)』(1887~1890)에서부터 시작된다. 동서양을 막론하고 대개의 경우 근대 문체혁명은 소설가들이 주도했다. 왜냐하면 이들은 서술 형식에 자각적일 뿐만 아니라 일상적 언어를 문장 속에서 구현해야 했기 때문이다. 그런데 이 소설가들 중에서도 외국어에 능통한 사람들이 새로운 문체를 고안하는 데에 중요한 역할을 했다. 후타바테이 시메이는 러시아 문학자였고 이광수는 일본어와 영어에 뛰어났다.[1] 변화는 늘 이질적인 것과의 접촉에 의해서 일어난다.

대중음악은 20세기 들어 전 세계적으로 나타난 문화적 현상이다. 레코드라는 음향 기술 복제 미디어의 출현과 라디오 방송에 의한 전달 시스템의 확립에 의해 음악 산업(music industry)이 발달하게 된 과정과 직접적으로 관련되어 있다. 레코드가 일반 가정에 보급되기 시작한 것은 일본의 경우 대체로 1910년대이고 한국(식민지 조선)의 경우는 1920년대인데 라디오 방송의 시작은 각각 일본이 1925년 한국이 1927년이다. 1930년대에는 일본에서나 한국에서나 상업적으로 기획된 수많은 히트곡이 출현하여 노래의 유행 현상을 이끌어갔다.

한일 대중음악이 1910년대에 태동하여 1930년대에 틀이 완성되었음은 앞서 말한 바와 같다. 1910년대는 일본의 경우 메이지(明治) 시대(1868~1912)가 끝나고 다이쇼(大正) 시대(1912~1926)가 시작되어 다이쇼 데모크라시(大正デモクラシー)라 불릴 정도로 그 이전에 비해 다소 자유분방한 시대적 분위기가 형성되었다. 한국의 경우는 1910년 한일강제병합에 의해 조선총독부에

---

1 이광수는 17세 때인 일본 유학 중에 언문일치체 일본어 소설 『사랑인가(愛か)』(1909)를 발표하는데 그는 이 무렵 이미 근대적 문체의 언어 표현 방식을 체득하고 있었다. 후타바테이 시메이는 『뜬 구름』 집필 중이던 1888년 러시아의 문호 투르게네프(Ивáн Сергéевич Тургéнев, 1818~1883)의 『사냥꾼의 일기(Записки охотника, 1847~1851)』의 일부를 「밀회(あひゞき)」로 번역하여 발표한다. 이때의 자연묘사 문체가 일본의 근대 언문일치체 형성에 큰 영향을 주었다.

의한 일본의 직접적인 식민지 통치가 시작되었으나 1919년 3·1운동과 1920년대 이후 문화정책의 영향 등으로 대중문화가 전개될 기반이 마련되었다고 할 수 있다.

일본이나 한국이나 이러한 미디어의 발달과 시대적 여건의 성숙 외에 대중가요가 발생하고 전개될 수 있는 내용적 조건이 갖추어진 것은 좀 더 오래전부터였다. 대중가요가 태동하기에 앞서 창가라는 새로운 양식의 과도기적 노래 장르가 있었고 이 창가의 형성과 발달에는 서양음악의 도입이 선행적으로 작용했다. 서양음악이 동아시아에 전해지는 루트는 크게 세 가지 즉 군악대에 의한 군악과 기독교 선교에 따른 찬송가 그리고 학교 교육을 통한 교육창가였다. 일본의 경우 처음에는 군가가 나중에는 교육창가가 주도적으로 서양음악을 수용했고 한국의 경우는 주로 찬송가의 영향으로 음악에 있어서의 서양적 감수성이 형성되었으리라 생각된다.

그런데 서양의 노래들이 받아들여지는 초기에는 '번역'이나 '번안'보다는 '개사' 방식이 두드러진다. 일본의 경우 이사와 슈지 등이 만든 최초의 근대 음악교과서 『소학창가집』 초편에 수록된 <멀리 보니>, <나비>, <반디>와 같은 번역창가[2]의 경우 가사는 모두 원곡의 가사와 전혀 관련이 없는 새로 창작된 것들이다. 한국의 경우도 오늘날 <애국가>의 모체가 된 가사[3]나 최남

---

2 이 시기 이후 1910년대까지의 교육용 창가 대부분이 서양의 곡을 그대로 가져와서 가사만 바꾼 형태였는데 이를 '번역창가'라고 부른다. 여기에서의 '번역'의 의미는 가사의 언어를 '번역'했다는 의미가 아니라 곡을 차용했다는 뜻이다.

3 1896년 독립문 정초식에 참가한 배재학당 학생들이 만들어 불렀다는 작사자 미상의 <애국가>는 "성자신성 / 오백년은 우리 황실이요 / 산수고려 동반도는 / 우리 본국일세 / 무궁화 삼천리 화려강산 / 조선사람 조선으로 길이 보존하세"로 되어있다. 이 곡의 멜로디는 일본에서는 권학가 <반디>로 개사된 스코틀랜드의 민요 <Auld Lang Syne>을 차용했다. 이후 1908년 윤치호(尹致昊, 1865~1945)가 편찬한 『찬미가』 제14장에 같은 멜로디의 곡이 수록되었는데, 그 가사는 "동해물과 백두산이 말으고 달토록 / 하나님이 보호하사 우리대한 만세 / 무궁화 삼천리 화려강산 / 대한사람 대한으로 길히 보전하세"였다. 이것이 현재 <애

선(崔南善, 1890~1957)이 작사했다는 <경부텰도노래>(1908)[4]가 그러하다. 외국어 노래를 도입할 때 원래 가사의 내용을 살리지 않고 당시에 자신들에게 필요한 전혀 다른 내용으로 옮긴다는 것은 어찌 보면 매우 주체적이고 자각적인 문화 수용에 해당된다.

그러나 이것은 그리 단순한 문제가 아니고 여러 정황을 충분히 고려해야만 실상을 정확히 알 수 있는 것이다. 외국 노래를 수용하면서 외국어 원곡의 가사를 하나하나 충실하게 자국어로 옮기는 '번역' 행위야말로 대단히 자각적이고 능동적인 문화 수용의 태도에 속한다. 애초에 음악적으로 판이한 외국의 악곡과 그에 딸린 외국어 가사에 대해 곡의 분위기와 매력을 살리면서 자국어 가사로 옮긴다는 것은 간단한 작업이 아니다. 오히려 아예 다른 가사로 바꾸는 것이 훨씬 손쉬운 일일 수 있다. 가사의 번역은 번역자의 언어적 역량과도 관계된 일이겠지만 언어나 문화적으로 너무나도 이질적이어서 적절하게 옮길 공통의 기본 개념이 부족할 경우 '개사'를 택하는 편이 더 쉽고 안전한 방식인 것이다.

앞서 말한 1880년대 초『소학창가집』의 경우 서양 노래를 옮긴 일본어 가사가 대부분 일본의 고전이나 중국 고사의 내용에서 가져온 것이라는 점도 이를 대변한다. 메이지시대 당시의 개사자(改詞者)들이 그 후대의 사람들에 비해 더 주체적이라서가 아니라 그저 자신들에게 익숙한 방식을 택했기 때문

국가>의 가사로 이어지게 되었다. 민경찬, 「한국 근대 양악사 개론」, 민경찬 외, 『동아시아와 서양음악의 수용』 음악세계, 2008, p.51 참조.

4 일본에서는 <고향의 하늘>(故郷の空)로 개사된 스코틀랜드 민요 <Comin' Thro' the Rye>가 원곡이다. 최남선 작 <경부텰도노래>의 가사는 "우렁탸게 토하난 긔덕소리에 / 남대문을 등지고 ᄯᅥ나 나가서 / 발니 부난 바람의 형세 갓흐니 / 날개 가딘 새라도 못ᄯᅡ르겠네 / 늘근이와 됾은이 석겨 안젓고 / 우리네와 외국인 갓티 탓스나 / 내외 친소 다 갓티 익히 디ᄂᆡ니 / 됴고마한 딴 세계 뎔로 일웟네"이다. 박찬호, 『한국가요사 1』, 안동림 역, 미지북스, 2009, p.35.

이라는 설명도 가능하다. 일본보다 20여 년 개국이 늦은 한국은 1880년대부터 찬송가를 위주로 서양 음악을 받아들였는데 한일강제병합이 이루어진 1910년 전후 한반도에서 일본의 지배력이 강화될 무렵부터는 일본 곡의 본격적인 번역과 번안이 나타나기 시작했다. 이 경우에도 대부분 원곡의 가사 내용을 완전히 바꾼 개사곡이 주를 이루었다.

제2절 개사곡의 시대—<철도창가>와 <학도가>

개사곡의 대표적인 예로서 1900년 오사카의 출판사 쇼분칸(昇文館)이 경영난 타개를 목적으로 제작한 <철도창가(鉄道唱歌)>가 한일강제병합을 전후한 1910년에 <학도가(學徒歌)>로 '개사'되어 널리 불리어진 경우를 들 수 있다. 일본 전국에 철도망이 완성된 것을 가사에 반영하여 총 334절로 만든 원곡은 오와다 다케키 등에게 작사를 오노 우메와카(多梅稚, 1869~1920)에게 작곡을 의뢰하여 탄생한 기획 상품이었다. 제1절의 가사는 다음과 같다.

> 汽笛一声新橋を　はや我汽車は離れたり
> 愛宕の山に入り残る　月を旅路の友として
> (기적 일성을 울리며 신바시를 벗어나 드디어 우리 기차는 떠나가는데
> 아타고산에 이르니 산에 걸린 달님은 나그네의 길동무로다)[5]

이처럼 원곡의 가사는 각 절 마다 지나는 역을 하나씩 순서대로 배치하여

---

5 일본어 자체가 문어문인 관계로 축어적 번역 다시 말해 직역만으로는 의미를 충분히 전달하기 어려움에 따라 다소 의미를 보강하여 필자가 풀어서 옮김.

엮어가는 방식을 통해 1900년 당시 일본 전국의 역 숫자만큼 열거하면서 각 지방의 특징과 풍물을 소개하고 있다. 이 노래의 멜로디만을 차용한 <학도가>는 때로는 창가로 때로는 초기의 대중가요로 취급되는데 당시 민간에 대한 파급력의 면에서 볼 때 한국 대중가요사에서 매우 중요한 위치를 갖는 곡임에 틀림없다. 이 곡의 가사는 1910년대 이후 일제강점기와 해방 후를 거쳐 오늘날까지 수많은 버전을 갖고 있지만 1910년대 당시를 기준으로 보자면 크게 다음 두 가지로 나누어진다.

> ① 학도야 학도야 청년학도야 / 벽상의 괘종을 들어보시오
> 한 소리 두 소리 가고 못 오니 / 인생의 백 년 가기 주마(走馬) 같도다[6]

> ② 青山 속에 뭇친 玉도 / 갈아야ᄆᆞᆫ 光彩 나네
> 落落長松 큰 나무도 / 짝가야ᄆᆞᆫ 棟樑 되네
> 工夫ᄒᆞᄂᆞᆫ 青年들아 / 너의 職分 잇지 마라
> ᄉᆡ벽달은 넘어가고 / 東天朝日 빗초 온다[7]

①은 동경 유학생들이 긴 방학을 마치고 일본으로 돌아갈 때 남대문역(현

---

6 제2절은 "동원춘산(東原春山)의 방초녹음(芳草綠陰)도 / 서풍추천(西風秋天)에 황엽(黃葉) 같구나 / 제군(諸君)은 청춘소년 자랑 마시오 / 어언에 명경백발(明鏡白髮) 가석(可惜)하리라" 제3절은 "학도야 학도야 생각하여라 / 우리의 할 일이 그 무엇인가 / 자나 깨나 쉬지 말고 학문 넓혀서 / 좋은 사람 되는 것이 이것 아닌가" 박찬호, 앞의 책, p.37. 이후 가사의 인용은 이영미·이준희, 『사의 찬미(외)』, 범우, 2006; 한국음반아카이브연구단, 『한국유성기음반』 제1권~제4권, 한걸음더, 2011, 『オリジナル盤による 昭和の流行歌 <別冊解説書>』, 日本コロムビア株式会社, 1998을 참조하여 가사 표기를 확인, 음반번호와 연도를 기입함.

7 위의 책, p.39.

재 서울역) 플랫폼에서 합창한 것이 시초[8]라고 알려져 있다. ②는 1910년 5월 대한제국 학부에서 간행된『보통교육창가집』제1집에 수록된 가사로서 확실하지는 않으나 최남선이 지은 것[9]으로 알려져 있다. ①의 경우는 민족정신을 고무시키는 애국적 창가로 분류되는 데 반해 ②의 경우는 통감부가 애국 창가에 대한 대응책으로서 거리에서 민중들이 부르던 것과는 가사를 달리 해서 보급한 것으로 추정된다. 그러므로 이 시기의 <학도가>는 멜로디는 같되 하나는 애국 창가로서 다른 하나는 관제 창가로서 역할을 했다. 일반적으로 민중들은 애국창가로서의 <학도가>를 더 선호했을 것으로 보인다.

원곡에 대한 이와 같은 번역 방식은 말할 것도 없이 '개사'에 해당한다. 내용적으로 철도와는 아무런 관련이 없는 학생 계몽적 권학(勸學)을 내용으로 한 가사이다. 당시 '학도야 학도야~'는 여러 노래에 공통적으로 응용되고 유통되었던 일종의 유행어와 같은 구절이었던 것 같다.[10] 더구나 이 개사 방식은 내용뿐만 아니라 형식의 면에서도 거의 원곡의 일본어 가사를 염두에 두거나 의식한 흔적은 보이지 않는다. 원곡의 가사가 일본 시가의 전통적 음수율인 7·5조인데 반해 번역곡 ①의 가사는 3·3·5(=6·5) 또는 5·5나 4·4·5(=8·5)조가 주를 이루면서 전개된다. ②의 경우는 더욱 안정적인 4·4조이다. 적어도 이때까지는 7·5조가 전면적으로 받아들여지지 않았고 멜로디를 갖춘 노래를 여러 사람이 목소리 맞춰 부른다는 양식적 특성만을 받아들인 것으로 보인다.

그러나 '권학'은 근대국민국가의 이데올로기이자 애국계몽운동의 이데올로기이기도 하다. 더 깊게는 사회진화론에도 유교에도 공통된 이념에 바탕을

---

8 위의 책, p.37.

9 위의 책, p.39.

10 1905년 평양 서문 밖 소학교의 연합운동회에서 불리어 한국 창작음악 제1호로 알려진 김인식(金仁湜, 1885~1963) 작사 작곡의 <학도가> 역시 첫 부분이 '학도야 학도야~'로 시작된다.

두고 있다. 메이지 정부의 정책 기조에서 교육입국(教育立國)은 문명개화(文明開化)나 부국강병(富國强兵) 못지않게 국가의 명운(命運)을 건 슬로건이었다. 1870년대 일본에서 베스트셀러가 된 후쿠자와 유키치의 『학문의 권유』(学問のすゝめ, 1872~1876)는 국가적 목표인 부국강병을 개인적 입신출세(立身出世)의 연장선상에서 바라본 획기적인 텍스트였다. 항일 및 반(反)식민지의 기조에서 전개된 애국계몽운동가 유길준(兪吉濬, 1856~1914) 등의 언론·출판·교육의 자강(自强) 운동과 뒤이은 실력양성론 역시 비슷한 맥락에서 이해할 수 있다.

19세기 말 20세기 초의 동아시아는 바로 철도로 대표되는 문명개화에 대한 동경이 교육의 필요성과 자발성으로 번역되고, 유교의 '근학(勤學)' 개념과 사회진화론 그리고 애국적 계몽과 근대적 실용 학문이 하나의 멜로디에 실려 전달되는 공간이었던 것이다. 여기서 우리는 당시 동아시아인들의 '적자생존'에 대한 강렬한 욕망과 같은 것을 읽을 수 있다. 이렇게 보면 문명개화와 부국강병 그리고 교육입국 및 입신출세나 애국계몽, 이 모두가 제각각 별개의 개념이 아닌 것이며 어찌보면 근대적 욕망이라는 동일한 자장(磁場) 안에서 움직이는 상호 연동된 것이라고 하겠다. 이러한 시대적 조건 속에서 <철도창가>는 <학도가>로 '개사'되었던 것이다.

제3절 번안 소설의 주제가를 '번역'하다－<장한몽가>

한국에서 이수일과 심순애의 이야기로 잘 알려진 신소설 『장한몽(長恨夢)』(1913)의 원작은 일본의 소설가 오자키 고요(尾崎紅葉, 1868~1903)가 쓴 『곤지키야샤(金色夜叉)』(1897~1902)이다.[11] 『곤지키야샤』는 1897년 1월 1일부터 1902년 5월 11일까지 『요미우리신문(読売新聞)』에 「전편(前編)」, 「중편(中編)」,

「후편(後編)」, 「속 곤지키야샤(続金色夜叉)」, 「속속 곤지키야샤(続続金色夜叉)」, 「신속 곤지키야샤(新続金色夜叉)」의 여섯 편으로 이어지면서 연재된 신문소설이다. 특이하게도 신문 연재중인 1898년 당시부터 각색되어 일본의 신파(新派) 무대에서 인기리에 상연되고 있었다. 또 집필 중 미완성인 채로 작가가 사망하여 결말을 보지 못했으나 그의 문하생 오구리 후요(小栗風葉, 1875~1926)가 줄거리를 이어가서 1909년에 『곤지키야샤종편(金色夜叉終編)』을 신초샤(新潮社)에서 단행본으로 간행한다.

이러한 『곤지키야샤』를 한일강제병합 초기인 1913년 조선총독부의 기관지인 『매일신보(毎日新報)』에 조중환(趙重桓, 1863~1944)이 『장한몽』이라는 제목으로 번안 연재했다. 조중환은 주인공인 학생 하자마 간이치(間貫一)를 리수일(李守一)로 그의 약혼녀 시기사와 미야(鴫沢宮, 오미야[お宮]라고 부름)를 심순애(沈順愛)로 부자 도미야마 다다쓰구(富山唯継)는 김중배(金重培)로 바꾸고, 장소도 아타미(熱海) 해변을 대동강(大同江) 강변으로 설정하는 등 독자들에게 친숙한 인명과 지명을 사용했다. 같은 해에 조선 최초의 신파 극단 혁신단(革新團)에 의해 무대 공연이 이루어짐으로써 조선에서도 소설과 함께 엄청난 반향을 불러왔다.

1918년에는 닛카쓰(日活)에서 『곤지키야샤』가 영화화되면서 고토 시운(後藤紫雲)과 미야지마 이쿠호(宮島郁芳, 1894~1972)라는 두 사람의 엔카시(演歌師)에 의해 주제가인 <곤지키야샤>가 만들어졌다. 사실은 1909년 엔카시의 제왕이라 불리던 소에다 아젠보(添田唖蝉坊, 1872~1944)가 먼저 <곤지키야샤> 노래를 만들어 불렀으나 크게 유행하지는 못했다. 왜냐하면 앞부분의 풍경묘사가 지나치게 길어서 이러한 서사시적 장대함이 대중의 호응을 얻지 못했

11 인명과 지명이 바뀐 것 외에 내용은 거의 같으나 원작의 복잡한 줄거리 구성보다 다소 단순화되고 해피엔딩으로 마무리된다는 약간의 차이가 있다.

던 것이다.[12] 이에 비해 고토 시운과 미야지마 이쿠호의 <곤지키야샤>는 곧 바로 아타미 해변을 거니는 두 주인공이 등장하는 극적 전개 방식을 취했고 이것이 좋은 반응을 얻을 수 있었다고 여겨진다.

이 노래는 얼마 지나지 않아서 한국에서도 <장한몽가(長恨夢歌)>(1920)로 번역되어 공연에 삽입되었고 소설과 연극만큼이나 대중적 인기를 모았다. 이 한국어 가사가 누구에 의한 번역인지는 아직 밝혀지지 않고 있다. 정황적으로 볼 때 신파 무대를 위해 제작되었을 것인 즉 당시 신파극단 관계자들 중 한 사람이었을 가능성이 크지 않을까 한다. 적어도 원작 『곤지키야샤』의 내용과 번안작 『장한몽』의 내용을 모두 알고 있는 사람이었을 것으로 추측된다. 그 내용과 표현에 관해 제1절부터 제7절까지의 일본어 원곡 가사와 직역 그리고 한국어 번역 가사를 나란히 대조해 살펴보면 다음과 같다.

熱海の海岸散歩する	아타미 해변을 산보하는	대동강변부벽루에산보하는
貫一お宮の二人連れ	간이치 오미야 두 사람	리수일과심순애의양인이로다
共に歩むも今日限り	함께 걷는 것도 오늘까지	악수논정하는것도오날쌘이오
共に語るも今日限り	함께 말하는 것도 오늘까지	보보행진산보함도오날쌘이라
僕が学校おわるまで	내가 학교를 마칠 때까지	수일이가학교를맛칠쌔까지
何故に宮さん待たなんだ	어째서 미야상 못 기다리느냐	순애야엇지하야못참엇드냐
夫に不足が出来たのか	남편에게 부족함이 생긴 것이냐	남편의부족함이잇는연고냐
さもなきゃお金が欲しいのか	그게 아니면 돈이 좋은 것이냐	그 외에금전이탐이나드냐
夫に不足はないけれど	남편에게 부족함은 없지만	랑군의부족함은업지마는
あなたを洋行さすがため	당신을 서양 유학시키려고	당신을외국유학식히려고
父母の教えに従いて	부모님의 가르침에 따라	부모님의말삼대로순종하야셔
富山一家に嫁ずかん	도미야마 일가로 시집가요	김즁배의집으로시집을가오

12 (株)スタジオ・ジャンプ編, 『日本の映画 こころの歌』, 東宝音楽出版(株), 1992, p.12 참조.

如何に宮さん貫一は	어째서 미야상 간이치는	순애야반병신된리수일이나
これでも一個の男子なり	이래 뵈도 일개 사나이로다	이래뵈도일개의의긔남아라
理想の妻を金に替え	이상의 아내를 돈과 바꾸어	리상의나의쳐를돈과박구워
洋行するよな僕じゃない	유학 갈 것 같은 내가 아니다	유학을하려하는내가안니다
宮さん必ず来年の	미야상 반드시 내년이 되면	순애야반다시래년이오면
今月今夜のこの月は	이 달 이 날 밤 이 달은	금일금야도다잇는져기져달을
僕の涙で曇らせて	내 눈물로 흐리게 해서	나의피눈물노흐리게하야
見せるよ男子の意気地から	보이겠다 사나이 의지로써	보이도록하리로다남아의긔상
ダイヤモンドに目がくれて	다이아몬드에 눈이 어두워	「다이아몬드」에눈이어두워
乗ってはならぬ玉の輿	타서는 안 되네 옥 가마	반기여타지마라유사사인교(四人轎)
人は身持ちが第一よ	사람은 몸가짐이 제일이고	여자는절개가뎨일이되고
お金はこの世のまわり物	돈은 세상에 돌고 도는 것	금젼은륙대주에돌고도는것
恋に破れし貫一は	사랑에 패배한 간이치는	오애(惡愛)에실망당한리수일이는
すがるお宮を突き放し	매달리는 오미야를 뿌리치고	옷깃잡는순애를떨처바리고
無念の涙はらはらと	아쉬움의 눈물을 펑펑	장한(長恨)의피눈물이압흘가리워
残る渚に月淋し	넘치는 물결에 달은 외로워	셔산경월(西山傾月)져달빗이더 욱셜구나
	(필자에 의한 직역)	(일축죠션소리반 K549, 1925)

전체가 7절까지인데 각 절마다 4행시의 창가 형식으로 엮어져 있다. 소설을 한 곡의 노래로 만들다보니 원곡 가사 자체가 매우 긴밀한 구성을 갖고 있는 것으로 평가된다. 또한 서술 구조에 있어서도 시점의 이동이 두드러진다. 제1절은 화자의 객관적 서술, 제2절은 남자 주인공의 시점에서 그리고 제3절은 여자 주인공의 시점에서, 다시 제4절과 제5절은 남주인공, 제6절과 제7절은 화자의 객관적 서술 순으로 전개되는데 이러한 시점의 교체와 등장인물의 대화식 구성을 통해 현장감을 잘 전해주고 있다. 제6절의 경우 여주인공에 대한 훈계가 들어 있는바 남주인공의 대사로 볼 수도 있고 화자의 서술로 볼 수도 있겠다. 문제는 이 짧은 7절 구성을 통해 소설 전체에서 가장

중요한 부분이 극적으로 드러나 이야기를 모르는 사람에게도 줄거리를 짐작케 한다는 것이다.

한국어 가사를 보면 소설이 '번안'된 것을 반영해서 인명과 지명을 바꾸었으므로 노래의 가사도 '번안'된 것이라 할 수 있지만, 그 이외의 내용은 거의 원곡 그대로 한 행 한 행을 옮겨놓은 충실한 '번역'이다. 노래 자체를 놓고 볼 때도 특히 제1절부터 제7절까지 남녀 주인공의 시점(가창시에는 남녀 가수의 목소리가 됨)이 교대로 등장하는 원곡 가사의 서술방식을 답습하여 옮겨놓고 있다. 노래 가사에 등장하는 이 장면은 원작 소설로 말하자면 「전편」 제8장인데 아타미 해변에서 남자 주인공 간이치가 자신에게 매달리는 여자 주인공 오미야를 발로 걷어차는 그 유명한 하이라이트 부분에 초점을 맞추고 있다. 번역 가사는 그 상황과 분위기를 한국어로 잘 살리고 있다.

다만 1910년대 당시의 일본어와 한국어의 차이일 수도 있으나 세부적인 표현에 있어서는 몇 가지 차이점에 주목할 필요가 있다. 우선 인물의 고유명에 있어서 원작에 대한 번안작의 대응에 따라 '간이치(貫一)'는 '리수일'로 '오미야(お宮)'는 '심순애' 또는 '순애'로 옮기고 있고 간이치의 입장에서 오미야를 직접 부르는 호칭인 '미야상(宮さん)'은 '순애야'로 적절히 옮겨졌다. 그런데 간이치의 입장에서 1인칭 대명사 '보쿠(僕)'는 제4, 5절에서는 '나'이지만 제2절에서는 '수일이'라고 하여 남자 주인공이 자기 스스로를 이름으로 지칭하는 것처럼 되어 있다. 그러나 이러한 것은 원문 제4절에서도 대사 속에서 스스로를 '간이치'로 자칭하는 경우가 있으며 한국어 역시 '리수일'로 되어 있다.

이러한 사소한 차이는 아마도 무대에서 노래를 부르는 것을 전제로 한 번역인 만큼 음절수(音節數)를 맞추기 위한 것으로 보아도 될 것 같다. 대체로 음절수에 있어서 큰 차이는 없으나 양 언어 모두 대체로 7·5조의 율격이 의식적이든 무의식적이든 바탕에 깔려있음을 감지할 수 있다. 그러나 한국어의 경우 의미 단위나 말할 때의 일상적인 호흡에서 볼 때 7·5로 봐야할지 3·4·5 또는 4·4·5로 봐야할지 확정하기 힘든 면이 있다. 이는 앞서 설명한 7·5조 도입 이전의 <학도가>와 비교할 때 이 시기의 일종의 과도기적 양상으로 이해된다.

더 중요한 차이는 일본어 가사는 기본적으로 문어체이긴 하지만 평이한 말투임에 반해 한국어로는 '악수논정(握手論情)' '보보행진(步步行進)' '오애(惡愛)' '셔산경월(西山傾月)'과 같이 원문에 없는 한문 투의 표현을 사용한 점이 눈에 띈다. 또 그 외에 일본어 원곡 가사에 비해 다소 원색적이고 과격한 표현이 눈에 띈다. 원문에는 없는 '반병신된리수일'이라든지 '눈물(涙)'이 '피눈물'이 된다든지 하는 것이다. 전자의 경우는 1910년대 말에서 20년대 초의 시기가 아직 한국어 근대 언문일치체가 확립되지 않은 시기인 관계로 크게 부자연스럽지 않은 표현이었을 것으로 여겨진다. 그러나 후자는 문화적 차이로 봐야 할 것 같다.

원작의 '간이치'나 번안작의 '리수일' 모두 100년 전의 인물로서 그 당시에 개연적인 남성상을 반영하고 있다고 봐야 할 것이다. 사랑하는 여인에게 금전적인 이유로 배신을 당했다고 해서 격분을 참지 못하고 상대편을 저주한다든가 이후에 극단적인 배금주의자가 되는 것은 지금으로 말하자면 쿨(cool)하지 못한 대응이다. 문제는 번안작인 한국어 가사의 경우 그 격렬함이 원작의 정도에 비해 강렬하고 좀 더 거친 말투로 쏟아져 나온다는 점에 있다. 흔히 완곡어법이라고 말하는 일본어 표현에 비해 한국어는 직설적이고 직정적(直情的)이라는 일반의 견해를 받아들여 이해해야 하는 것인지. 다만 이러한 것은 무대화되면서 관객에게 자극적으로 호소하기 위해 과장된 측면도 있다는 점을 고려해야 할 것이다.

가사의 번역과 직접적인 관련은 없으나 원곡의 멜로디와 번역곡의 멜로디는 분위기가 상당히 다르다. 원곡은 구슬픈 가락에 길게 늘어지는 로쿄쿠(浪

曲)조인데 비해 번역곡은 단순하고 경쾌한 행진곡 풍이다. 물론 이러한 차이에는 음악적인 이유도 있을 것이지만 당시의 신파(新派)를 감상하는 관객이 어떤 것을 선호했는가 하는 문제가 그 실마리를 제공할 수도 있을 것이다. 1910년대와 20년대에 조선의 관객은 금전에 우롱당하는 현실의 비애를 곱씹으며 격분을 내면화해가는 동시대 일본의 관객에 비해, 솔직하게 격정(激情)을 토로하는 주인공과 이를 경쾌하게 그려가는 스토리 진행 그리고 해피엔딩으로 마무리되는 결말을 보면서 감동하고 박수를 보냈는지도 모른다.

소설이면서 신파극으로 무대화된 ≪곤지키야샤≫는 ≪장한몽≫으로 '번안'되었고 주제가인 <곤지키야샤>는 <장한몽가>로 '번역'되었다. ≪곤지키야샤≫는 <곤지키야샤>를 파생했고 이와 같은 방식으로 ≪장한몽≫은 <장한몽가>를 낳았다. <장한몽가>는 노래만을 번역한 것이 아니었고 노래로의 파생 방식을 번역한 것이었다. <장한몽가>로의 번역은 언어적 영역을 초월하여 번안을 번역한 이중적 생산구조를 통해 문화의 상품화와 유통 메카니즘까지를 입체적으로 카피(copy)한 것이라 할 수 있다. 결국 <장한몽가>는 소설처럼 '번안'된 것이면서 여러 가지 면에서 충실한 '번역'의 성격을 갖고 있었다고 하겠다.

제6장

유행의 번역, 번역의 유행

이 장에서는 대중가요에 있어서 일본어의 한국어 번역뿐만 아니라 한국어 가사가 일본어로 번역된 경우를 검토하면서 양 언어 간의 교섭 양상을 고찰한다. 아울러 노래 가사의 번역이 갖는 문화적 의미를 생각해보고자 한다. 제국의 언어와 식민지 언어 사이에 일종의 위계가 존재했지만 그렇다고 해서 일본어가 한국어에 일방적으로 영향을 주기만 한 것은 분명 아니기 때문이다. 특히 1930년대 이후는 한국어 대중음악의 발신이 두드러졌다.

제1절 유행의 시대 <사의 찬미> <도쿄행진곡>

일본의 식민지가 된 한국은 1910년대부터 일본의 정치·경제·군사적 지배하에서 문화적으로도 많은 영향을 받게 되었다. 1916년 극단 예성좌에서 공연한 ≪부활≫의 주제곡으로 <카추샤의 노래>가 한국어로도 번역되어 대대적으로 유행했다는 것은 앞서 살펴보았다. 또 <장한몽가>도 대중의 많은 사랑을 받으며 불리었다. 그러나 1910년대와 1920년대 초까지는 레코드 보급에 있어서 일본과는 현격한 차이가 있었다.

레코드 발매 부수 면에서 한국 최초의 유행가라 할 수 있는 것은 1926년 루마니아 작곡가 요지프 이바노비치(Iosif Ivanovici, 1845~1902)의 왈츠곡 <다뉴브강의 물결>(Valurile Dunării, 1880)에 한국어 가사를 붙인 윤심덕(尹心悳, 1897~1926)의 <사(死)의 찬미(讚美)>이다. 한국 최초의 소프라노 가수 윤심덕은 유부남인 극작가 김우진(金祐鎭, 1897~1926)과 이룰 수 없는 사랑을 비관, 일본에서 레코드 취입을 마치고 돌아오던 배에서 그와 함께 현해탄에 몸을 던져 자살한 것으로 큰 화제가 되었다. 사건 직전에 예정에 없던 곡을 녹음했는데 그것이 다음과 같이 염세적 가사로 된 <사의 찬미>이다.

1. 광막한 광야에 달리는 인생아
너의 가는 곳 그 어데이냐
쓸쓸한 세상 험악한 고해를
너는 무엇을 찾으러 가느냐

(후렴) 눈물로 된 이 세상은
나 죽으면 고만일까
행복 찾는 인생들아
너 찾는 것 허무

2. 웃는 저 꽃과 우는 저 새들은
그 운명이 모두 다 같구나
삶에 열중한 가련한 인생아
너는 칼 우에 춤추는 자로다

3. 허영에 빠져 날뛰는 인생아
너 속였음을 네가 알겠느냐
세상의 것은 너의게 허무니
너 죽은 후에 모두 다 없도다

이바노비치는 이 곡을 1889년 파리 박람회에서 연주하여 1등 상을 받고 세계적으로 유명해졌다. 일본에는 일찍이 1890년대에 <도나우강의 잔물결(ドナウ河の漣)>로 소개가 되어 군악대 등에서 연주가 되었던 것으로 보인다.[1] 원래 기악곡이었으나 다무라 데이이치(田村貞一, ?~?)가 작사하여 1902년에 게이오대학(慶應大学) 남성 합창단 바그너 소사이어티(ワグネル・ソサエティー) 제1회 연주회에서 처음 불리었다고 한다.[2] 윤심덕의 <사의 찬미>는

---

1 https://www.youtube.com/watch?v=ermFrBxaMbo(2025년 8월 30일 검색).

2 https://www7b.biglobe.ne.jp/~gakuraku/renshuu_090803.html(2025년 8월 30일 검색).

이 가사와는 내용적으로 아무런 관련이 없는 듯하다. 당시 일본에서 음악의 최고 학부를 다닌 클래식 음악 전공자 윤심덕은 아마도 이 곡을 잘 알고 있었을 것이고 일본어 가사도 들어서 알고는 있었을 것이다. 그러나 애초에 기악곡으로 발표된 원곡을 더 중시했을 것이며 그 아름다운 선율에 자신의 비관적 심경을 투영하여 스스로 작사를 하여 부르고 녹음까지 한 것이다. 그 후로도 많은 사람이 제각각 다르게 작사를 했다. 다음은 가장 많이 알려진 다무라의 가사이다.

月は霞む 春の夜	(봄날 달빛 어스름한 밤
岸辺の桜 風に舞い	강변의 벚꽃 바람에 춤추고
散りくる花の ひらひらと	떨어지는 꽃잎은 하늘하늘
流るる川の 水の面	흐르는 강물 수면 위로
棹さすささ舟 砕くる月影	작은 배 노 저어 부서지는 달그림자
吹く笛さそう 花の波	피리 소리 부르네 꽃 물결아
調べゆかし 笛の音に	그윽한 피리 가락에
横雲垂れて 水ゆるぐ	가로로 드리운 구름에 흔들리는 물결
流れのままに ささ舟の	흐름에 몸을 맡긴 작은 배
そのゆく末や 春おぼろ	봄날의 아스라한 꿈을 향해
棹さすささ舟 砕くる月影	작은 배 노 저어 부서지는 달그림자
吹く笛さそう 花の波	피리 소리 부르네 꽃 물결아)

[번역은 필자]

1920년대 후반이 되자 레코드 회사는 기획·제작·광고를 통해 대중에 접근하고, 작사·작곡·연주의 분업이 이루어져 음악 산업의 시스템이 확립된다. 이와 같은 노래의 대량생산 체제로 구조가 전환된 것은 레코드의 전기(電氣) 취입 방식 등 새로운 녹음 설비를 갖춘 외국계 레코드 회사의 일본 진출이 있었기 때문이다. 미국의 빅터 Victor사와 영미계 콜롬비아 Colombia사의 일본 진출이 대표적인 예이다. 이러한 전환은 쇼와 시대 초기의 미국식 소비

문화의 수입과 함께 모던 스타일의 대중문화가 맞물려 노래를 '구매'하고 '소비'하는 대중을 출현시키게 되었다.

한편 1925년에는 도쿄방송국(東京放送局, 호출부호는 JOAK)[3]이 개국됨으로써 일본 최초의 라디오 방송이 시작되었다. 이는 당시 일본축음기상회(日本蓄音機商會) 등 일본 국내의 레코드 회사에게는 커다란 위협이었다. 그러나 예상과 달리 방송은 노래의 고객을 빼앗아가는 것이 아니라 소비자 대중에게 레코드를 광고하는 방향으로 전개되어 고객층을 비약적으로 확산시키는 정반대의 결과가 되었다. 이러한 상황의 변화 속에서 레코드회사는 각각 새로운 활로를 모색하여 일본의 기업과 외국계 기업이 합병하고 나아가 방송국과 제휴함으로써 오히려 대자본에 의한 노래의 '대량생산'이 가능해졌다.

또 이 시기에 미디어 간의 협업체제가 성공적으로 이루어지는 것도 주목할 일이다. 1929년 일본 빅터사에서 모던 도시의 풍경을 그린 사이조 야소(西條八十, 1892~1970) 작사, 나카야마 신페이 작곡으로 사토 치요코(佐藤千夜子, 1897~1968)가 부른 <도쿄행진곡(東京行進曲)>이 그 대표적인 예이며 25만 매의 판매를 기록한 것은 그 이전에는 상상할 수 없는 일이었다. 이는 같은 해 닛카쓰(日活)[4]에서 제작한 같은 제목의 영화 ≪도쿄행진곡≫의 삽입곡으로 등장했다. 다시 말해 음반산업이 영화산업과 제휴하여 기획한 영화 주제가 제1호이기도 했다.[5] 이제는 이렇게 <카추샤의 노래>와 같이 예상하지 못했던 히트곡이 아닌 미리 잘 기획된 대히트곡이 나오게 된 것이다. 다음은 그 가사이다.

---

3 1926년에 오사카방송국(JOBK)과 나고야방송국(JOCK), 1927년에 경성방송국(JODK)이 개국되었다.

4 닛카쓰활동사진주식회사(日活活動写真株式会社)라는 명칭으로 1912년에 창업하여 현재까지 일본의 영화 산업을 이끈 대표적 영화제작사이다.

5 菊地清麿, 『日本流行歌変遷史』, 論創社, 2008, p.29.

1 昔恋しい 銀座の柳
仇な年増を 誰が知ろ
ジャズで踊って リキュルで更けて
明けりゃ ダンサーの涙雨

(옛날이 그리운 긴자(銀座)의 버드나무
나이 든 이 여자를 누가 알아주려나
재즈에 춤추고 리큐르로 밤새며
날이 밝으면 댄서의 눈물 같은 비

2 恋の丸ビル あの窓あたり
泣いて文書く 人もある
ラッシュアワーに 拾った薔薇を
せめてあの娘の 思い出に

사랑의 마루비루 그 창가에서
울면서 글을 쓰는 사람도 있네
러시아워에 주운 장미를
굳이 그녀와의 추억으로 삼을까

3 ひろい東京 恋ゆえ狭い
粋な浅草 忍び逢い
あなた地下鉄 わたしはバスよ
恋のストップ ままならぬ

넓은 도쿄가 사랑 때문에 비좁다네
멋진 아사쿠사(浅草)에서 몰래 만나고
당신은 지하철로 나는 버스로
사랑의 정류장 맘대로 안돼

4 シネマ見ましょかお茶のみましょか
いっそ小田急で 逃げましょか
かわる新宿 あの武蔵野の
月もデパートの 屋根に出る

시네마를 볼까요 차 마실까요
차라리 오다큐(小田急)로 도망갈까요
변해가는 신주쿠(新宿) 무사시노(武蔵野)의
달님도 데파트(백화점)의 지붕에 뜬다)

[번역은 필자]

관동대지진(関東大震災, 1923) 이후 긴자에는 은행나무를 심어 새롭게 거리 풍경을 조성했기 때문에 '긴자의 버드나무'에 대해 '옛날이 그립다'고 하는 것이다. 이제는 추억 속에만 존재하는 이러한 '옛날의 긴자'를 '나이든 여인'의 이미지와 오버랩하여 처리하고 있는 점이 흥미롭다. 가사에는 줄곧 재즈, 리큐르, 댄서, 러시아워, 시네마, 데파트 등 외래어와 함께 마루비루(丸ビル),[6] 버스, 지하철, 오다큐, 신주쿠 등 모더니즘의 풍경을 기호화하여 이른바 '모던 보이'와 '모던 걸'이 활보하는 도시의 모습을 연출하고 있다. 멜로디가 경쾌

6 마루노우치(丸の内) 빌딩의 줄임말. 도쿄 지요타구(千代田区) 소재. 1923년 준공된 지하 1층 지상 9층의 쇼핑몰로 당시 동양 최고·최대의 건물.

하고 가사 내용도 가벼운 듯 하지만 전체적으로는 모던 도시의 풍경을 절묘하게 풍자하고 희화화한 매우 완성도가 높은 작품이다.

'시네마를 볼까요 차 마실까요 / 차라리 오다큐(小田急)로 도망갈까요'하는 대목은 원래는 '머리를 길게 기른 마르크스 보이 / 오늘도 안고 가는 『붉은 사랑』'[7]이었으나 좌익사상에 대한 당국의 단속을 우려한 당시 빅터사 문예부장의 수정 권고에 따라 고쳐진 것[8]이라고 한다. 사실상 1929년은 고바야시 다키지(小林多喜二, 1903~1933)의 소설 『게공선(蟹工船)』이 발표되고 화제가 되었듯이 프롤레타리아 예술 운동의 전성기이기도 했다. <도쿄행진곡>은 제목이나 멜로디나 가사의 표면적인 내용에 비해 사실은 매우 우울한 의미를 담고 있는 노래이다.

이 곡은 그렇게 대히트를 했음에도 불과하고 한국어로 옮겨지지는 않았다. 당연한 말이지만 히트를 하든 하지 않든 언어 간에 번역이 되는 것은 오로지 소비를 전제로 한 상업성이 있어야 하는 것이다. 도쿄의 도시 모습을 자세히 그리고 있는 <도쿄행진곡>은 당시 식민지 경성 등에 사는 조선인들에게 그다지 설득력이 있거나 큰 관심을 끌 정도로 와닿지는 않았던 모양이다. 또한 가지 1929년이면 조선이 일본의 식민지가 될 무렵에 태어난 아이들이 식민지에서 교육을 받고 성인이 되는 시기와 일치한다. 이것은 <카추샤의 노래>나 <장한몽가>가 조선어로 번역되던 1910년대의 상황과는 달리 일본어 가능 인구의 증가로 인한 번역의 불필요성도 한몫했을 것으로 보인다.

7 '長い髪してマルクスボーイ 今日も抱える『赤い恋』'. 『붉은 사랑(赤い恋)』은 소련의 여류 작가 알렉산드라 미하일로브나 콜론타이(Алексáндра Михáйловна Коллонтáй, 1872~1952)의 1923년 소설 『바실리카 말리기나(Василиса Малыгина)』를 번역한 것.

8 菊地清麿, 앞의 책, pp.28-29 참조.

제2절 유행의 번역 <술은 눈물인가 한숨인가>

일본 빅터와 경쟁사인 일본 콜롬비아사는 작곡가 고가 마사오(古賀政男, 1904~1978)와 성악가 후지야마 이치로(藤山一郎, 1911~1993) 콤비를 기용해 상황을 역전했다. 이른바 '고가멜로디'[9]의 출현이다. 1931년 센티멘탈리즘에 기반한 기타곡 <술은 눈물인가 한숨인가(酒は涙か溜息か)>는 단숨에 28만 매를 기록했다. 쇼와 공황, 취직난, 인신매매, 전쟁의 불안을 반영한 이 노래에는 모더니즘의 도시 뒷골목에 존재하는 슬픔이 묻어난다. 애조(哀調)를 띤 멜로디와 함께 눈물과 한숨 등의 소재는 이후에 전개되는 동아시아 대중가요의 원형이 되었다.

1930년대에는 일본과 한국에서 같은 곡에 의한 동시적인 유행 현상이 일어나고 많은 곡이 번역 또는 번안되는 등 대중가요 분야의 한일 교류가 매우 활발하고 긴밀해진다. 일본어 곡들이 한국어로 번역되고 한국어 곡들도 일본어로 번역되며 심지어는 한국어 가사와 일본어 가사가 같은 곡에 혼재되어 나타나기도 한다. 그 혼재 방식도 일본어를 한글로 한국어를 가나로 표기하거나 혹은 한글과 가나가 섞이는 경우조차 있었다. 일본어 곡을 조선인 가수가 부르는 경우는 아주 많았고 소수이긴 했지만 일본인 가수가 <아리랑> 등 한국 곡을 부르는 경우도 있었다. 한마디로 문화의 상호 번역과 상호 침투가 일어나던 시기였다고 할 수 있다.

---

9 고가 마사오는 일본 유행가(가요곡)의 아버지로 불리는 사람으로서 20세기 대중음악의 대표적 작곡가이자 기타리스트로 알려져 있다. 국민영예훈장을 수여 받은 그는 말하자면 일본의 '국민작곡가'인 셈이다. 도쿄음악학교를 수석으로 졸업한 후지야마 이치로를 비롯하여 엔카의 여왕 미소라 히바리의 노래에 이르기까지 그는 평생을 통해 약 5000여 곡의 작품을 작곡했다. 그의 멜로디는 일본뿐만 아니라 한국과 타이완 등에도 널리 공감을 불러 동아시아의 대중음악에 많은 영향을 주었다.

1931년 <술은 눈물인가 한숨인가>가 단숨에 28만 매의 판매고를 기록하자 이듬해에 한국어로 번역된 <술은 눈물일가 한숨이랄가>가 한국 최초의 직업 가수였던 성악 전공자 채규엽(蔡奎燁, 1906~1949)의 노래로 조선에서도 유행한다. 이 곡의 히트는 소위 가요곡의 전형적인 내용과 형식을 갖추어 이후 대중가요의 방향을 결정한 획기적인 사건이었다. 당시로서는 매우 참신한 멜로디와 창법 그리고 시대의 우울함을 반영한 퇴폐적인 가사 등이 인기의 비결로 꼽힌다.

작곡가 고가 마사오는 1912년(8세)부터 1922년(18세)까지 식민지 조선에서 지냈다.[10] 그는 실제로 '나는 소년 시절에 조선에 있었는데 조선의 노동자들이 부르는 노래의 영향을 많이 받았습니다.'[11]라고 술회한 적이 있다. 감수성이 예민한 청소년 시절의 10년간을 조선에서 지내면서 그는 조선의 민간에 떠도는 풍부한 음악적 전통과 소리의 감각을 어떤 식으로든 흡수했을 것이다. 여기서는 고가 마사오의 대표곡이자 일본 대중가요의 역사적 히트작 <술은 눈물인가 한숨인가>와 그 한국어 번역 <술은 눈물일가 한숨이랄가>의 번역 방식을 살펴보고자 한다. 다음은 다카하시 기쿠타로(高橋掬太郎, 1901~1970)의 원곡 가사와 필자에 의한 한국어 직역, 그리고 당시 한국어로 된 번역가사(번역자 미상)를 함께 나란히 대조한 것이다.

酒は涙か ためいきか	술은 눈물인가 한숨인가	술이야눈물일가 한숨이란가
こころのうさの 捨てどころ	마음의 울적함을 버릴 곳	이마음의답々을 버릴곳장이
とおいえにしの かの人に	먼 옛날의 그 사람에게	오래인그녯적에 그사람으로
夜毎の夢の切なさよ	밤마다 꿈의 애절함이여	밤이면은꿈에서 간절햇세라

10 菊池清麿,『評伝古賀政男』, 彩流社, 2015, pp.351-355 참조.

11 「(……) 私は少年時代には朝鮮にいたので、朝鮮の働く人たちがうたう歌の影響を強く受けました」. 加太こうじ,『流行歌論』, 東京書籍, 1981, p.25.

酒は涙か ためいきか かなしい恋の 捨てどころ	술은 눈물인가 한숨인가 슬픈 사랑을 버릴 곳	이술은눈물이냐 긴한숨이냐 구슯흐다사랑의 버릴곳이여
忘れた筈の かの人に のこる心を なんとしょう (コロンビア, 26486B, 1931)	잊었을 터인 그 사람에게 남는 마음을 어찌 하리오 (필자에 의한 직역)	긔억도사라진듯 그이로하여 못닛겟단마음을 엇지면졸가 (콜롬비아 40300, 1932)

이 경우 한국어 가사는 처음부터 끝까지 거의가 축어적 번역으로 되어있다. 음절 수도 정확히 7·5조를 맞추고 있다. 다만 몇 군데에서 어휘 선택 등 선뜻 납득이 가지 않는 곳이 보인다. 음절수를 맞추기 위한 억지 번역인 듯하다. 이를 테면 제1절 첫 구절의 '酒は涙か'는 'sa-ke-wa-na-mi-da-ka'로 7음절이며 한국어로 직역하면 '술은 눈물인가'가 된다. 'ためいきか' 역시 'ta-me-i-ki-ka'로 5음절인데 한국어는 '한숨인가'가 되어야 한다. 일반적으로 일본어를 한국어로 옮기다 보면 짧아지는 경우가 많다. 동일한 내용일 경우 일본어의 음절 수가 많기 때문이다. 그래서 '술이야눈물일가 한숨이란가('-런가'의 변형)'(제1절) 또는 '이술은눈물이냐 긴한숨이냐'(제3절)와 같이 바꾸는 식으로 음절수를 맞춘 것 같다.

원곡 가사의 같은 표현을 이리저리 다르게 한 것은 무슨 이유가 있어서일까? 위의 '酒は涙か/ためいきか' 말고도 '捨てどころ'는 '버릴곳장이'와 '버릴곳이여'로 'かの人に'는 '그사람으로'와 '그이로하여'라며 반복을 피했다. 그 중에서 '버릴곳장이'라고 한 것은 도무지 이해가 가지 않는다. '곳장'의 의미도 불명확하고 조사 '이'로 끝난 것도 어떤 효과를 노린 것인지 알 수가 없다. 제2절의 '그사람으로~간절햇세라'도 뜻이 잘 전달되지 않는다. 제4절 제1행과 제2행은 어찌 보면 슬프고도 복잡한 심경을 잘 설명한 절묘한 번역으로 볼 수도 있다. 원곡 가사 '그 사람에게'를 '그 사람 때문에'로 슬쩍 바꿈으로써 오히려 상대편은 나를 잊었을 터인데 나는 그 때문에 더욱 미련

을 갖고 있다는 뜻으로 읽히기 때문이다.

번역자는 다소 억지스럽고 무리한 번역에도 불구하고 두 가지는 일관되게 지킨 것으로 보인다. 하나는 원곡 가사가 같더라도 번역 가사에서는 절대 반복을 하지 않았다는 것이고 또 하나는 7·5조의 음수율을 철두철미 지킨 것이다. 반복을 피하고 음수율을 지킨다는 것을 하나의 원칙으로서 고수한 것으로 평가할 수 있으나 그 예술적 효과에 관해서는 의문이다. 이와 같은 한국어 번역의 문제점들로 미루어 볼 때 전체적으로 그다지 후한 평가를 내리기는 어려운 것 같다. 번역한 곡이 조선에서도 히트를 했다니 원곡의 명성과 멜로디 및 가수의 역량 그리고 당시 조선의 상황 등 다른 요소에 힘입은 바가 크지 않았을까 한다.

그런데 번역이나 번안곡이 아닌 한국인 작곡의 노래가 히트를 한 것은 <황성(荒城)의 적(跡)>[12]이 대표적이다. 1926년 바이올리니스트 전수린이 작곡한 이 노래는 항간에 널리 불려지다가 1932년 이애리수의 목소리로 취입되어 순식간에 5만 장의 판매고를 기록했다.

한국에서 라디오 방송이 시작된 시기는 1927년 경성방송국(JODK)이 개국하면서부터이다. 또 일본에 진출한 빅터사와 콜롬비아사가 본격적으로 한국 시장에도 눈을 돌린 것은 1928년부터이다. 방송과 레코드가 맞물려 1930년대에 한국은 대중에 대한 노래의 보급이 더욱 활기를 띠었다. 대표적인 곡으로 고복수(高福壽, 1911~1972)의 <타향>(他鄕, 1934),[13] 이난영의 <목포의 눈물>(1935), 장세정(張世貞, 1921~2003)의 <연락선은 떠난다>(1937), 김정구(金貞九, 1916~1998)의 <눈물 젖은 두만강>(1938), 남인수(南仁樹, 1918~1962)의 <애수의 소야곡> (1938) 등을 꼽을 수 있다. 더욱이 이와 같은 기량이 뛰어난 가수

12 후에 가사의 첫머리 부분을 따서 <황성 옛터>로 통용된다.

13 후에 가사의 첫머리 부분을 따서 <타향살이>로 통용된다.

들의 활약으로 인해 한국의 대중가요는 비약적인 발전을 이루게 된다.

제3절 번역의 유행 <목포의 눈물>

1930년대 중반에는 조선의 대중가요가 일본어로 번역되어 일본에 알려지기도 했다. 당시 오케―(Okeh) 레코드사에서 기획한 제1회 향토찬가 공모의 당선작이며 조선의 대중가요를 대표하는 명곡이 된 <목포의 눈물>(1935)을 데이치쿠(帝蓄)레코드사에서 <이별의 뱃노래(別れの船歌)>(1936)라는 제목으로 일역하여 일본에서 발매했다. 문일석(文一石, ?~?) 작사 손목인(孫牧仁, 1913~1999) 작곡으로 이난영(1916~1965)이 부른 <목포의 눈물>은 시마다 긴야(島田磬也, 1909~1978)에 의해 일본어로 번역되고 스기타 료조(杉田良造)에 의해 편곡되어 '오카 란코(岡蘭子, 이난영의 일본명)'에 의해 불려졌다. 한국어가 일본어로 번역된 케이스인데 그 텍스트는 다음과 같다. 왼쪽부터 한국어 원곡 가사, 당시의 일본어 번역, 필자에 의한 일본어 번역의 한국어 직역 순이다.

沙工(사공)의 뱃노래 감을거리며	波路遥か 船は去り	뱃길 저 멀리 님은 사라지고
三鶴島(삼학도) 파도깁히 숨어드는쌔	君が船歌 消えてゆく	뱃노래도 사라져가네
埠頭(부두)의 새악씨 아롱저진 옷자락	涙ためて 見送る今宵	눈물을 머금고 이별하는 오늘 밤
離別(리별)의 눈물이냐 木浦(목포)의서름	こころ残りな 月明り	아쉬움 남는데 달빛만 밝네
三栢淵願安風(삼백련원안풍)은 露積峰(로적봉)밋헤	思い乱れて 悲しいのよ	미련이 남아 슬픈 이 마음
任(님)자최 宛然(완연)하다 애닯흔 情調(정조)	船は帰らぬ 海のはて	배는 돌아오지 않고 바다 저 멀리
儒達山 바람도 榮山江을 안으니	別れあえば いつまた逢える	이렇게 헤어지면 언제다시 만날까
任(님)그려 우는마음 木浦(목포)의노래	夢ははかない うたかたよ	물거품 같은 꿈은 덧없어라

깁흔밤 쪼각달은 흘러가는데	せめて尽きぬ 思い出に	그래도 남은 추억 속에
엇지타 녯傷處(상처)가 새로워진가	君が船歌 口ずさみ	님은 뱃노래를 부르는데
못오는 님이면 이마음도 보낼 것을	月に流れる 港の夜は	달빛에 흘러가는 항구의 밤은
港口(항구)의 맺는 節介(절개) 木浦(목포)의 사랑	一途ごころの なみだ雨	한결 같은 마음에 눈물 비가 내리네
(오케-1795-A, 1935)	(テイチク 50344, 1936)	(필자에 의한 일본어 번역의 직역)

<목포의 눈물>의 원곡 가사는 몇 가지 특징이 있다. 우선 목포라는 지역의 '향토'적 색채가 삼학도, 노적봉, 유달산 등 지명을 통해 짙게 배어 있다. 제목이 '목포의 눈물'인데 3절 구성에서 각 절의 마지막 구가 '목포의~'로 반복되고 피수식어의 자리에 '서름' '노래' '사랑'을 열거함으로써 주제를 명확히 드러내고 있다. 눈물, 서름, 노래, 사랑. 이것 자체만으로도 이별의 정한을 노래하고 있다는 것을 알 수 있다. 또 하나 '님'을 보낸 이별의 주인공인 '새악씨'를 원경(遠景)으로 포착하다가 점차 시점의 주체로 등장시켜 내면을 이야기함으로써 감정이입을 쉽게 했다는 점이다.

이에 비해 일본어 번역은 목포 지역의 지명도 없고 각 절에 반복 효과를 거두는 대목도 없다. 무엇보다도 원곡 가사처럼 부두에 서서 눈물로 옷자락을 적시는 '새악씨'와 같은 주인공의 모습에 대한 묘사도 나오지 않는다. 그런데 번역곡을 들었을 때도 원곡 가사의 매력과는 또 다른 매력을 느끼면서 이별한 여인의 심경을 십분 공감하게 되는 것은 왜일까? 지명의 향토성이 주는 애틋함을 일본어 맥락에서는 기대할 수 없는 것이 당연한 것이고 그 점에서 번역자는 '목포의~'와 같은 반복을 그대로 옮기는 것이 큰 의미가 없다고 판단했을 것이다.

다만 한국어 원곡 가사에 음수를 맞춤으로써 노래를 쉽게 부를 수 있도록 한 점이 두드러진다. 한국어를 일본어로 번역하면서 음수까지 맞추는 것은 그 반대의 경우보다 훨씬 어려울 것이다. 왜냐하면 특수한 경우를 제외하고 한자어나 외래어를 포함한 대부분의 어휘가 초성·중성·종성을 사용하는 한국어보다 음절수가 많기 때문이다. 그러다 보면 과감한 생략이 필요할 것이다. 문제는 어떻게 생략을 잘하는가이다. 일본어 번역의 경우 원곡 가사 내용의 전체 국면을 좁히고 필요한 요소만을 챙겨서 효과를 극대화하는 노선을 택했다. 즉 이별의 정한을 노래하는 주인공의 내면에 처음부터 곧바로 들어가서 초점화함으로써 충분한 효과를 내는 것으로 판단된다.

특히 이 일본어 번역이 탁월한 점은 '뱃노래'라는 소재를 대단히 능숙하게 처리하고 있다는 점이다. 원작의 '뱃노래'를 부르는 사람은 '사공'이다. 그리고 제2절 마지막 구에서 '목포의 노래'의 노래는 사공의 뱃노래와는 다른 '님그려 우는마음'으로 주인공 여인이 부르는 이별의 노래이다. 그런데 일본어 번역에서는 제1절 두 번째 구와 제3절 두 번째 구에서 '뱃노래(船歌)'를 부르는 사람을 떠나는 '님'으로 설정했다. 여기에 번역의 묘미가 있다고 여겨진다. 주인공이 님을 그리워하는 매개가 되는 것이 바로 떠날 때 님이 부른 '뱃노래'이고 떠나간 후에도 추억 속에서 님의 '뱃노래'를 떠올리게 된다. 그래서 이 노래의 제목은 '이별의 뱃노래'인 것이다.

앞서 말했지만 1930년대의 상황은 한국어와 일본어 간에 상호 교섭이 매우 활발했던 시기였다. 30년대 말 40년대가 되면서 전쟁 상황이 일상에도 심각한 지장을 초래했지만 그 전 시기였던 이때는 라디오 방송과 레코드 그리고 영화 등의 미디어를 통해 대중가요가 생산 유통 소비되는 시스템이 완전히 정착했고 일본 제국의 영역 안에서 식민지 곳곳에까지 그 영향이 미치고 있었다. 하나의 곡이 유행한다는 것은 그 영역 안에서 그 노래가 대량으로 유통 소비되고 제작사는 엄청난 이윤을 얻는다는 것을 의미하게 되었다. 제국의 언어는 빠른 시일 내에 식민지의 언어로 번역되어 일상 공간에 보급되고 심지어 식민지의 언어도 제국의 언어로 번역되어 가급적 많은 소비자를 확보하고자 했던 것이다.

한국어 대중가요의 성립과 전개 과정에서 일본어 대중가요의 언어적 영향은 1910년대부터 본격화되었다고 할 수 있다. 개사곡이 주를 이루었던 1910년대 이전은 언어적 영향보다 문명적·이데올로기적 영향이 더 중요한 시기였다. 문명개화와 부국강병 그리고 교육입국 및 입신출세나 애국계몽이 사실상 모두 동아시아적 '적자생존'에 대한 강렬한 욕망의 산물이었다. 이 시대에 <철도창가>는 <학도가>로 '개사'되었다. 1910년대에는 일본 소설 『곤지키야샤』의 번안작으로 『장한몽』이 출간되고 소설과 신파극이 인기를 얻으면서 주제가인 <곤지키야샤>도 <장한몽가>로 번역되었다. <장한몽가>는 <카츄샤의 노래>와 함께 일본 유행가의 본격적인 '카피' 시대를 열게 되었고 동시에 대중의 요구에 부응하는 번역곡으로서 한국어 대중가요의 첫 페이지를 장식했다.

1917년 이광수의 『무정』 이후 1920년대를 거쳐서 한국어의 근대 언문일치체가 확립되고 일본어와 한국어 간의 시대적 비대칭성이 언어적인 면에서 어느 정도 해소되었다. 1930년대는 대중가요에 있어서 한국어와 일본어 간에 상호 교섭이 매우 활발한 시기였다. 라디오 방송과 레코드 그리고 영화 등의 미디어를 통해 대중가요가 생산 유통 소비되는 시스템이 완전히 정착한 가운데 히트곡이 대중에게 유통 소비되어 엄청난 이윤을 발생시키는 시대가 되었다. 이러한 가운데 일본어는 한국어에 또 부분적이지만 한국어는 일본어에 언어적 문화적으로 영향을 주고 받으며 상호 침투했고 그 가장 활발한 장을 대중가요가 제공했다.

20세기 전반의 한국인과 일본인은 근대 대중가요를 통해 같은 시대를 살았다. 제국과 식민지라는 공간을 초월해서 함께 해온 정서적 세계가 존재한다는 것을 부인할 수 없다. 동일한 곡의 개사 및 번안과 번역을 통해 비슷한 정서를 느끼고 같은 심적 상황을 경험하고 즐거움을 같이 하고 슬픔을 공감하면서 살아왔다. 그 가운데 알게 모르게 서로의 문화에 익숙하게 되고 생활 감각을 공유하게 되었을 것이다. 20세기 이후 한국과 일본의 공장에서 농촌에서 도시에서 학교에서 거리에서 가정에서 노동자와 농민과 회사원과 학생과 길가는 사람들과 가족들이 부르던 수많은 노래가 하나의 상품이면서 동시에 개인적인 오락물이면서 시대를 반영한 문화적 텍스트였던 것을 새삼 기억할 필요가 있을 것이다.

제Ⅲ부

트로트·엔카로서의 한일 대중음악

제Ⅲ부에서는 가수 혹은 곡들의 개별적 사례를 통해 1945년 이후 한일 대중음악이 국가 단위에서의 정체성을 확립해가는 양상을 살펴보면서 각각의 노랫말이 가진 의미와 형식을 분석해 본다. 1940년대부터 활동한 전후 일본의 대표적인 가수 미소라 히바리, 1970년대 한국 가수들의 일본진출과 한국 대중음악의 일본어 번역, 1980년대 한국의 싱어송라이터 심수봉의 노랫말을 차례로 검토한다. 그러한 가운데 트로트와 엔카가 정착하는 과정을 살펴보고 이들 장르의 미래를 전망한다.

第7장

전후 일본인의 '정신적 고향' 미소라 히바리

이 장에서는 20세기 일본 대중음악을 대표하는 가수 미소라 히바리(美空ひばり, 1937~1989)의 노래들을 살펴봄으로써 동시대 일본인들에게 그녀의 노래가 가져다준 의미를 시대적 상황에 비추어 생각해보고자 한다. 미소라 히바리가 1949년 공식 데뷔한 이후 52세로 세상을 뜨기까지의 40년간 출반한 싱글 레코드는 모두 306종(사후 발매까지 합하면 367종), 평생에 걸쳐 녹음한 곡 수는 약 1500곡, 이 중 오리지널 곡은 517곡이었다. 또 그녀는 1974년까지 25년간 162편의 영화에 출연한 배우이기도 했다. 이처럼 꾸준하고 왕성한 활동을 통해 타의 추종을 불허하는 인기를 누린 미소라 히바리는 1989년 사후 곧바로 '국민영예상'[1]을 수상했다.

미소라 히바리가 활약한 시기는 '전후'(戰後)를 포함한 '쇼와 후기 시대'[2]였

1 1989년 6월 24일 사후 일주일이 지난 7월 2일 수여되었다. 이 상은, 일본의 내각총리대신이 '널리 국민에게 사랑받고 사회에 밝은 희망을 주는 현저한 업적을 가진 사람'에게 수여하는 상으로서 1977년부터 2023년 현재까지 총 28명의 수상자를 내었다. 지금까지 프로야구 선수·감독 왕정치(오 사다하루, 王貞治, 1940~), 작곡가 고가 마사오, 가수 후지야마 이치로, 영화감독 구로사와 아키라(黒澤明, 1910~1998) 등이 수상했다. 미소라 히바리는 일곱 번째 수상자이다.

2 쇼와(昭和)는 1926년부터 1989년까지의 일본의 연호. 이 시대를 1945년 제2차 세계대전의 패전을 기점으로 크게 전기(1926년~1945년)와 후기(1945년~1989년)로 나눌 수 있다.

다. 이때 일본은 패전 직후의 잿더미에서 기적적으로 부활하여 국제사회에 복귀했고 고도 경제성장기를 거쳐 세계 제2위의 경제 대국으로 발전했다. 쇼와 후기는 전쟁이 없는 평화의 시기이면서 그 나름의 민주주의와 자유를 누리면서 국민의 대부분이 중산층이라는 의식을 갖게 되었고 생활이 실질적·지속적으로 향상되던 안정기였다. 1989년 연호가 바뀌던 바로 그 해 미소라 히바리의 죽음은 천황의 죽음과 함께 일본의 대중들에게는 한 시대의 변천을 의미하는 것이었다. 1990년대 버블 붕괴와 헤이세이[3] 불황이 시작되면서 그녀는 '쇼와 시대를 대표하는 가수'로 기억되었다.

미소라 히바리의 가수 활동 기간은 크게 세 시기로 나누어 볼 수 있다. '천재 소녀 가수'로서 전국적 인기를 얻은 데뷔 이후 영화 출연을 병행하던 초기(1949년~1963년), 짧은 결혼 생활을 접고 화려하게 활동을 이어가던 중기(1964년~1980년), 잇따른 육친의 죽음을 딛고 자신의 병마와 싸우면서 곡을 남긴 후기(1981년~1989년)이다. 본 논문에서는 가수 미소라 히바리 개인의 삶과 업적이 아니라 노래 가사를 통해 대중이 미소라 히바리를 수용해온 방식과 한 시대의 상징으로 자리 잡은 과정을 중심으로 살펴보려고 한다. 이를 통해 20세기 후반 일본 대중사회가 형성된 문화적 기반을 파악하고 오늘날 일본 국민문화의 근원에 대해 통찰하고자 하는 것이다.

제1절 은유로서의 '강물'과 '고향' <흐르는 강물처럼>

2019년 6월 24일 미소라 히바리 사후 30주년을 맞아 레코드회사 일본콜롬비아(日本コロムビア)가 싱글 음반 출하 매수를 기준으로 그녀의 히트곡 순위

3 헤이세이(平成)는 1989년부터 2019년까지의 연호.

10곡을 발표했다. 그 순위는 다음과 같다.

1위: <흐르는 강물처럼>(川の流れのように, 1989) 205만 장

2위: <야와라>(柔, 1964) 195만 장

3위: <서글픈 술>(悲しい酒, 1966) 155만 장

4위: <새빨간 태양>(真赤な太陽, 1967) 150만 장

5위: <사과 오이와케>(リンゴ追分, 1952) 140만 장

6위: <흐트러진 머리>(みだれ髪, 1987) 125만 장

7위: <항구 마을 13번지>(港町十三番地, 1957) 120만 장

8위: <도쿄 키드>(東京キッド, 1950) 120만 장

9위: <슬픈 휘파람>(悲しき口笛, 1949) 110만 장

10위: <부두에요, 아빠>(波止場だよ、お父つぁん, 1956) 110만 장

[2019년 3월 집계 기준][4]

물론 이 외에도 일반적으로 잘 알려진 미소라 히바리의 히트곡은 셀 수 없이 많다. 이를테면 <에치고지시의 노래>(越後獅子の唄, 1950), <나는 거리의 아이>(私は街の子, 1951), <히바리의 꽃 파는 아가씨>(ひばりの花売娘, 1951), <오마쓰리 맘보>(お祭りマンボ, 1952), <애수의 부두>(哀愁波止場, 1955), <애수 출선>(哀愁出船, 1963), <인생일로>(人生一路, 1970), <어느 여인의 노래>(ある女の詩, 1972), <너에게 반했다>(おまえに惚れた, 1980), <찬란한 사랑>(愛燦燦, 1986) 등이다.

미소라 히바리의 히트곡 중에는 재즈와 맘보 등 동시대 미국이나 유럽에서 유행하는 리듬의 곡도 있고 1930년대부터 이어지는 일본조(日本調)의 가요곡

---

4 https://www.sankei.com/article/20190618-E2DDRFJ3QBMMTCFBSEZQT73HIA/ 참조.

다시 말해 오늘날 소위 엔카(演歌)라 불리는 곡들도 있다. 내용 면에서도 시대와 인생, 일상, 사랑, 슬픔, 고독, 방랑 등 매우 다양하다. 그 밖에 히트곡이라고는 할 수 없지만 <도쿄 타워>(東京タワー, 1959)[5]처럼 도쿄 타워의 완공을 기념하는 곡도 있고 <한 자루 연필>(一本の鉛筆, 1974)과 같은 반전(反戰)을 테마로 한 곡도 있다. 또 스스로 가사를 붙인 자작곡 <꽃의 생명>(花のいのち, 1983)도 있다. 그야말로 미소라 히바리는 자기 시대에 노래할 수 있는 거의 모든 것을 노래로 표현했다고 할 수 있다.

위에 제시한 히트곡 '베스트 10' 중에서 제1위를 차지하는 곡은 생애 마지막으로 발표된 <흐르는 강물처럼>[6]이다. 이 노래는 2007년 일본의 문화청과 일본PTA전국협의회가 발표한 '세대에 걸쳐 계승해 갈 동요·창가·가요곡 등 서정가·애창가 101곡'에도 선정된 바 있다. 미소라 히바리가 세상을 떠나기 약 5개월 전인 1989년 1월 이 노래가 수록된 첫 싱글앨범이 나왔는데, '나의 노래가 먼 훗날까지 젊은 세대 분들에게 메시지로 남았으면 한다'고 하는 미소라 히바리의 의향이 짙게 반영된 작품이다. 아키모토 야스시(秋元康, 1958~)가 작사하고 미타케 아키라(見岳章, 1956~)가 작곡한 이 노래의 가사는 다음과 같다.

---

5 2022년에는 1990년대 인기 남성 아이돌 그룹 SMAP의 멤버였던 가토리 신고(香取慎吾, 1977~)가 SUZUKA(2001~)가 이끄는 4인의 여성 아이돌 그룹 아타라시이갓코노리더즈(新しい学校のリーダーズ)와 함께 리메이크하여 뮤직비디오를 냈다.

6 원제목은 <川の流れのように>이므로 직역하면 <강물의 흐름처럼>이 되는데, 한국어 표현으로 다소 어색한 점이 있다. '강물'과 '흐름'이라는 명사와 명사의 연결보다는 동사의 명사형 '흐름'을 다시 동사로 환원하여 '강물'을 수식하는 형태 '흐르는'으로 옮기는 것이 더 자연스럽다고 생각된다. 또한 한국에서 일반적으로 이 노래가 <흐르는 강물처럼>으로 알려져 있다는 점도 고려했다.

知らず知らず 歩いて来た
細く長い この道
①振り返れば 遥か遠く
故郷が見える
②でこぼこ道や
③曲がりくねった道
④地図さえない
それもまた⑤人生

ああ ⑥川の流れのように
ゆるやかに
⑦いくつも 時代は過ぎて

ああ 川の流れのように
⑧とめどなく
⑨空が たそがれに 染まるだけ

生きることは ⑩旅すること
⑪終わりのない この道
⑫愛する人 そばに連れて
⑬夢探しながら
雨に降られて
⑭ぬかるんだ道でも
いつかは また
⑮晴れる日が来るから

ああ 川の流れのように
おだやかに ⑯この身を
まかせていたい

ああ 川の流れのように
移りゆく
季節 ⑰雪どけを待ちながら
……

모르는 사이에 걸어서 왔네
가늘고 긴 이 길을
①뒤돌아보면 아득히 저 멀리
고향이 보이네
②울퉁불퉁한 길과
③구불구불한 길
④지도조차 없지만
그것도 또한 ⑤인생

아아 ⑥흐르는 강물처럼
잔잔하게
⑦몇 번이나 시대를 지나서

아아 흐르는 강물처럼
⑧막힘이 없이
⑨하늘이 저녁노을에 물들어갈 뿐

살아간다는 건 ⑩먼 길 떠나는 것
⑪끝도 없는 이 길
⑫사랑하는 사람 옆에서 함께
⑬꿈을 찾아 헤매면서
비를 맞아서
⑭질척거리는 길에서도
언젠가는 다시
⑮맑게 갠 날이 올테니

아아 흐르는 강물처럼
⑯평온하게 이 몸을
맡기고 싶어라

아아 흐르는 강물처럼
바뀌어 가는
계절 ⑰눈이 녹기를 기다리면서[7]
……

이 노래는 처음부터 끝까지 커다란 은유(metaphor)로 점철되고 있음을 알 수 있다. 화자(話者)는 자신이 걸어온 길을 되돌아보면서 지나간 우여곡절을 회상한다. ②'울퉁불퉁'하고 ③'구불구불'하며 때로는 비가 와서 ⑭'질척거리는 길'을 ④'지도조차 없'이 걸어왔다. 그런데 그 길은 ⑫'사랑하는 사람 옆에서 함께' ⑬'꿈을 찾아 헤매면서' ⑮'맑게 갠 날이 올' 것이라는 희망을 안고 ⑰'눈이 녹기를' 기다리며 ⑧'막힘이 없이' 쉬지 않고 살아온 ⑤'인생'의 과정이었다. 또 그 인생은 마치 ⑥'흐르는 강물처럼' ⑪'끝도 없는' ⑩'먼 길'을 '떠나는 것'과 같다. '몇 번이나 시대를 지나서' 이제는 '하늘이 저녁노을에 물들어' 가는 것을 바라보며 그저 '흐르는 강물처럼 평온하게 이 몸을 맡기고 싶어'지는 것이다.

화자는 시종일관 '인생'이라는 '시간'을 '길'과 '강물'이라는 '공간'에 비유한다. 인생에 대한 1차적 비유가 길 그 자체이며 2차적 비유는 길을 걸어온 방식이 강물의 흐름과 같다는 것이다. 길은 정태적(情態的) 공간이지만 강물은 동태적(動態的) 공간이다. 따라서 인생은 하나의 길이며 그 길을 지나는 방식은 어떤 주체의 의도와는 상관없이 자연적 흐름에 의해 결정된다는 것으로 이해할 수 있다. 병마와 싸우면서 삶의 불행한 순간들을 딛고 살아온 탁월한 천재 가수가 죽음을 얼마 앞둔 만년에 이 곡을 불렀다고 할 때 듣는 이들은 숙연해질 수밖에 없다. 결국 가사에 비유적으로 표현된 '공간'은 '시간'으로 바꾸어 해석할 수 있다.

제3행과 제4행에 ①'뒤돌아보면 아득히 저 멀리 / 고향이 보이네'(振り返れば / 遥か遠く 故郷が見える)라는 대목이 있다. 미소라 히바리와 동갑내기 작사가 아쿠유(阿久悠, 1937~2007)는 이 '고향'이란 무엇을 말하는가, 하는 물음을

---

7 이 장의 노래 가사 번역은 필자에 의한 것이며, 원문의 의미를 1차적으로 설명하기 위해 가능한 한 축어역(逐語譯)으로 했다.

제기하고 그것은 '1945년 8월 15일이라는 역사 속의 하루'[8]라고 스스로 답한다. 그도 역시 이 대목을 일종의 은유로서 이해하고 공간으로서의 '고향'을 시간으로서의 '패전'으로 읽었다는 것이다. 어쩌면 전후 소년기를 보낸 일본의 동시대 사람들은 대부분 이러한 방식으로 화자가 된 미소라 히바리의 이야기에 자신들의 과거를 투영하기도 하면서 그녀와 함께 자기 인생을 되돌아보면서 공감하지 않았을까 싶다.

쇼와에서 헤이세이로 이행하는 시기, 말하자면 시대의 변곡점에 등장한 <흐르는 강물처럼>은 만년의 미소라 히바리를 통해 대중들로 하여금 지나간 세월의 어떤 특정한 시점(時點)을 회고하도록 만들고 있다. '뒤돌아보면 아득히 저 멀리' 보이는 '고향'이란 바로 현대 일본인들의 정신적 출발점, 패전을 가리킨다. 미소라 히바리는 헤이세이 시대가 시작된 지 얼마 안 되어 세상을 떠났다. 그것은 헤이세이의 시작점이라기보다 쇼와의 종착점이었다. 전후의 연속선 상에서 쇼와라는 시대와 미소라 히바리는 떼려야 뗄 수 없는 관계였기 때문이다.[9] '패전' 그리고 '전후'는 분명히 전전(戰前)과는 완전히 다른 그야말로 새로 거듭난 쇼와의 원점(原點)이었다.

쇼와 천황이 죽은 지 4일 후인 1989년 1월 11일에 싱글 음반이 발매된 미소라 히바리의 마지막 곡 <흐르는 강물처럼>은 이후 쇼와 시대의 종언을 고하는 노래로 많은 이들에게 인식되었다. 이 노래에서 언급된 '고향'으로서의 전후(戰後), 그 시기에 미소라 히바리의 기본적인 이미지를 형성한 대표적인 히트곡 두 곡이 있다. Ⅲ장과 Ⅳ장에서는 그 두 곡의 의미를 대중들이 어떠한 방식으로 수용했는지 살펴보고자 한다. 두 곡은 모두 GHQ 점령기 가요영화[10]의 주제가로서 히트곡 순위로는 제9위와 제8위에 랭크된 <슬픈

---

8 阿久悠, 『愛すべき名歌たち』, 岩波書店, 1999, p.254 참조.

9 위의 책, p.255 참조.

휘파람>과 <도쿄 키드>이다. 가사의 언어에 주목하여 텍스트 분석을 진행하면서 영화의 서사와 관련해서도 파악해보도록 하겠다.

제2절 <슬픈 휘파람>에 내재된 부조화의 조화

미소라 히바리는 1937년 5월 29일 가나가와현(神奈川県) 요코하마시(横浜市) 이소고구(磯子区) 다키가시라(滝頭)에서 '우오마스'(魚増)라는 생선가게를 운영하던 아버지 가토 마스키치(加藤増吉, 1912~1963)와 어머니 기미에(喜美枝, 1913~1981) 사이의 장녀로 태어났다. 본명은 가토 가즈에(加藤和枝). 유년 시절부터 남들 앞에서 당시의 유행가를 곧잘 불렀다고 한다. 패전 직후 1946년 NHK의 노래자랑 아마추어 음악회(のど自慢素人音楽会)[11]에 출전하여 뛰어난 가창력으로 사람들을 놀라게 했으나 어린아이답지 않다는 이유로 탈락하기도 했다. 1947년 요코하마의 스기타극장(杉田劇場)에서 첫 무대를 가진 미소라 히바리는 뛰어난 기억력의 조숙한 천재 소녀 가수로 인식되었다.

이 소녀 가수를 대중음악계에 공식 등장시킨 데뷔곡은 1949년 <갓파 부기우기>(河童ブギウギ)였다. 그 한 달 후 나온 <슬픈 휘파람>은 45만 매라는

---

10 '가요영화'의 정의에 관해서는 '가요곡이 히트하여 영화화된 작품, 또 영화주제가와 함께 영화가 히트한 작품'을 말한다. 岡田喜一郎, 『昭和歌謡映画館: ひばり、裕次郎とその時代』(中央公論新社, 2009), p.5 참조. 이 경우 가수가 영화 속에 출연하여 그 제목이 된 히트곡을 부르는 경우가 많다. 嶋田洋一郎, 「コピーとオリジナルの観点から見た美空ひばりと占領期の歌謡映画」, 『比較社会文化』 16, 九州大学大学院, 2010.3, p.10 참조.

11 1946년부터 NHK라디오의 공개 청취자 참가 생방송 노래 프로그램. 1953년부터는 TV에서도 방영하면서 오늘날까지 지속되고 있는 최장수 프로그램으로 현재는 'NHK노래자랑'(NHKのど自慢)으로 불리는데, KBS의 '전국노래자랑'과 흡사하다. 박진수·김태경 외, 『일본 대중문화의 이해』, 역락, 2015, p.201 참조.

레코드 사상 최고 발매를 기록한 데다가, 주연을 맡은 영화 ≪슬픈 휘파람≫(悲しき口笛, 1949)의 주제가로 전국적인 인기를 획득했다. 뒤이어 1950년 <도쿄 키드>, 1952년 <사과 오이와케>가 각각 50만 매와 70만 매로 기록을 경신해갔다. 노래 자체에 대한 반응도 뜨거웠거니와 영화와 방송 출연, 각종 무대 공연이 맞물려 1950년대 일본 가요계 최고의 인기를 누린다. 초기 히트곡은 대부분 가요영화의 주제가나 삽입곡이 되는데 영화의 내용은 주로 전쟁고아가 등장하는 서사에 기반하고 있다.

이를 테면 <슬픈 휘파람>은 ≪슬픈 휘파람≫으로, <도쿄 키드>는 ≪도쿄 키드≫(東京キッド, 1950)로, <에치고지시의 노래>는 ≪돈보가에리도추≫(とんぼ返り道中, 1951)로 <나는 거리의 아이>는 ≪아빠 그리워≫(父恋し, 1951)로, <저 언덕을 넘어서>(あの丘越えて, 1951)는 ≪저 언덕을 넘어서≫(あの丘越えて, 1951)로, <사과 오이와케>는 ≪사과 농원의 소녀≫(リンゴ園の少女, 1952)와 같이 가요영화화 되어 대부분 미소라 히바리 자신이 주연으로서 해당 주제가 또는 삽입가를 부르는 전쟁고아 역을 맡았다. 이 경우 대부분 기구한 처지의 전쟁고아가 결국에는 잃어버렸던 부모나 친지를 찾는다는 식의 패턴으로 전개된다.

<슬픈 휘파람>은 후지우라 고(藤浦洸, 1898~1979) 작사 만조메 다다시(万城目正, 1905~1968) 작곡으로 1949년 9월 10일 싱글 발매되었다. 영화 ≪슬픈 휘파람≫은 다케다 도시히코(竹田敏彦, 1891~1961) 원작 이에키 미요지(家城巳代治, 1911~1976) 감독으로 같은 해 10월 24일 개봉했다. 영화의 주제가 <슬픈 휘파람>은 미소라 히바리가 어른 흉내를 내면서 천재성을 한껏 발휘해 부른 초기의 대표작이다. 영화 속에서 실크해트에 연미복 차림으로 지팡이(cane)를 들고 춤추며 노래하는 12세 소녀의 모습은 TV가 없던 시절 미소라 히바리를 대중에게 각인시키는 대표적인 이미지가 되었다. 생전 활동 시기는 물론 사후에도 그녀의 캐릭터를 표상(表象)하는 기본 상(像)으로 굳어져 있는 듯하다.

요코하마의 미소라 히바리 상(좌). 영화 『슬픈 휘파람』에서의 미소라 히바리(우).

요코하마시(横浜市) 나카구(中区) 미야가와초(宮川町)에는 바로 위 [그림]과 같은 모습의 미소라 히바리 동상이 있다. 미소라 히바리 생전의 모습을 담아 기념하는 이와 같은 상들은 일본 전국 여러 곳에 있으나 가장 대표적인 장소가 그녀가 태어난 이곳이다. 이는 동시대 사람들에게 그녀의 모습은 '가요계의 여왕'보다는 전쟁의 포화로 초토화된 전후 일본에 혜성처럼 등장한 '천재 소녀 가수'의 이미지가 먼저 떠오른다는 것을 의미한다.[12] 영화 ≪슬픈 휘파람≫에서 보여준 작중 전쟁고아이자 천재 소녀 가수로서의 모습은 그녀의 팬들과 동시대 사람들 나아가 일본의 대중들에게 강렬한 첫인상으로 자리 잡았다고 하겠다. 영화의 줄거리는 다음과 같다.

전쟁이 끝나고 돌아온 다나카 겐지(田中健三)는 집이 불타고 어린 여동생

12 阿久悠, 앞의 책, p.255 참조.

미쓰코(ミツコ)의 행방도 알 수 없었다. 원래 음악 지망생이던 그는 미쓰코에게 <슬픈 휘파람>이라는 자작곡을 가르쳐주고 전쟁터로 떠났었다. 수년이 지난 지금으로서는 이 노래만이 동생을 찾는 유일한 실마리인 것이다. 제대로 된 일자리를 구하지 못한 그는 밀수 조직에 고용된다. 어느 날 비어홀에서 무전취식을 하다가 들켜서 두들겨 맞던 겐지는 교코(京子)라는 여성의 도움을 받는다. 한편 미쓰코(미소라 히바리)는 요코하마의 일용직 하역 노동자들 틈에서 노숙과 다름없는 생활을 하고 있었다. 교코는 바이올린 연주자였던 아버지와 생활하고 있었는데 어느 날 길에서 자고 있는 미쓰코를 데려와 같이 살게 된다.

교코와 아버지 그리고 미쓰코는 창고 같은 가건물에서 셋이서 살게 된다. 교코의 아버지는 바이올리니스트로서의 자부심을 갖고 있지만 밤무대의 악사를 전전하면서 실의에 빠져 병을 얻고 시력을 잃어간다. 곤궁함에 시달리던 교코에게 밀수 조직이 아르바이트를 구실로 유인하여 밀수품의 운반책을 맡기려 하는데, 교코가 이를 거부하자 배 밑바닥에 감금된다. 이를 발견한 겐지가 그녀의 탈출을 돕는다. 한편 교코를 기다리던 아버지의 실수로 살고 있던 가건물에 불이 난다. 그 후 완전히 시력을 잃은 아버지는 미쓰코의 도움을 받으며 밤무대에서 근근히 연주한다. 어느 날 우연히 미쓰코가 무대에서 노래를 하게 되자 근처를 헤매던 교코가 그 목소리를 듣지만 곧 밀수단에 다시 끌려간다.

교코의 비명 소리를 듣고 눈치를 챈 미쓰코는 하역 노동자와 부랑자들의 도움을 받아 교코를 구출하고 밀수단도 붙잡게 된다. 신문에는 10세 소녀의 기지로 밀수단을 일망타진했다는 소식이 실리고 마지막 장면은 그 축하연을 겸한 '천재소녀가수' 미쓰코의 노래 공연이 펼쳐진다. 클래식만을 고집하던 교코의 아버지는 바이올린으로 미쓰코의 노래 반주를 담당하고 미쓰코는 실크해트에 연미복을 입고 <슬픈 휘파람>을 부른다. 교코의 무사 구출 소식을 듣고 찾아온 겐지는 미쓰코의 노래를 듣고 전쟁 때문에 헤어졌다가 귀국한 뒤에도 찾지 못했던 동생 미쓰코를 알아본다. 미쓰코 역시 꿈에도 그리던 오빠를 만나게 되어 부둥켜안고 운다.

이제 이 영화의 주제가 <슬픈 휘파람>의 가사를 살펴보겠다.

1 丘のホテルの赤い灯も
胸のあかりも 消えるころ
みなと小雨が 降るように
ふしも①悲しい 口笛が
恋の街角 路地の細道
ながれ行く

언덕 위 호텔의 빨간 불빛도
가슴 속의 등불도 꺼져갈 무렵
항구에 가랑비가 내리는 듯이
곡조도 ①슬퍼라 휘파람 소리
사랑의 길모퉁이 골목의 좁다란 길
흘러서 가네

2 いつかまた逢う 指切りで
笑いながらに 別れたが
白い小指の ②いとしさが
忘れられない ③さびしさを
歌に歌って 祈るこころの
④いじらしさ

언젠가 만나자고 손가락 걸며
웃음을 지으면서 헤어졌건만
하얀 새끼손가락 ②사랑스러워
도저히 잊지 못할 이 ③쓸쓸함을
노래를 불러보며 비는 마음의
④갸륵함이여

3 夜のグラスの 酒よりも
もゆる紅色 色さえた
恋の花ゆえ 口づけて
⑤君に捧げた 薔薇の花
ドラの響きに ゆれて①悲しや
夢と散る

밤의 술잔의 술보다도
타는 듯 분홍빛이 더욱 선명한
사랑의 꽃이기에 입을 맞추며
⑤그대에게 바친 장미 꽃송이
울리는 도라 소리 ①슬프게 퍼져가네
꿈처럼 지네

영화의 마지막 공연 장면에서는 3절, 1절, 2절의 순서로 노래한다. 가사의 내용 자체는 사랑하는 사람과 헤어졌으나 만나지 못하는 그리움을 노래하고 있다. 이별과 추억과 그리움이 이 노래의 소재가 되고 있는데 당시 영화 ≪슬픈 휘파람≫의 주인공 '미쓰코'와 같은 10세 또는 1949년 당시의 미소라 히바리와 같은 12세의 어린 가수가 부를 만한 가사로는 도무지 적절하지 않아 보인다. 보통의 어린아이라면 '언덕 위 호텔의 빨간 불빛'을 보고 어떤 특별한 정감을 느낄만큼 늦은 밤까지 깨어 있는 경우는 아주 예외적인 경우를 제외하고는 드물 것이다. '가슴 속의 등불이 꺼져 간다'는 것과 같은 고도의 비유 표현 또한 어린이의 말로는 어색하다.

그뿐만이 아니다. '밤의 술잔의 술'이라든가 '그대에게 바친 장미 꽃송이'와 같은 표현도 마찬가지이다. 주의할 것은 노래 가사 자체는 영화 ≪슬픈 휘파람≫의 스토리와는 분리해서 생각해야 한다는 점이다. 노래는 노래, 영화는 영화이다. 노래의 화자는 어떠한 존재인가? 가사 텍스트에 화자가 명시되지 않아 단언적으로 이야기하기는 어려우나 간접적인 실마리가 하나 눈에 띈다. 작품 전체를 통해 등장하는 유일한 인칭대명사 ⑤'그대'(君)이다. 이 2인칭 대명사에 대응할 수 있는 1인칭 대명사는 '나'(僕)일 것이다. 그렇다면 '그대에게 바친 장미 꽃송이'가 '꿈처럼 지'는 것을 슬퍼하는 '나'라는 존재를 일단 화자로 생각해볼 수 있다. 과연 '나'는 누구인가?

여기서 우리는 영화의 스토리와는 관계가 없지만 영화의 디테일에 주목하여 이를 참고할 필요가 있어 보인다. 바로 실크해트와 연미복이다. 실크해트와 연미복은 신사의 예복 정장이다. 작중 등장인물 미쓰코 자체가 아니라 미쓰코가 노래를 부르면서 누구를 연기하는가 하는 문제이다. <슬픈 휘파람>이라는 노래는 영화 ≪슬픈 휘파람≫에 삽입된 노래로서 픽션 속의 픽션 작품이기 때문이다. 이렇게 볼 때 이 장면에서 노래 텍스트 속 화자의 정체는 연미복을 입을 만한 성인 남성일 수밖에 없다. 가사의 내용과 화법 역시도 그러고 보면 허구로서의 '실크해트'적 존재인 것이다. 미소라 히바리는 영화 속에서 노래 작품의 '연기'를 멋지게 '연기'한 것이다.

미쓰코의 오빠인 겐지가 만든 노래로 되어 있는 이 <슬픈 휘파람>은 영화 ≪슬픈 휘파람≫ 속의 내용과 직접적으로는 관련이 없지만, 헤어진 사람에 대한 '그리움'을 암시한다는 점에서 간접적으로는 관련이 된다. 여동생과의 생이별, 전쟁에서 돌아온 사람이 발붙일 곳 없는 사회 상황, 그 가운데 현실의 고난을 어떻게든 이겨나가려는 의지 등등 이러한 모든 것들이 알게 모르게 연결되어 있다. 폐허 속에서도 한 송이의 꽃은 피듯이 잿더미 위에서도 사람들은 의지를 갖고 꿋꿋하게 살아간다. 서로 간의 끈끈한 정과 용기, 옳고 그름에 대한 판단과 미의식, 그리고 해피엔딩, 이러한 것들이 전후 일본의 대중들이 갈구하고 감동하던 삶의 모습이었다고 할 수 있겠다.

<슬픈 휘파람>에 표현된 감정 형용사는 네 가지 정도인데, ①'슬프다'(悲しい)가 2회, ②'사랑스럽다'(いとしい) ③'쓸쓸하다'(さびしい) ④'갸륵하다'(いじらしい)가 각각 1회씩 모두 다섯 번 사용되었다. 이를 통해 노래 전체의 감정적 기조를 알 수 있다. 노래의 내용은 분명히 애상적이고 구슬프다. 그러나 그것이 노래되는 상황과 노래 부르는 주체는 대단히 특별하다. 영화의 결말 부분 미쓰코의 공연 장소 입구에 입간판으로 '초가을을 즐기는 댄스파티'(初秋を楽しむダンスパーティ)라는 제목하에 더 큰 글씨로 '천재 소녀 가수 특별출연'(天才少女歌手特別出演)이라고 써놓고 마지막에 'CABARE ORION'으로 행사 주체가 명기되어 있다.

영화 ≪슬픈 휘파람≫의 마지막 장면에서 관객들은 일종의 부조화를 느낄 수 있다. 전후 혼란하고 곤궁한 사회에 카바레라는 향락적 공간이 위치하고, 슬프고 쓸쓸한 감정을 표현한 노래가 악단 반주에 실려 신사 정장의 전쟁고아=천재 소녀 가수에 의해 멋지게 불린다는 것. 문제는 이렇게 물과 기름처럼 겉도는 이질적인 요소들의 조합, 모순 이러한 것들이 묘하게도 조화를 이룬다는 것이다. 이 절묘한 앙상블이 오히려 전후 절망적인 현실에 맞닥뜨린 일본인들의 마음을 달래주며 희망을 불어넣지 않았을까? '전후'와 '미소라 히바리' 역시 영화와 주제가를 통해 늘 대중들의 마음속에서 함께 자리하며 시대 변화 속에서도 끝없이 재생산되어왔다.

제3절 전후의 꿈과 자유 <도쿄 키드>

<슬픈 휘파람>과 마찬가지로 후지우라 고 작사 만조메 다다시 작곡의 <도쿄 키드>는 1950년 7월 20일에 싱글 발매되었다. 영화 ≪도쿄 키드≫는 '희극의 하느님'(喜劇の神様)으로 불리는 사이토 도라지로(斎藤寅次郎, 1905~1982) 감독에 의해 같은 해 9월 9일에 개봉되었다. '키드'(キッド)라는 것은 영어의 kid에서 비롯된 말로 '아이'라는 뜻이다. 서민들이 사는 동네에 사는 남자아이인지 여자아이인지 구별이 잘 안 가는 아이 역할을 맡은 미소라 히바리가 주인공인 것 또한 ≪슬픈 휘파람≫과 같다. 그러나 ≪도쿄 키드≫는 보다 경쾌하고 희극적인 요소가 많은 것이 특징이다. 스토리는 비교적 단순한데 다음과 같다.

> 미소라 히바리가 연기한 주인공 마리코(マリ子)는 어머니를 여의고 고아로 지내다가 비어홀의 호스티스 도미코(富子)의 선의로 그녀의 집에서 지낸다. 그러나 어느날 갑자기 교통사고로 도미코가 죽자 도미코의 애인이던 산페이(三平)에게 맡겨진 상태가 되었다. 나가시[13] 일을 하며 낡고 허름한 숙소에서 하루하루 힘겹게 지내는 산페이는 어떻게든 마리코를 다른 곳으로 보내려고 한다. 그러나 매번 실패, 결국 마리코와 같이 지내다가 노래를 잘하는 마리코가 산페이의 일을 도우면서 둘은 진짜 부녀 관계처럼 정이 든다.
>
> 이때 미국에서 크게 성공한 실제 아버지 다니모토(谷本)가 나타나 마리코를 찾아 함께 미국으로 갈 것을 권한다. 그러나 마리코는 어머니를 불행하게 하고 야속하게 떠났던 아버지를 용서하지 못하고 거부한다. 아버지는 억지로라도

13 '流し'라고 표기하며, 기타나 아코디언과 같은 악기를 들고 소위 밤무대와 비어홀 등을 돌아다니며 손님들의 주문에 따라 노래를 불러주고 약간의 돈을 받는 직업.

데리고 가려 하지만 그로부터 계속 도망쳐서 산페이의 집으로 돌아온다. 다니모토는 산페이를 찾아가 아내와 딸을 버리고 간 것이 아니라 돈을 벌기 위해 미국에 갔다가 전쟁 때문에 돌아오지 못한 그간의 기구한 사정을 설명하고 협조를 구한다. 마리코도 결국 오해를 풀고 아쉽지만 산페이와 헤어져 아버지의 품에 돌아가게 된다. 마리코는 아버지와 미국행 비행기를 타고 떠나며 해피엔딩으로 마무리된다.

미소라 히바리의 후견인이던 가와타 하레히사(川田晴久, 1907~1957), 만담가 겸 배우 하나비시 아챠코(花菱アチャコ, 1897~1974), 코미디언 사카이 준지(堺駿二, 1913~1968) 등이 캐스팅되었고 당시 최고의 인기 희극배우 에노모토 겐이치(榎本健一, 1904~1970)가 특별 출연했다. 미소라 히바리는 이러한 화려한 배우들 속에서 전혀 손색없이 명연기를 펼쳤다. 이처럼 ≪도쿄 키드≫는 노래면 노래, 연기면 연기에 있어서 천재성을 유감없이 발휘한 그녀의 초기 걸작품으로 손꼽힌다. 주제가 <도쿄 키드> 또한 밝고 경쾌한 리듬으로 대히트하여 전후 혼란기의 일본인들에게 꿈과 희망을 준 노래로 기록된다. 가사를 보자.

歌も楽しや 東京キッド	노래는 즐거워라 도쿄 키드
いきでおしゃれで ほがらかで	명랑하고 세련된 멋쟁이지요
右のポッケにゃ 夢がある	오른쪽 주머니엔 꿈이 있고요
左のポッケにゃ チューイン·ガム	왼쪽 주머니엔 추잉검
空を見たけりゃ ビルの屋根	하늘이 보고프면 빌딩의 지붕
もぐりたくなりゃ マン·ホール	땅으로 숨고 싶으면 맨홀
歌も楽しや 東京キッド	노래는 즐거워라 도쿄 키드
泣くも笑うも のんびりと	울 때도 웃을 때도 태연스럽게
金はひとつも なくっても	가진 돈이 하나도 없을지라도

フランス香水 チョコレート	프랑스 향수에다 초콜릿
(……)	(……)
歌も楽しや 東京キッド	노래는 즐거워라 도쿄 키드
腕も自慢で のど自慢	뭐든지 잘하지만 노래도 잘해
いつもスイング ジャズの歌	언제나 스윙 재즈 노래
おどるおどりは ジタバーク	춤을 출 때면 지루박
(……)	(……)

이 노래의 화자는 어떠한 존재인가? 인칭대명사와 같은 표현이 적시되지 않았지만 전체적으로 '우리는'(われわれは 또는 私たちは)과 같은 1인칭 대명사가 생략된 것으로 간주할 수 있다. 각 절 마다 6행씩 3절로 구성되어 있으나 각 절의 제1행과 제5, 6행은 1, 2, 3절 모두 공통이므로 제2, 3, 4행들만 각 절 고유의 새로운 가사로 되어 있다. 모든 절에서 '노래는 즐거워라 도쿄 키드'로 시작하여 '하늘이 보고프면 빌딩의 지붕 / 땅으로 숨고 싶으면 맨홀'로 끝난다. 이 공통부분에서 '도쿄 키즈' 즉 전쟁고아로서의 '도쿄 아이들'이 스스로의 관점에서 스스로를 지칭하고 그들의 생활 방식을 스스로 묘사하는 것으로 되어 있다.

패전 후 일본에서 가장 긴급한 대책이 필요한 문제 중 하나가 바로 전쟁고아 문제였다. 1948년 후생성에서 실시한 '전국고아 일제 조사'(全国孤児一斉調査)에 따르면 전사자 또는 공습으로 인한 사망자 등 전쟁이 직접적 원인이 되어 부모를 잃은 아이가 28,247명, 그 외 외국으로부터 귀환시 부모와 헤어진 '인양고아'(引揚孤児) 11,351명, 전후 혼란으로 인한 고아 81,266명, 기타 버림받은 아이들 2,467명, 다 합하면 123,511명이었다.[14] 또 생활의 곤궁함으로 가출한 아이들까지 감안하면 이보다 더 많았을 것이다. 당시 전쟁고아는

---

14 戸ノ下達也, 『<戦後>の音楽文化』, 青弓社, 2016, p.77 참조.

매우 시급하고 심각한 사회 문제였다. 그러나 이에 대한 당시의 몇몇 정책들이 별로 실효성을 거두지 못한 것으로 보인다.

이들은 역이나 지하도 또는 교량 밑에서 부랑아가 되어 몰려다니기도 하고 일시적으로 시설에 수용되었다가도 불충분한 환경과 처우에 적응하지 못하고 거리로 다시 나오는 경우가 많았다. 구두닦이, 신문팔이, 시케모쿠(담배꽁초)팔이 등으로 약간의 벌이를 하는가 하면 걸식은 물론 암시장을 배회하며 음식을 훔친다든지 하여 생활하는 경우도 많았다고 한다.[15] 따라서 사회적 편견과 차별의 대상이 되기도 했으며 그러한 의미에서 그들은 전쟁으로 인한 이중의 피해자라고도 할 수 있다. 영화 ≪슬픈 휘파람≫과 ≪도쿄 키드≫그리고 주제가 <슬픈 휘파람>과 <도쿄 키드>는 모두 이러한 시대적 상황에서 탄생했다.

<슬픈 휘파람>의 첫 장면은 이를 여실히 보여주고 있는데 요코하마의 부두 근처 교량 밑에서 일을 기다리는 하역 노동자들과 부랑아가 된 아이들이 모여 있다. 미쓰코 역시 지저분한 행색을 하고 다른 아이들과 둘러앉아 땅바닥에 나무막대를 내리치는 놀이를 하면서 아이스케키를 먹는다. 겐지는 그 근처를 지나며 시케모쿠를 줍는 한 아이에게 자신의 여동생 미쓰코를 아느냐고 묻지만 그 무리 속에서는 지비코(チビコ)로 불리는 미쓰코를 알리가 없다. 또 장면이 바뀌어 언제나처럼 미쓰코(지비코)가 교량 아래 동료 집단의 박수를 받으며 <슬픈 휘파람>을 부르려는 순간 단속반이 나와 다른 소년들과 함께 도망을 친다. 잡혔다가는 수용시설에 가두기 때문이다.

<도쿄 키드>의 경우에도 비슷한 장면이 있다. 결말에 가까운 부분인데, 허름한 아파트에서 쫓겨난 마리코와 산페이는 우에노 공원 근처에서 거의 노숙에 가까운 무허가 판자집에 기거하게 된다. 여러 세대가 모여서 가건물

---

15 위의 책, p.77 참조.

형태의 동네를 이루고 있는데 마리코는 <도쿄 키드>를 부른다. 노래가 거의 끝날 무렵 단속반이 뜨고 아이들이 도망을 치는데 마리코가 그들에게 붙잡힌다. 그들은 '아이는 보육원, 어른은 수용소'라 외치며 산페이에게 공사판 일을 해야한다는 것을 주지시킨다. 물론 이것은 공동주택의 주인과 산페이가 미리 짜고 아버지를 따라가지 않으려는 마리코를 설득하여 아버지가 묵는 호텔로 가게 하기 위한 수단으로 사람을 고용해 벌인 연극이었다.

이들 작품에서 하나같이 도시의 전쟁고아 문제를 극명하게 보여주고 있다. 아이들이 도시의 공간 여기저기에 크고 작은 집단을 이루며 떠도는 것이 일상이 된 상황이었고, 정부는 단속반을 띄워 이들을 부모에게 돌려보내거나 보육원·수용소에 보내 사회 문제를 최소화하려 했다. 단속반과 아이들이 쫓고 쫓기는 이러한 일은 당시 비일비재했을 것이다. 전후 사회상을 그려내는 이와 같은 동시대의 가요영화의 공통된 특징은 그 전쟁고아 집단 속에서 노래하는 천재 소녀가 많은 사람들이 감탄해마지 않는 노래 실력으로 즐거움을 선사한다는 것이다. 특히 <도쿄 키드>는 험악한 일상을 받아들이는 아이들의 태도를 무척 낙천적인 것으로 그려내고 있다.

이 영화와 주제가에 나타나는 낙천적 특징은 어디에서 비롯되는 것일까? 그것은 추측컨대 아마도 정치적인 것일 수 있다. GHQ 점령하에서 전후 일본은 서구지향의 미국식 민주주의를 이식하는 방향으로 변화했다. 문화적 생산물에 대해 전전과 같은 엄격한 군국주의적 검열은 사라졌으나 거꾸로 자유와 민주주의의 가치를 수용하는 새로운 이념을 이식하려는 방향으로 규제가 이루어지고 있었다. 1950년에 제작된 <도쿄 키드>의 화자는 '하늘이 보고프면 빌딩의 지붕', '숨고 싶으면 맨홀'로 들어갈 수 있는 자유를 구가하고 있다. '돈이 하나도 없을지라도 / 프랑스 향수에다 초콜릿'처럼 곤궁하지만 부족함이 없다고 한다.

이것은 실로 전전과는 비교할 수 없는 '자유'를 바탕으로 한 해방감을 누리로 있다는 것을 의미한다. 불과 몇 년 전까지 어른이나 아이들이나 총동원체제로 인해 허리띠를 졸라매고 생활해야만 하고 국민으로서의 여러 가지 의무가 부과되는 가운데 하고 싶은 모든 것을 참고 참아야 했다. 그러나 지금은 가난하지만 신체의 자유, 행동의 자유, 사상의 자유 또 노래하고 춤출(표현할 수 있는) 자유를 누리고 있다. 하루하루의 삶을 영위하는 데에 다소의 어려움이 있을지라도 '주머니' 속에 '꿈'과 '추잉검'이 있는 한 그리고 '자유'가 있는 한 견딜 수 있다. 이것은 전후 일본을 재기하게 하고 다시 뛰게 한 원동력이 아닐까?

일본의 초기 가요계에서 활약한 가수들은 대부분 그 나름의 준비 기간이 있었다. 아와야 노리코, 후지야마 이치로, 후타바 아키코(二葉あき子, 1915~2011), 오미 도시로(近江俊郎, 1918~1992) 등은 성악을 전공한 음악학교 출신이다. 가사기 시즈코(笠置シヅ子, 1914~1985)는 쇼치쿠악극부(松竹楽劇部)에서 음악 전문교육을 받았다. 또 오바타 미노루(小畑実, 본명은 강영철[康永喆], 1923~1979), 기쿠치 아키코(菊池章子, 1924~2002) 등은 작곡가 문하에서 레슨을 받으며 데뷔의 찬스를 얻었고, 오카 하루오(岡晴夫, 1916~1970), 다바타 요시오(田端義夫, 1919~2013) 등은 나가시를 전전하며 기량을 쌓았다.

이들에 비해 미소라 히바리는 전후라는 시대가 낳은 완전히 새로운 타입의 가수로서 종래의 상식으로는 설명할 수 없는 존재였다. 음악에 관한 정규교육을 받은 적도 없고 작곡가의 문하생도 아닌 그녀는 가수로서의 훈련 기간이 따로 없었다. 그렇지만 <슬픈 휘파람> <도쿄 키드>를 부를 당시 12, 13세의 미소라 히바리는 이미 완성품이었다.[16] 데뷔 당시부터 '어떤 곡을 부르든 그 누구보다 잘 부르는'[17] 미소라 히바리는 특정 장르에 국한되지

16 山折哲雄, 『美空ひばりと日本人』, 現代書館, 2001, p.4 참조.

않았다. 흔히 말하는 '엔카의 여왕'이라는 좁은 틀의 명칭이 아닌 '가요계의 여왕' 또는 '쇼와의 가희'로 불러야 타당하다[18]는 주장이 설득력을 갖는 것도 그러한 이유이다.

그러나 모두가 그 천재 소녀 가수의 등장을 환호하기만 했던 것은 아니다. 시인이자 작사가 사토 하치로(サトウハチロー, 1903~1973)는 '최근 어른 흉내를 내는 조잡한 싸구려(ゲテモノ) 소녀 가수가 있는 것 같다'는 비판적 논조의 기사를 썼고, 일본 가요계의 대모 아와야 노리코는 미소라 히바리에 관해 가수(歌手)가 아닌 '노래쟁이(歌屋)'[19]라 폄하했다. 생전의 미소라 히바리는 반드시 모든 일본인의 마음을 사로잡았던 것은 아니었다. 지식 계층 사이에서는 그녀에 대한 알러지 반응도 적지 않았다.[20] 특히 1970년대 들어 조직폭력단과 관련된 남동생의 연이은 형사사건 등으로 방송이나 공연이 취소되기도 했다.

그러나 미소라 히바리의 사후, 이러한 상황은 달라졌다. 예를 들어 1989년 9월 미국을 방문한 일본의 가이후 도시키(海部俊樹, 1931~2022) 수상은 미국의 정치가와 외교관 기자들 앞에서 이렇게 말했다. "3개월 전 우리는 전후 일본을 대표하는 국민적 가수를 잃었습니다. 그녀는 젊은 시절 <도쿄 키드>라는 노래를 불러 크게 유행했습니다. 그 노래의 1절에 '오른쪽 주머니엔 꿈이 있고요 / 왼쪽 주머니엔 추잉검'이라는 가사가 있습니다. 우리 일본인은 전후 가난한 시절에 추잉검을 맛보며 미국에는 꿈과 희망이 있다고 생각하고 동경했습니다. 전후 일본인을 위로하고 격려한 것은 미소라 히바리가 부른 노래

---

17 なかにし礼, 『歌謡曲から「昭和」を読む』, NHK出版, 2011, p.120 참조.

18 위의 책, p.123 참조.

19 塩沢実信, 『昭和の流行歌物語: 佐藤千夜子から笠置シズ子、美空ひばりへ』, 展望社, 2011, p.153 참조.

20 山折哲雄, 『日本の心、日本人の心 (下)』, NHK出版, 2004, p.130 참조.

였습니다."[21]

이러한 전 일본 총리의 말이 정치가로서 상황적 맥락에 맞춘 단순한 수사(rhetoric)일 수도 있겠지만 미소라 히바리의 존재감은 분명 일개 가수의 영역을 넘어선 것이었다. 장례식에는 팬들이 연도를 가득 메우면서 그녀의 죽음을 슬퍼했고, 약 한 달 후의 고별식에는 4만 2천 명이 참가했다. 당시 TV를 통해 생중계된 고별식의 모습은 그야말로 전국민적 규모의 애도 분위기를 실감하게 했다. <흐르는 강물처럼>이 연주되는 가운데 모여든 사람들이 숙연하게 함께 노래를 불렀다. 그뿐만 아니라 현재까지 해마다 6월 24일 미소라 히바리의 기일이 되면 그녀를 기리는 행사가 열린다.

1960, 70년대 고도경제성장기를 대표하는 인물 중의 한 사람으로서 미소라 히바리는 일본의 고등학교 역사 교과서에도 실리고 있다. 그녀는 전후 일본인의 마음속 깊은 곳을 정확하게 포착하여 가장 적절히 표현할 수 있었던 거장으로 자리매김이 되고 있다. 서민들에게 잿더미 위에서 희망을 주었고 살아갈 힘과 용기를 주었다. 일본의 대중들은 미소라 히바리의 노래를 통해 자신의 고향을 돌아보고 정체성을 확인했으며 위치와 방향을 발견했다. 그 핵심적 내용은 전후 혼란기의 '부조화'된 현실을 그대로 받아들이면서도 '조화'롭게 살아가고자 하는 의지였고 또 그 의지는 이전에는 없던 '자유'에 바탕을 둔 것이었다.

미소라 히바리의 뛰어난 가창력과 섬세하고도 카리스마 넘치는 표현력은 100년에 한 사람이나 날까 말까 한 타고난 천재성으로 평가된다.[22] 그러나 일본대중음악사에 있어서 쇼와 시대를 상징하는 아이콘으로서 영원한 '국민가수'로서 팬들의 가슴 속에 아직도 찬란하게 기억되고 있는 이유는 단지

---

21 위의 책, p.129 참조.

22 박진수·김태경 외, 앞의 책, p.203 참조.

가수로서의 기량 때문만은 아닐 것이다. 그녀가 살았던 시대, 패전과 전후 또 그 이후의 특별한 맥락 속에서 의미를 부여하고 재해석해온 팬들의 수용 과정이 존재했기 때문이다. 그것이 '널리 국민에게 사랑받고' '밝은 희망을' 줄 수 있었던 이유일 것이다. 노래는 세상과 시대를 반영하며 사람들의 마음과 함께 흐르는 강물과 같은 것이 아닐까?

제8장

1970, 80년대 한류와 '이별'의 감성

이 장에서는 1970년대와 80년대에 한국의 대중가요가 일본에 소개되어 히트한 대표적인 곡들의 가사를 텍스트로 하여 원래 가사와 일본어 번역의 비교분석을 통해 두 언어 간 교섭 양상을 사회 문화적 맥락에서 이해해보겠다. 1970, 80년대에는 해방과 분단 이후 처음으로 한국 가수들의 본격적인 일본진출이 이루어지게 되었고 양국 간에는 사회 경제적으로 그 이전에 비해 많은 관계망이 구축되던 시기였다. 한국 대중음악계로서는 '대일문화수출'이 시작된 시점이기도 하다. 특이한 것은 이때가 일본과의 문화 교류에서 '수입'이 없는 '수출'만이 가능한 시대였다는 점이다. 이 시대에 한국어 가사가 일본어로 '어떻게' 번역되었는가 하는 문제를 언어 표현에 주목하여 살펴보고자 한다.

앞서 언급했듯이 역사적으로 한국의 대중가요는 일본의 대중가요와 매우 깊게 관련되어 있다. 대중가요의 유행 현상 자체가 일제강점기였던 20세기 초에 시작되어 소위 제국의 권역이라는 동일한 사회경제적 자장(磁場) 안에서 함께 생산 유통 소비되었고, 해방 이후에도 양국의 대중가요계에는 빈번한 인적 교류와 작품상의 영향 관계가 있어왔다. 트로트와 엔카가 멜로디나 악곡의 분위기, 제재나 가사 표현 등 음악적·문학적 측면에서 다른 문화권의 대중음악과 구별되는 독특한 공통적 특성을 지니고 있는 것은 이러한 이유에서이다. 더구나 한국어와 일본어는 어순과 문법이 비슷하고 감성적 표현이 서로 쉽게 이해되므로 번역을 통해 시적 정서의 공유가 가능하고 번안과 모방이 용이하다.

해방 후 한일 간의 문화 교류는 20년간의 공백기를 거쳐 1965년 한일기본조약을 통해 국교가 재개됨으로써 비로소 가능해졌는데 교육과 예술 분야에서부터 조금씩 인적 왕래가 늘어나기 시작했다. 대중음악의 경우 비공식적 혹은 간헐적 교류가 이어지다가 한국 가수들이 일본에서 주목받게 된 것은 1970년대 중후반부터이다. 그 기폭제가 된 곡이 이성애(李成愛, 1952~)[1]가 일본어로 부른 <가슴 아프게>(カスマプゲ)였다. 본 논문에서는 이 곡과 함께 <돌아와요 부산항에> <이별> 등 당시 일본어로 번역된 곡들의 가사를 분석하고자 하는데 모두 이 시기에 이성애에 의해 불렸던 노래들이다. 이 세 곡은 모두 '이별'의 정한을 노래하고 있다는 공통점을 갖고 있다. 각각의 경우 일본어로 어떻게 번역되어 받아들여졌는지 알아보자.

제1절 대중음악과 한일관계

하나하나의 곡과 번역 가사를 검토하기에 앞서 우선 대중음악과 한일관계에 관련된 사회적 상황을 역사적 맥락 속에서 개략적으로 살펴보겠다. 해방

---

1 이성애는 단국대 사학과 재학 중인 1971년 <사랑의 오두막집>으로 데뷔한 팝 계열의 가수로서 1973년 MBC, KBS, DBS 등의 가요제에서 신인상을 받았고, 1976년 일본의 연예기획사 미키프로덕션(三木プロダクション)에 의해 스카우트되어 1977년 <가슴 아프게>의 대히트로 일본에서 성공한 한국 가수 제1호가 되었다. 岡野弁, 『演歌源流·考』, 学芸書林, 1988, pp.12-13 참조.

직후 국교가 없던 시대에도 한일 대중음악계는 재일동포 사회를 중심으로 꾸준히 인적 교류가 있었다. 이 시기 일본 가요계에는 히트곡을 연발한 오바타 미노루(본명 강영철) 등 많은 동포들이 활약하고 있었다.[2] 여러 동포 조직에서는 좌우를 막론하고 대중 계몽 운동의 일환으로 가무단과 극단 등을 조직하여 공연활동을 벌였다.[3]

가수 장세정은 자주 일본에 건너가서 원맨쇼를 하기도 했고 그 밖에 많은 연예인들이 광복절 삼일절 등 기념집회 때 초청받아 출연했다.[4] 1951년에는 해방 전 장세정이 부른 <연락선은 떠난다>(1937)를 번안한 <연락선의 노래>(連絡船の唄)와 한국민요 <아리랑>(アリラン)과 <도라지>(トラジ)를 일본의 유명 가수 스가와라 쓰즈코(菅原都々子, 1927~)가 불러 히트했다.[5] 한국전쟁 중이었던 이때 <연락선의 노래>는 전후 일본에서 히트한 최초의 한국가요였다.[6] 또 작곡가 손목인 길옥윤(吉屋潤, 1927~1995)은 1950년대 초에 도일하여 악단을 조직하고 음반을 냈다. 특히 길옥윤은 1952년 '요시야 준[7]과 크루캐츠'를 결성하여 활동한다.[8]

1965년 6월 한일회담이 타결되어 비로소 국교가 성립되자 한일 대중음악

---

2 박찬호, 이준희 편, 『한국가요사 2』, 미지북스, 2009, pp.644-649 참조.

3 위의 책, p.644.

4 위의 책, pp.651-652.

5 위의 책, pp.645.

6 北中正和, 「戦後歌謡史をたどる30枚」, 『ユリイカ』 第31巻4号 <歌謡曲>, 1999.3月号, 青土社, p.214.

7 '요시야 준'은 '길옥윤'을 한자로 '吉屋潤'이라 쓰고 일본식으로 읽은 이름이다. 그의 본명은 최치정(崔致禎)인데 일본에서 활동을 하면서 일본의 여류작가 요시야 노부코(吉屋信子, 1896~1973)와 원로작가 다니자키 준이치로(谷崎潤一郎, 1886~1965)의 이름에서 일부를 따다가 만든 예명이 '요시야 준'이고 이것을 한국어로 그대로 읽으면 '길옥윤'이 된다. 흔히 한국에서는 그의 성을 '길'(吉) 이름을 '옥윤'(屋潤)으로 아는 경우도 많았다.

8 박찬호, 앞의 책, p.435.

계에는 공식적인 교류가 시작될 조건이 갖추어졌다. 한국의 연예인들은 우선 동포 위문단을 조직하여 대거 위문공연을 했다. 백년설(白年雪, 1914~1980)은 심연옥(沈蓮玉, 1928~2021), 이은관(李殷官, 1917~2014), 도미(都美, 1934~), 고대원(高大遠, 1930~2008), 백금선(白琴線, 1933~)을 비롯한 가수들과 무용팀을 이끌고 1965년 7월부터 '서울 올스타 퍼레이드'(ソウルオールスターパレード)라는 제목의 일본 전국 순회공연을 했다. 이때 음악은 박시춘(朴是春, 1913~1996) 사회는 양석천(梁錫天, 1921~1990)이 맡았다. 1970년대까지 고복수, 황금심(黃琴心, 1921~2001), 김정구, 장세정, 현인(玄仁, 1919~2002), 고운봉(高雲峰, 1920~2001) 등 원로가수들은 물론 일선에서 활약하는 많은 가수들이 이러한 위문공연에 참가했다.[9]

국내의 톱 가수 이미자(李美子, 1941~)는 1966년 일본으로 건너가 빅터레코드에서 <동백 아가씨> 등 히트곡을 일본어 가사로 취입했다.[10] 이미자는 한국에서 인기 절정에 있다가 '왜색가요 시비'[11]와 함께 금지곡이 된 <동백 아가씨>를 <사랑의 빨간 등>(恋の赤い灯)이라는 일본어 곡으로 번안하여 불렀던 것이다. 그 후 많은 인기 가수들이 일본 레코드사와 전속 계약을 맺었으나 패티 김(Patti Kim. 1938~)을 제외하고는 별로 큰 반응을 얻지 못했다.[12] 1969년 패티김이 부른 길옥윤 작사 작곡 <사랑하는 마리아>의 번안곡(サラングハヌンマリア)이 히트하여 텔레비전 가요 프로그램 인기 차트 1위를 기록했으나 일본 노래가 아니라는 이유로 방송이 되지는 않았다.[13]

---

9 위의 책, pp.651-652 참조.

10 위의 책, p.652.

11 <동백 아가씨>를 둘러싼 '왜색가요 시비'에 관해서는, 위의 책, pp.451-452; 이영미, 『한국대중가요사』, 시공사, 1998, pp.177-178; 문옥배, 『한국 금지곡의 사회사』, 예솔, 2004, pp.111-112; 장유정·서병기, 『한국대중음악사 개론』, BM성안당, 2015, pp.225-230 등 참조.

12 박찬호, 앞의 책, pp.652-653.

가수 한명숙(韓明淑, 1935~)이 부른 손석우(孫夕友, 1920~2019) 작사 작곡의 <노오란 샤쓰의 사나이>(1961)는 해방 이후 최대의 음반판매를 기록하여 국내에서 크게 히트한 후 일본과 동남아시아 각국에서 인기를 얻었다.[14] 이 곡은 1965년 프랑스의 원로 샹송 가수 이베트 지로(Yvette Giraud, 1916~2014)가 내한했을 때 한국어로 불렀고 레코딩까지 했다. 일본에서는 재일동포 사이에서 많이 애창되었고 1970년에는 하마무라 미치코(浜村美智子, 1937~)가 번역곡 <노란 샤쓰>(黄色いシャツ)로 불러서 히트했다.[15]

또 같은 해인 1970년 연말에는 야마하음악진흥회(ヤマハ音楽振興会) 주최 제1회 도쿄국제가요음악제[16]에 작곡가 이봉조(李鳳祚, 1932~1987)와 가수 정훈희(鄭薫姫, 1952~)가 한국 대표로 출전 <안개>를 불러 입상했다.[17] 1974년에는 제3회 도쿄음악제세계대회에서 길옥윤 작사 작곡의 <사랑은 영원히>를 패티김이 불러 동상을 받았다. 그러나 이때만 해도 일본에서 한국의 대중가요 혹은 가수들이 크게 화제가 되거나 많은 주목을 받았다고는 할 수 없다.

그러던 중 1977년에는 일본의 음악제작사 도시바이엠아이(東芝EMI)가 제작한 이성애의 LP가 예상을 훨씬 뛰어넘는 대히트를 기록하게 된다. 한국의 인기 가요를 일본어로 수록한 음반의 제목은 ≪열창, 이성애: 엔카의 원류를 찾다≫(熱唱 李成愛 演歌の源流を探る)였다. 이성애는 연이어 1년 만에 7종의 앨범을 내는데 부제목은 모두 '엔카의 원류를 찾다'였다.[18] 이성애의 뛰어난

---

13 위의 책, p.655 참조.

14 장유정·서병기, 앞의 책, p.221 참조.

15 박찬호, 앞의 책, p.394 참조.

16 第1回東京国際歌謡音楽祭. 1971년부터 세계가요제(世界歌謡祭)로 개칭하여 1989년까지 계속됨.

17 http://www.yamaha-mf.or.jp/history/e-history/wpsf/wpsf1.html 참조.

18 이 부제목 때문에 일본에서는 '엔카'의 기원을 한국으로 생각하는 경향이 생겨나기도 했다. 岡野弁, 앞의 책, p.12 참조.

가창력은 일본의 엔카(演歌) 가수들에게 커다란 자극을 주었다.[19] 이로써 이성애는 해방 이후 한국 가수로서 일본에서 성공한 첫 번째 케이스가 되었다. 사실상 한국 가수의 이름이 한국식 발음 그대로 읽혀지면서[20] 일본에서 히트한 것은 이때가 처음이었다.

이렇게 1970년대 이후 한국 가수들이 일본에서 활동하면서 한국의 대중가요가 일본에 많이 알려진 반면 일본의 가수와 노래는 이때까지도 한국에 공식적으로 소개되지 못했다. 1969년 시민회관에서 열린 아시아그룹사운드 페스티벌에 재일교포가 리더로 있는 7인조 그룹 아스트로너츠(The Astronauts, アストロノウツ)가 일본 대표로 참가하여 사이키델릭 음악을 선보였다. 또 1972년에는 일본의 톱클래스 5인조 록그룹 블루 코메츠(Jackey Yoshikawa & His Blue Comets, ジャッキー吉川とブルー·コメッツ)가 시민회관에서 내한 공연을 가졌다.

그러나 이들은 모두 국내에서 일본의 음악을 연주할 수 없었다. 블루 코메츠의 경우 <봄비>, <해변의 여인>, <해변으로 가요>, <보리밭> 등 국내의 히트곡들을 연주했고 한국의 가수들이 찬조 출연해 공백을 메꾸었다.[21] 1970년대 후반 일본에서 센세이션을 일으킨 여성 듀엣 핑크레이디(ピンク·レディー, 未唯 1958~, 増田恵子, 1957~)도 1980년 서울에서 열린 제2회 국제가요제의 게스트로 초빙되어 내한했으나 일본어로 노래를 부르지는 않았다. 단지 미국에 진출하면서 빌보드 순위에 올라간 <키스 인 더 다크>(Kiss in the Dark)

---

19 菊池清磨, 『昭和演歌の歴史』, アルファベータブックス, 2016, p.471. 菊池清磨, 『日本流行歌変遷史』, 論創社, 2008, p.240 참조.

20 일본에서 발행된 이성애의 음반에는 대부분 한자 이름 '李成愛' 외에 외국인명 표기에 주로 사용하는 가타카나 표기 'イソンエ'나 알파벳표기 'Lee Sung Ae' 또는 'Lee Seong Ae'가 쓰였다. 1960년대 이미자의 경우는 한자로 '李美子'로 쓰고 '리 요시코'로 읽거나 혹은 한자로 같은 발음에 해당하는 '李良子'로 표기되기도 했다.

21 김형찬, 『한국대중음악사 산책』, 알마, 2015, pp.62-63 참조.

등을 영어로 불렀을 뿐이다.

비공식적으로는 1969년 이시다 아유미(いしだあゆみ, 1948~2025)가 불러서 일본에서 대히트한 <블루 라이트 요코하마>(ブルー・ライト・ヨコハマ)가 한국 내에 많이 알려지기도 했다. 이 노래는 1970년대까지 한국인이 가장 많이 알고 있는 일본 노래였다. 또 1980년대에 한일 간 왕래가 늘어나면서 이쓰와 마유미(五輪真弓, 1951~)의 <연인이여>(恋人よ, 1980)가 널리 유포되었다.[22] 그러나 이 곡들은 어디까지나 정식으로 수입절차를 밟아서 들어온 것이 아니었고 그런 만큼 한국어로 '번역'[23]되지도 않았다.

전체적으로 1970년대부터 90년대까지 한국인 가수가 일본에서 활동한 규모에 비하면 같은 시기에 일본인 가수는 거의 한국에 알려지지 않았다고 할 수 있다. 이러한 한일 간의 비대칭성은 해방 직후부터 1998년까지 일본 대중문화가 들어오는 것을 정부가 규제하던 데에서 기인한 결과였다. 한국 정부는 이승만(李承晩, 1875~1965) 대통령 이래로 자국 문화 보호 및 식민지 역사에 대한 국민감정을 고려하여 일본의 만화, 영화, 음악 등 대중문화 유입을 법령으로 제한해왔다. 그러다가 1998년 김대중(金大中, 1924~2009) 대통령의 일본 국회방문 연설에서 일본대중문화 개방[24]의 방침을 밝히고, 네 차례[25]

---

22 2002년에는 린애(鄰愛, 1980~)가 한국어로 번안하여 불렀다.

23 외국의 악곡이 '번안'되지 않고 '번역'된다는 것은 지극히 정상적인 루트로 수입된다는 것은 의미하는 경우가 많다. 또한 대부분의 경우 '번역'이라는 것은 단지 선진 문화를 모방하거나 답습하는 데에 그치지 않고 오히려 타자의 문화를 수용함에 있어서 매우 자각적이고 주체적인 행위이다.

24 위키백과, 우리 모두의 백과사전. '대한민국의 일본 대중문화 개방'항목 및 フリー百科事典『ウィキペディア(Wikipedia)』'한국에서의 일본대중문화 유입제한'(韓国での日本大衆文化の流入制限) 항목 참조.

25 제1차(1998년 10월 20일)－만화 / 4대 국제 영화제 수상 영화, 제2차(1999년 9월 10일)－2000석 이하의 가요 공연(방송, 음반 및 비디오 판매는 불가) / 영화의 해금 범위 확대, 제3차(2000년 6월 27일)－국제 영화제에서 수상한 극장용 애니메이션 / 가요 공연의 좌석

에 걸친 대일문화개방 조치를 통해 일본의 만화, 공연, 영화, 종교, 애니메이션, 게임, 스포츠, 다큐멘터리, 보도, 레코드 및 CD 등이 점차 해금된 것이다.[26]

2000년대가 되자 한국의 가수로는 보아(BoA, 1986~), 2000년대 중반에 1986~1988년생의 5인 남성그룹 동방신기(東方神起)가 일본에 진출하여 성공했고 최근에는 1992~1997년생의 7인 남성그룹 방탄소년단(防弾少年団, BTS)이 세계적인 인기를 끌면서 일본에도 알려졌다. 이미 2000년대 이후에는 일본의 가수와 음악 그룹들도 한국에 알려져 한일 양측의 문화적 교류에 있어서 과거에 존재했던 장벽이나 비대칭성은 사라졌다고 할 수 있다. 그 배경에는 정책적 영향도 있지만 인터넷 등 미디어의 변화가 크게 작용한 것으로 생각된다.

이렇게 볼 때 해방 이후 지금까지 한일 대중음악 교류의 변화 과정을 크게 다음과 같은 세 단계로 나누어 정리해볼 수 있다.

① 교류단절기(1945년~1965년까지의 비공식적 교류)

② 일방통행기(1970년대~1990년대까지의 비대칭적 교류)

③ 상호교류기(2000년대 이후의 전면적 개방과 교류)

①의 시기에 양국 사이에는 국교가 성립되지 않아 공식적으로 교류가 단절

제한 철폐 / 비디오 게임 이외의 게임 소프트 / 스포츠, 다큐멘터리, 보도 프로그램의 방송, 제4차(2004년 1월 1일)－영화의 전면 해금 / 레코드, CD, 테이프 등 판매.

26 1998년 이후 단계적 개방을 거쳐 일본 대중문화는 법적으로 대부분 수입·공연·방영이 가능해졌으나, 2025년 현재에도 지상파 방송에서 일본 드라마의 정규 편성이나 일본어 가사 노래의 생방송에는 일정한 제약이 남아 있다. 법적 금지보다는 방송사 내부의 자율적 판단과 시청자 정서 고려에 따른 편성 관행의 영향이 크다. 향후 문화 교류의 확대와 상호 이해 증진을 통해 이러한 관행적 제한이 해소된다면, 양국 간 문화교류는 보다 심화된 단계로 나아갈 수 있을 것이다.

된 상태였으나 대중음악인들의 비공식적 왕래는 있었다. ②의 시기에는 국교 수립을 기반으로 대중음악을 포함한 여러 분야의 교류 기반이 형성되었다. 한국 측의 일본대중문화 수입 규제로 인해 공식적으로 일본의 대중음악이 한국으로 수입될 수는 없었지만 한국의 대중음악은 일본으로 진출이 가능한 비대칭적인 상태였다. ③의 시기는 한국 정부의 일본 대중문화 개방으로 마침내 전면적 교류의 길이 열렸다. 특히 2002년 이후 한류 붐 등을 통해 대중음악의 교류도 활발해져서 현재에 이르고 있다.

오늘날 과거와 같은 규제는 없지만 최근 한일관계의 악화와 함께 자칫 대중음악 종사자나 대중들의 상대편 문화에 대한 몰이해 때문에 크고 작은 오해가 빚어져 언제든지 문제가 될 수 있는 새로운 상황[27]에 직면해 있다. 게다가 2000년대 중반 들어 일본 내 혐한 분위기의 확산 및 한국 내 반일 감정의 증폭 등은 미래에 대한 전망을 다소 불투명하게 하는 요소이다. 향후 더욱 적극적인 상호협력 관계 속에서 지금까지 이상의 교류와 협업이 활발하게 이루어질 것으로 전망하지만 어느 정도의 부침과 우여곡절은 있을 것으로 본다.

이러한 시대적 추이를 고려할 때 1970, 80년대는 지금과는 매우 다른 상황이었다.[28] 최근 일본에서는 1970, 80년대를 2000년대 이후의 한류 붐에 앞선 '제1차 한류 붐'으로 부르기도 한다. 이성애의 활약에 뒤이어서 1980년대에는 조용필(趙容弼, 1950~), 김연자(金連子, 1959~), 계은숙(桂銀淑, 1961~) 등 한국

---

27 2018년 11월 방탄소년단의 일본 TV방송 출연 취소 소동 등.

28 1970년대 초반의 한일 관계는 오늘날에 비해서 특별히 더 좋을 것이 없었다. 1973년 김대중 납치사건으로 일본의 한국에 대한 비판 여론이 일어났고 1974년에는 문세광(文世光, 1951~1974)의 대통령 저격사건으로 한국의 일본에 대한 여론이 악화되는 등 오히려 한일 관계에 먹구름이 잔뜩 끼어 있었다. 재일동포 유학생 간첩사건의 조작도 1975년의 일이었다. 그러한 가운데에 현재의 관점에서 1977년의 이러한 '붐'이 조성된 맥락을 이해하기가 쉽지 않다.

의 역량 있는 가수들이 일본에 진출하면서 한국에서 히트한 곡이 일본어로 번역되어 유행하는 경우가 많았다. 그렇다면 이 때 이들이 성공할 수 있었던 요인은 무엇인가? 패전 후 인접한 나라의 문화에 무관심하던 일본인들이 1970, 80년대에 어떠한 사회적 조건과 시대적 맥락이 작동하여 새로운 관심을 갖게 되었는가? 그 번역된 한국 노래가 도대체 어떠한 매력을 갖고 있었는가?

제2절 불완전 번역의 의도된 효과 <가슴 아프게>

여기에서 다루는 세 곡 <가슴 아프게>와 <돌아와요 부산항에> 그리고 <이별>은 한국에서 각각 1967년, 1970년(1976년 개작), 1972년에 처음 등장했다. 일본어로 번역된 것은 <가슴 아프게>(カスマプゲ)가 1976년, 그 다음 <돌아와요 부산항에>(釜山港へ帰れ)와 <이별>(離別)이 1977년으로 거의 동시이다. 그렇다면 이들 각각의 곡이 발표된 경위와 함께 번역 유행한 과정 및 텍스트 분석을 순서대로 시도해 보겠다. 우선 '제1차 한류 붐'의 핵심에 있었던 <가슴 아프게>의 원곡 가사와 번역 가사의 텍스트를 대조하면서 한국어에서 일본어로의 번역 양상을 분석 검토하고 시대 상황과 함께 고찰해 보고자 한다.

<가슴 아프게>는 1967년 당시 황금의 콤비였던 정두수(鄭斗守, 1937~2016) 작사 박춘석(朴椿石, 1930~2010) 작곡의 곡으로 팝에서 트로트로 전향한 가수 남진(南珍, 본명 김남진[金南鎭], 1946~)을 일약 톱 가수로 만들었다. 남진은 이 곡으로 인해 같은 이름으로 제작된 영화 ≪가슴 아프게≫의 주연을 맡았고 1969년에는 TBC방송가요대상을 받았다. 이 곡은 이미 1976년 초에 일본의 작사가 호시노 데쓰로(星野哲郎, 1925~2010)의 번역으로 가수 미카와 겐이치(美川憲一, 1946~)가 싱글 음반으로 낸 바가 있다. 그런데 이 곡이 이듬해 작사

가 신동운(申東運, 1935~)[29]에 의해 새로 번역되어 이성애의 음반에 실리게 된 것이다.

이성애의 첫 앨범 ≪열창, 이성애: 엔카의 원류를 찾다≫라는 음반에는 이 곡을 비롯한 한일 양국의 노래 열두 곡이 같이 실렸다. A면에는 일본 노래 B면에는 한국 노래가 각각 여섯 곡씩 수록되었다. A면의 곡은 <뱃사공의 노래>(船頭小唄), <꿈은 밤에 펼쳐진다>(夢は夜ひらく), <별 그림자의 왈츠>(星影のワルツ), <나가사키는 오늘도 비가 왔다>(長崎は今日も雨だった), <아카시아의 비가 멎을 때>(アカシヤの雨が止む時), <북녘의 객창에서>(北の宿から)였다. <뱃사공의 노래>는 <메마른 억새>(枯れすすき)로 알려진 1920년대의 민요조 유행가였고 그 외에는 모두 1960년대와 70년대 일본의 가요(특히 엔카)를 대표하는 명곡이었다.

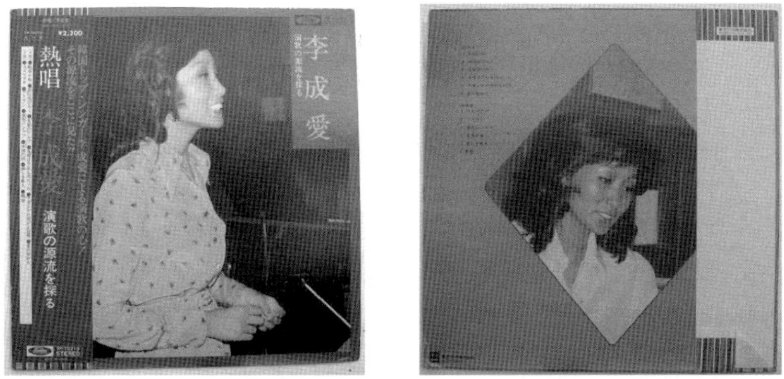

이성애의 앨범 ≪열창 이성애: 엔카의 원류를 찾는다≫의 앞면(좌)과 뒷면(우)

---

29 이성애가 1971년 데뷔 후 특별한 활동 없이 학업에 전념할 때 다시 노래 수업을 하도록 강력히 추천했고 일본에서의 첫 앨범을 제작하는 데에도 한국 측의 코디네이터로서 큰 역할을 한 것으로 보인다. 岡野弁, 앞의 책, p.13 참조. 번역작사가로서도 활동. 이성애가 부른 <사랑을 느낄 때>(Carpenters의 <Top of the World>의 번역곡) 등이 대표적인 예이다.

B면의 한국 노래로는 <가슴 아프게>(カスマプゲ)와 <아리랑>(アリラン), <노란 샤쓰>(黄色いシャツ), <목포의 눈물>(木浦の涙), <나그네 설움>(淋しき旅人), <향수>(郷愁)였다. 민요와 팝 계통의 노래가 있기는 하지만 트로트가 주를 이루고 있다. 마지막 곡인 <향수>는 황문평(黄文平, 1920~2004) 작곡에 일본인 작사가 다카 다카시(たかたかし, 1934~)가 가사를 붙인 한일 합작곡이다. 해설지에는 「레코딩 노트」라 하여 일본의 언론인이자 대중음악평론가 오카노 벤(岡野弁, 1927~)이 '(……)일본에 커다란 영향을 준 한국의 노래를 한국의 가수가 부른다(……) 그리고 일본의 엔카를 한국의 가수가 부른다(……)'라는 두 가지 의미를 부여하면서 한일 대중음악의 인연을 강조한다.

<가슴 아프게>는 B면의 첫 곡이지만 이 음반 전체를 이끄는 곡처럼 되었고 나아가 한국의 '엔카'(트로트) 및 한국 대중음악을 대표하는 곡으로 인식되기에 이르렀다. 실제로 그 이후 ≪노삿푸미사키≫(納沙布岬)[30] ≪이별≫(離別) 등으로 이어지는 이성애의 일련의 음반과 함께 ≪가슴 아프게≫(カスマプゲ)를 제목으로 한 음반과 카세트테이프 CD도 발매된다. 이러한 점에서 <가슴 아프게>가 당시의 일본인들을 매료시킨 이유는 과연 무엇인지를 생각해보게 된다. 한국어 원곡 가사와 일본어 번역 가사 그리고 그것에 대한 필자의 한국어 직역을 대조하여 나열하면 다음과 같다.

---

30 이성애가 일본에서 낸 두 번째 앨범 ≪노삿푸미사키≫(1977)에 일본어로 부른 곡 <노삿푸미사키>(納沙布岬)는 황문평의 곡에 신동운이 사할린 교포들의 애환을 담아 <바람에 부치는 편지>(1977)로 다시 작사한 것을 일본인 작사가 다카 다카시(たかたかし, 1934~)가 일본어로 번역한 것으로 알려져 있다. 이 곡은 원래 1966년 심영식(1936~)이 작사한 <가장무도회>인데 1966년에 방송된 TBC 라디오 연속극 '가장무도회'의 주제가로 최희준(1936~2018)이 불렀던 것을 방송이 끝난 이듬해 1967년 가수 남진이 다시 취입하여 상당한 인기를 얻었던 노래이다.

가슴 아프게	カスマプゲ	(일역의 한국어 직역)
당신과 나 사이에 저바다가 없었다면	海が二人を引き離す	바다가 두 사람을 갈라 놓았네
쓰라린 이별만은 없었을 것을	とても愛しい人なのに	너무나 사랑하는 사람이지만
해 저문 부두에서 떠나가는 연락선을	波止場を出て行く無情の船は	부두를 떠나가는 무정한 배는
가슴 아프게 가슴 아프게	カスマプゲ カスマプゲ	가슴 아프게 가슴 아프게
바라보지 않았으리	バラボジ アナスリ	바라보지 않았으리
갈매기도 내 마음같이 목메어 운다	会いたさに会いたさに泣けてくる	만나고싶어 만나고싶어 눈물이 난다
당신과 나 사이에 연락선이 없었다면	どらが鳴る鳴る別れの船が	고동이 울어 울어 이별의 배가
날 두고 떠나지는 않았을 것을	愛しい人を乗せて行く	사랑하는 사람을 싣고서 가네
아득히 바다 멀리 떠나가는 연락선을	一緒に行きたい私の心	함께 따라가고픈 이 내 마음은
가슴 아프게 가슴 아프게	カスマプゲ カスマプゲ	가슴 아프게 가슴 아프게
바라보지 않았으리	バラボジ アナスリ	바라보지 않았으리
갈매기도 내 마음같이 목메어 운다	恋のつれなさに泣けてくる	사랑의 박정함에 눈물이 난다

먼저 한국어 가사만을 살펴보자면 일견 기이하다는 생각이 든다. 무슨 사연인지는 모르나 배 떠나는 부두에서 연인과의 이별을 슬퍼하는 애절한 마음이 그려지고 있다. 화자는 여자일 수도 남자일 수도 있겠으나 가수 남진이 불렀다는 점에서 대중들은 대체로 남자를 화자로 인식했을 것이다. 더구나 영화 ≪가슴 아프게≫에서 고국 방문차 왔다가 사귀게 된 재일교포 여인을 일본으로 떠나보내는 남자 주인공의 안타까운 이별[31]을 다룬다는 점에서도 그렇다. 다만 가사 내용은 지극히 단순하고 단편적이라 그다지 설득력

---

31 이진원, 『한국영화음악사 연구』, 민속원, 2007, p.226 참조.

있는 상황 설명은 제공되지 않고 있다. 개인의 삶에서 이별의 원인은 여러 맥락이 있을 터인데 비록 비유적 표현이라 할지라도 그저 연인과의 사이에 존재하는 '저 바다'와 '연락선'의 존재만을 원망하는 강조법은 오히려 지나친 오버 액션으로 받아들여져 거부감을 불러올 수도 있다.

그러나 1967년 한국에서 이 곡이 큰 위화감 없이 대중들에게 받아들여진 이유는 가사의 구체적 언어 표현보다는 짙은 감정적 호소력이 작용해서가 아닐까? 당시의 대중들은 이별의 맥락과 특수성보다는 이별 그 자체의 보편성과 불가피성에 주목하여 감정적 과장을 충분히 허용하고 너그럽게 수용했을 것이다. 이 곡의 가사를 이해하기 위해서는 이별에 대해 '쿨'해진 오늘날의 감각을 소급적용하면 안 될 것이다. 자신의 불행을 초래한 원인에 대한 정확한 판단과 이성적인 해결방식보다는 일단은 감성적 자기 위로가 모든 것에 우선이 되는 당시의 대중적 공감대가 있었다고 봐야 하겠다. 그런데 이러한 내용이 1977년의 시점에서 일본어로 번역되었을 때에는 어떻게 달라지는가?

일본어 번역은 대체로 이별의 정한을 충실하게 옮기고 있다. 그리고 원곡 가사와 마찬가지로 화자의 상황에 대한 많은 정보를 주지 않는다. 그러나 화자(목소리)가 여성으로 바뀐 점 말고도 한국어 원곡 가사와의 미세한 차이에 주목하게 된다. 우선 도입부의 '당신과 나'라는 인칭이 등장하지 않는다. 상황에 조금 거리를 둔 듯한 '두 사람'(二人)이나 '사람'(人)이 '당신과 나'라는 1~2인칭을 대신하고 있다. 제2절 제3행의 '내 마음'(私の心)에서의 '나'(私)는 1인칭이라기보다 '내 마음'을 오히려 3인칭화 하는 모양새이다. 따라서 원곡 가사는 누군가를 앞에 두고 직접적이고 직정적인 슬픔을 토로하는 느낌인데에 반해서 일본어 번역은 '당신'이 부재한 상황을 혼자서 되새기는 다소 독백적인 인상을 풍긴다. 한국어와 일본어 표현 방식의 근원적인 차이일 수도 있겠으나 궁극적으로 번역의 결과가 주는 효과는 다르다.

원곡 가사에서는 제1절과 제2절의 마지막 행이 '갈매기도 내 마음같이 목메어 운다'로 똑같은데 번역의 경우는 앞 구절을 각각 다르게 했다. 게다가 '갈매기'가 번역에는 등장하지 않는다. '만나고 싶어 만나고 싶어'(会いたさに会いたさに)와 '사랑의 박정함에'(恋のつれなさに)에 '눈물이 난다'(泣けてくる)로 이어진다. 일본어의 '泣ける'는 '泣く'(울다)의 가능형에서 파생된 동사로 '(감격해서 저절로) 눈물이 난다'와 같이 감정 상태를 표현하는 어휘이다. 한국어는 '갈매기'가 '목메어 우는' 것을 통해 '내 마음'을 대변하고 있다고 볼 수 있지만 일본어 번역에서는 이와 같은 외부의 존재에 가탁(假託)한 비유를 통하지 않고 직접적으로 내면을 드러내고 있다. 더구나 일본어 번역의 '내 마음'(私の心)은 적극적으로 '함께 따라가고픈'(一緒に行きたい) '마음'으로 묘사되고 있다.

더 중요한 차이는 바로 반복적으로 이어지는 각 절의 후반부이다. 한국어의 경우 '가슴 아프게 가슴 아프게 / 바라보지 않았으리'는 '가슴'이 '아픈' 심경을 절실하게 호소하고 강조하면서 화자의 감정이 최고조를 이루는 핵심 부분이다. 그런데 이 부분의 뜻이 일본어로 번역되지 않고 소리만 모사(模寫)되면서 전혀 다른 효과를 내고 있다. 의미를 풀지 않고 외국어 그대로 전달하여 이국적 정서를 통한 효과를 거두는 것은 가사의 번역에서 흔히 찾아볼 수 있는 또 하나의 번역 방법이다. 일본에서 먼저 유행한 <노란 샤쓰>의 경우 '어쩐지'를 'オッチョンジ'로 썼다. 그런데 <가슴 아프게>의 경우는 음절 수가 훨씬 많다(18음절). 그 외에도 제목 자체가 한국어 음을 그대로 차용한 가타카나 표기이며 제2절 전체를 한국어로 부른다는 점도 특징적이다. 이 노래의 국제성을 최대한 강조하려는 의도로 읽힌다.

20세기를 통틀어 한국어의 일본어 번역은 노래가사 뿐만 아니라 다른 문학 장르에서도 일본어로의 완전번역을 추구해왔다. 특히 서구의 언어가 아닌 한국어(조선어)와 같이 구 식민지의 언어였다가 타자(他者)의 언어로서 형식상

대등해진 언어에 대해서는 그 고유성을 그대로 받아들이는 자세를 취하지 않는 것이 상례였다. 번역에 있어서도 언어 간의 위계가 작용한다는 것이다. 또 일반적으로 일본어 독자(혹은 청자)들이 쉽게 이해할 수 있도록 추상적인 표현보다는 구체적인 사물을 이용한 경우가 많았다.[32] 그러나 <가슴 아프게>의 번역은 그 반대이다. 이때까지의 일반적 경향으로부터 이탈하여 의도적으로 언어표현의 구체성을 결여시키고 추상성 속에서 자유로운 상상의 여지를 남긴다거나 원곡 가사의 일부를 외국어인 채로 남겨두어 외래적 성격을 강조하는 방향을 택했다.

이러한 전환에 대해서는 1970년대 중후반이라는 시대적 맥락에 대한 이해를 필요로 한다. 이 시기 일본에서 회자된 '엔카의 한국기원설'도 한국의 가요와 가수를 일본에서 상품화하기 위한 광고 문구에 의한 것이며 그 배경에는 여러 가지 복잡한 사정이 얽혀 있었던 것이다. 일본 연예계에 재일 한국인들이 많다는 소문과 관련한 가십성 관심, 또 엔카를 통해 일본의 고유성을 강조하는 당시의 주류체제에 맞서 '재일'의 피억압적 측면을 지렛대 삼아 엔카를 재정의함으로써 대항축을 형성하려는 반체제 측의 정치 담론적 필요 등이다. 나아가 엔카를 '범아시아적' 장르로 간주하려는 욕망과 일본보다 '뒤떨어진' 한국에 오히려 잃어버린 아름다움이 남아있다는 '제국주의적 시선'을 읽어낼 수 있다.[33]

1974년에서 77년 무렵 일본의 가요계는 소위 엔카 계열과 포크 계열이 양립한 가운데 둘 사이의 융합이 이루어지기도 했으나 엔카 쪽이 다소 열세

---

32 대표적인 예로 김소운(金素雲, 1907~1981)의 번역시집 『조선시집』(朝鮮詩集, 1943)의 경우 한용운(韓龍雲, 1879~1944)의 「알 수 없어요」(『님의 沈默』, 1926)를 「오동잎」(桐の葉)으로 번역하여 일본어 맥락에서 설득력을 갖춘 경우를 들 수 있다. 金素雲, 『朝鮮詩集』, 岩波書店, 1954, p.16 참조.

33 輪島裕介, 『創られた「日本の心」神話』, 光文社, 2010, p.303 참조.

에 있었다.[34] 이러한 상황에서 일본의 가요 제작사는 한국의 이성애를 통해 하나의 돌파구를 마련하려 했을 수 있다. 일본의 대중들이 지금까지 크게 관심 갖지 않았던 한국을 재발견 한다는 발상이 참신할 수 있었던 것은 가깝지만 잘 모르는 외국이 던져주는 이색적 성격과 함께 알고 보면 '엔카'의 원류가 한국일 수도 있다는 의외성이 맞물리는 효과 때문이었다. 이러한 것들을 강조하면서 일본 내에서 고갈되어가는 엔카의 동력을 외부로부터의 자극으로써 갱신하고자 상업적 센세이셔널리즘에 승부를 걸어 적중한 케이스였다.

제3절 역사적 맥락에서 인간적 정감으로 <돌아와요 부산항에>

다음으로 1976년 조용필이 부른 황선우(黄善友, 1942~) 작사 작곡의 <돌아와요 부산항에>를 살펴보자. 이 곡은 원래 1970년 김해일(金海日, 본명은 김성술[金成述], 1946~1971)이라는 가수가 황선우 작곡의 곡에 가사를 붙여 부른 <돌아와요 충무항에>[35]를 개작한 것이다. 김해일이 1971년 대연각 호텔 화재로 숨지고 나서 작곡가 황선우는 몇 군데 가사를 수정하여 <돌아와요 부산항에>[36]를 세상에 내놓았다. 가수 조용필이 1972년 이 곡을 불렀는데 당시에

---

34 菊池清麿, 앞의 책, pp.238-240 참조.

35 꽃피는 미륵산엔 봄이 왔건만 / 님 떠난 충무항은 갈매기만 슬피 우네 / 세병관 둥근기둥 기대어서서 / 목메어 불러봐도 소식 없는 그 사람 / 돌아와요 충무항에 야속한 내 님아 // 무학새 슬피우는 한산도 달밤에 / 통통배 줄을 지어 웃음꽃에 잘도 가네 / 무정한 부산배는 님 실어가고 / 소리쳐 불러봐도 간 곳 없는 그 사람 / 돌아와요 충무항에 야속한 내 님아

36 꽃피는 동백섬에 봄이 왔건만 / 님 떠난 부산항은 갈매기만 슬피 우네 / 오륙도 돌아가는 연락선마다 / 목메어 불러봐도 말없는 그 사람 / 돌아와요 부산항에 그리운 내 님아 // 해저

는 큰 반향이 없었다. 1976년 다시 개작된 <돌아와요 부산항에>가 한 해에 100만매를 웃도는 판매량으로 한국 가요계를 압도하는 인기를 누렸고 무명 가수 조용필을 하루아침에 스타로 만든 첫 히트곡이 되었다.

이 곡의 성공에는 시대적 상황에 부합하는 가사의 개작이 이루어졌다는 점이 지적되고 있다. <돌아와요 충무항에>와 1차 개작된 <돌아와요 부산항에>에서는 남녀 간의 이별을 노래한 데 반해 2차로 개작된 <돌아와요 부산항에>의 경우는 '님'을 '형제'로 바꾸어 고국을 떠난 형제에 대한 동포애가 절실하게 그려지고 있다. 1976년은 베트남전쟁 파병으로 이별한 육친과 연인 또는 친구를 부산항의 부둣가에서 떠나보내며 무사귀환을 염원하던 기억이 아직도 생생하던 때였다. 마침 조총련계 재일동포 고국방문단의 대한민국 입국이 허용된 것도 1975년이었다. 조용필은 작곡가 황선우의 개작이 '모국을 찾아오는 조총련계 재일 동포들의 향수를 달래주기 위해' 이루어졌음을 밝히기도 했다.[37]

2004년 <돌아와요 충무항에> 가사의 원작자 김성술의 모친과 작곡가 황선우 사이에 지적재산권을 둘러싼 법정 소송이 원작자 측의 일부 승소로 마무리 지어진 바 있다. 원작자의 오리지널리티는 충분히 존중되어야 마땅하지만 결과적으로 <돌아와요 부산항에>로 개사(改詞)되면서 가사의 예술적 완성이 이루어진 점과 시대가 요구하는 정서를 매우 적확하게 반영한 점은 그것대로 평가될 필요가 있을 것이다. 덧붙이자면 한국이 국제 저작권 조약에 가입한 1987년 10월 이전에는 한일 간 음반업계에 서도 해방 전부터의 특수한 관계로 인해 상대방의 음악을 무단 사용해도 서로 묵인하는 것이 관례였다.[38]

문 해운대에 달은 떴는데 / 백사장 해변가에 파도만 밀려 오네 / 쌍고동 울어주는 연락선마다 / 소리쳐 불러봐도 말없는 그 사람 / 돌아와요 부산항에 보고픈 내 님아

37 박찬호, 앞의 책, p.599 참조.(『한국일보』 1977년 4월 17일자 인용)

38 위의 책, p.602.

작곡가 황선우도 일본에서 히트한 이 곡의 저작권료를 받지 못했다.

이 곡은 조용필의 히트 이후에도 한국에서 나훈아(羅勳兒, 1947~), 송대관(宋大琯, 1946~2025), 조미미(曺美美, 1947~2012), 옥희(玉姬, 1953~), 장미화(1946~), 김연자 등 60명이 넘는 가수들에 의해 리메이크 되었다. 일본에는 1977년 앞서 언급한 이성애의 ≪노삿푸미사키≫에 작사가 미요시 레이지(三佳令二, 1928~ 2009)의 번역으로 수록됨으로써 처음 소개되었다. 그 이후 한국 가요 전문 가수 미즈노 고지(水野浩二)도 이 곡을 불렀고 1979년 일본의 밴드 그룹 도노사마킹즈(殿さまキングス)가 <눈물의 부두가>(泪の波止場)라는 제목으로 가사를 약간 바꾸어 부른 것도 있다.

일본어판 <부산항으로 돌아오라>가 실린 조용필의 앨범(좌)과 아쓰미 지로의 앨범(우)

1983년에는 한국을 대표하는 가수로 성장한 조용필이 NHK에 출연하여 이 노래를 부르면서 주목을 받았다.[39] 가라오케의 애창곡이 되기도 하고 전후

39 長田暁二, 『歌でつづる20世紀 あの歌が流れていた頃 1901~2000』, ヤマハ, 2003, p.226. 「1983년 <부산항에 돌아오라>」(1983年, <釜山港へ帰れ>) 항목 참조.

일본을 대표하는 '국민가수' 미소라 히바리부터 미국 펜실베니아 출신으로 '사상 최초의 흑인 엔카 가수'로 불리는 제로(JERO, 1981~)에 이르기까지 일본에서 많은 가수가 이 곡을 불렀다. 그 중 아쓰미 지로(渥美二郎, 1952~)가 부른 것이 80만매가 판매되어 특히 인기를 모았다.[40] 따라서 1977년의 <가슴 아프게>에 이어 <돌아와요 부산항에>는 1980년대까지 제1차 한류 붐을 이어간 대표곡으로서 자리매김 될 수 있다. 이 곡의 인기에 관해 대중음악 평론가 오사다 교지(長田暁二, 1930~)는 다음과 같이 평가 했다.

> (……)일찍이 전성기를 누리던 뉴·뮤직 계열의 노래 가사가 관념적 형용사만 잔뜩 늘어놓아 인간적인 정감을 잃어버렸다. 또 가라오케 붐을 반영하여 아마추어도 부르기 쉽게 만들어진 엔카는 남녀 간 애증의 광태(狂態)만 그려내어 시정(詩情)을 상실했다. 이 틈새를 파고들어 한국가요가 맹위를 떨쳤다. 이러한 인기에 힘입어 <목포의 눈물>(木浦の涙) <노란 샤쓰의 사나이>(黄色いシャツの男) <가슴 아프게>(カスマプゲ) <대전 블루스>(太田ブルース) 등 유명한 한국가요를 수록한 앨범이 (……) 많은 가수에 의해 제작되었다.[41]

미요시 레이지의 일본어 번역은 원곡 가사와 달리 시대적 역사적 맥락을 반영하지는 않았다. 오히려 최초의 원작 <돌아와요 충무항에>처럼 남녀 간의 이별을 소재로 하고 있다. 제목도 '동사+보어'로 된 원제목의 도치(倒置) 어순을 '부산항에 돌아오라'(釜山港へ帰れ)로 하여 '보어+동사'의 정상 어순으로 바로 잡았다. 이렇게 <돌아와요 부산항에>와 그 번역 가사에는 분명한

---

40 조용필 자신이 26만매, 이성애가 20만매 등 일본 전국에서 150만매의 판매 기록을 보였다. 위의 책, pp.226-227 참조.

41 위의 책, p.227.

내용적 차이가 있다. 가사를 살펴보자.

돌아와요 부산항에	釜山港へ帰れ	부산항에 돌아오라 (일역의 한국어 직역)
꽃피는 동백섬에 봄이 왔건만	椿咲く春なのに、あなたは帰らない	동백 피는 봄이건만 당신은 돌아오지 않네
형제떠난 부산항에 갈매기만 슬피우네	たたずむ釜山港に、涙の雨が降る	머무르는 부산항에 눈물같은 비가 내리네
오륙도 돌아가는 연락선마다	熱いその胸に顔うずめて	뜨거운 그 가슴에 얼굴을 묻고
목메여 불러봐도 대답없는 내 형제여	もう一度幸せ噛みしめたいのよ	다시 한 번 행복을 느끼고 싶어라
돌아와요 부산항에 그리운 내 형제여	トラワヨ プサンハンへ、逢いたいあなた	돌아와요 부산항에 보고픈 당신이여
가고파 목이메여 부르던 이 거리는	行きたくてたまらない、あなたのいる街へ	못 견디게 가고 싶어라 당신이 있는 곳에
그리워서 해매이던 긴긴날의 꿈이였지	さまよう釜山港は、汽笛が胸を突く	헤매도는 부산항은 기적이 가슴을 뚫네
언제나 말이없는 저 물결들도	きっと伝えてよ、かもめさん、	꼭 전해다오 갈매기여
부딪혀 슬퍼하며 가는 길을 막았었지	今も信じて耐えてる私を	지금도 굳게 믿고 기다리는 내 마음을
돌아왔다 부산항에 그리운 내 형제여	トラワヨ プサンハンへ、逢いたいあなた	돌아와요 부산항에 보고픈 당신이여

원래 가사와 번역 가사를 비교하자면 다음 몇 가지 점이 두드러진다. 우선 두 번이나 개작된 원래 가사에서 그토록 강조된 '형제'가 사라졌다는 점이다. 원작의 화자가 떠나간 '형제'를 애타게 기다리는 것에 대해 번역곡은 여성 화자가 '당신'(あなた) 즉 연인을 그리워하는 상황으로 설정되었다. 원래 가사의 '형제'는 친형제 외에도 친구나 동포 등 사실상 다소 추상적인 개념으로 이해되기도 하며 그 범용성만큼 포괄적이고 다양하고 깊은 의미 해석이 가능

하다. 그런데 번역의 경우에는 이러한 입체적 의미작용을 기대할 수 없다는 것이다. '현해탄을 건너간 형제의 귀환에 대한 염원'이라는 민족적 레벨의 역사성은 탈색되고 부산항에 남겨진 한 여인이 연인과의 이별을 슬퍼하며 돌아오기를 기다리는 사적(私的) 심경을 그린 가사로 바뀐 것이다.

그리고 부산항을 제외한 동백섬과 오륙도 등의 지명이 번역곡에서는 생략된 점이다. 그 대신 원작에는 없는 '눈물 같은 비'(涙の雨)라든지 '기적'(汽笛)소리와 '갈매기'(かもめ)를 등장시키고 봄이 도래한 상황을 이야기함에 있어서도 지명으로서의 '동백섬'이 아닌 '동백꽃'(椿)으로 소재를 바꾸었다. 이것은 지역적 특수성을 벗어나 개연성과 보편성을 강조한 것으로 파악된다. 또 당신은 돌아오지 않네'(あなたは帰らない)라고 하여 떠난 사람의 부재 상황을 더욱 절실하게 구체적·직접적으로 명시하고 있다. 이는 각 절 마지막 행의 '돌아와요 부산항'이 'トラワヨ プサンハン'으로 가타카나 표기가 됨으로써 음성적 효과를 얻는 대신 의미 설명이 부족한 부분을 보완하는 기능을 한다.

또 하나 바로 제2절의 전개이다. 원곡 가사의 경우 제2절에는 제1절과 다른 화자가 등장한 것으로 볼 수 있다. '목메여 불러봐도 대답없는 내 형제'에게 외치는 마지막 행의 '돌아와요~'는 제1절 화자의 염원을 담은 이 곡의 가장 핵심적인 부분이다. 그런데 이에 대해 제2절 마지막 행의 '돌아왔다~'는 제1절에서 그리움의 대상이었던 바로 그 '형제'의 귀환이 이루어졌음을 의미하는 일종의 화답으로 이해될 수 있다는 것이다. 물론 원곡 가사의 제1절과 제2절의 화자를 동일한 존재로 볼 수도 있다. 이를테면 형제를 떠나보낸 부산항에 다시 돌아와 과거를 회상하며 떠나간 형제에 대해 '돌아와요~'라고 외치고 자신이 '돌아왔다'는 것을 알리는 경우이다. 그러나 이 경우 굳이 '돌아왔다'는 것을 고지해야할 맥락적 연관성을 발견하기 힘들다. 전자로 해석하는 것이 좀 더 풍요로운 의미작용을 가능하게 한다.

이렇게 생각한다면 원곡 가사 제1절과 제2절 사이에는 화자의 교체라는 매우 다이나믹한 서사적 전개가 이루어진 것으로 볼 수 있다. 그러나 이와 같은 변화를 번역 가사에서는 찾을 수가 없다. 번역 가사는 제1절과 제2절의 마지막 행이 완전히 같으며 변화가 없는 반복구로서 기능할 뿐이다. 원곡에서 제1절의 화자가 그리워하던 그 '형제'가 이제는 부산항에 '돌아왔다'고 하는 변화된 상황이 펼쳐졌다면, 이에 반해 번역곡은 화자가 '당신이 있는 곳'(あなたのいる街)으로 가고 싶지만 못 가는 안타까움을 토로하는 데에 그치고 있다. 화자 '나'(私)는 오로지 '당신'(あなた)이 올 것을 '지금도 굳게 믿으며'(今も信じて) 일상을 '견디고 있다'(耐えてる)는 사실을 강조하고 그 사실을 의인화한 '갈매기'(かもめさん)에게라도 전해달라는 심경인 것이다. 형제의 상봉을 표현한 원곡 가사의 특수한 역사적 맥락이 번역에서는 이별을 '견디고' 살아가는 한 인간의 보편적 정감에 대한 표현으로 수용된 것이다.

제4절 언어 조탁의 초월적 의미 <이별>

'이별'을 주제로 한 한국어 대중가요 중 1970년대부터 지금까지 일본에서 꾸준히 사랑받는 곡이 있다. 바로 길옥윤 작사·작곡으로 패티김이 부른 <이별>이다. 이 곡은 1972년 길옥윤이 재즈 공부와 활동을 목적으로 미국에서 혼자 지내면서 부인인 패티김에게 보낸 곡으로 당시 한국에서 크게 히트했다. 한국에서의 히트 사실을 길옥윤은 나중에 알고 놀랐고 서울로 가서 패티김을 만났을 때 그 두 사람은 이혼을 결정하게 되었다.[42] 그래서 <이별>은 마치 두 사람의 결혼생활이 파국을 맞게 된 상황을 예견하고 대변한 곡처럼

---

42 박찬호, 앞의 책, pp.437-438 참조.

일반에 알려졌다. 이들은 이혼 후에도 원래 예정된 계획에 따라 도쿄음악제 세계대회(1974) 등에 출전하여 수상을 하며 변하지 않는 동지애를 보이기도 한다.

이 <이별>이 처음 일본에 소개된 것은 1974년 길옥윤이 일본에서 낸 첫 앨범 ≪해정≫(海程)에 수록[43]되면서이다. 여기에는 부부였던 패티 김과의 사이에서 태어난 딸 정아(1966~)를 위한 듀엣 곡 <1990년>(1968) 등 자신의 곡을 위주로 한국 가요 열두 곡을 수록했다. 부제목은 '한국 음악계의 거성 요시야 준의 첫 작품집 그 서장'(韓国音楽界の巨星吉屋潤の初めてのアルバム その序章)으로 되어있었다. 이때 대부분의 곡에 대한 일본어 번역은 길옥윤 자신이 직접 했다. <이별>(離別)과 <1990년>(1990年)이 일본에서 팬을 확보하기 시작한 것은 이때부터였다.

일본에서의 길옥윤의 첫 앨범 ≪해정≫(좌)과 ≪1990년≫(우)

<이별>과 <1990년> 두 곡은 1977년에 나온 앨범 ≪1990년≫에도 다른 곡들과 함께 수록되었다. 특히 <이별>은 이후 많은 일본의 가수들과 일본에 진출한

43 宋安鍾,『在日音楽の100年』, 青土社, 2009, p.198 참조.

한국인 가수들에 의해 불리어졌다. 1977년 이성애에 의해 불리어진 것도 <이별>을 더 많이 알리는 계기가 되었다. '이별'(離別) '별리'(別離) 또는 '헤어짐'(別れ) 경우에 따라서는 가타카나 'イビヨル'(이별)로 표기되거나 이 표기들이 병기되기도 했다. <이별>은 가라오케 붐과 때맞추어 인기를 얻어 지금까지도 많은 사람의 애창곡으로서 스테디셀러가 되었다. 이 곡이 한국뿐만 아니라 일본에서도 지금까지 사랑받게 된 이유는 아름다운 멜로디와 함께 가사가 지닌 매력일 수도 있지 않을까 한다. 가사를 구체적으로 살펴보도록 하자.

이별	離別	(일본어 번역의 한국어 직역)
어쩌다 생각이 나겠지 냉정한 사람이지만	時には思い出すでしょう 冷たい人だけど	때로는 생각나겠지요 차가운 사람이지만
그렇게 사랑했던 기억을 잊을 수는 없을 거야	あんなに愛した想い出を 忘れはしないでしょう	그렇게 사랑했던 추억을 잊지는 않겠지요
때로는 보고파지겠지 둥근 달을 쳐다보며는	青い月を見上げ 一人過ごす夜は	푸른 달을 바라보고 혼자서 지내는 밤엔
그날밤 그 언약을 생각하면서 지난날을 후회할거야	誓った言葉を繰り返し 逢いたくなるでしょう	맹세했던 말들을 반복하며 만나고 싶어지겠지요
산을 넘고 멀리멀리 헤어졌건만	山越え遠くに別れても	산 너머 멀리 헤어져도
바다 건너 두 마음은 떨어졌지만	海の彼方遥か離れても	바다 저편 아득히 떨어져도
어쩌다 생각이 나겠지 냉정한 사람이지만	時には思い出すでしょう 冷たい人だけど	때로는 생각나겠지요 차가운 사람이지만
그렇게 사랑했던 기억을 잊을 수는 없을 거야	あんなに愛した想い出を 忘れはしないでしょう	그렇게 사랑했던 추억을 잊지는 않겠지요
	(※) あなたの噂を風が 運んで来る夜は	당신의 소문을 바람이 싣고 오는 밤엔
	寄せては返す淋しさに 心を揺らすでしょう	왔다가 밀려가는 쓸쓸함에 마음이 흔들리겠지요
	流れゆく月日が すべてを 変えるでしょう	흘러가는 세월이 모든 것을 바꾸겠지요

たとえ二人の炎が 燃え つづけていても	비록 두 사람의 열정이 계속 타고 있다 해도

원래 가사의 경우 텍스트상으로 볼 때 작중 화자가 남성일 수도 여성일 수도 있다. 다른 곡들과 달리 젠더에 있어서의 치우침이 없는 곡으로 평가된다. '사랑'하는 '사람'을 '보고파'하고 '어쩌다 생각이 난다'는 등의 표현 어디에도 확실하게 여성 혹은 남성의 어느 한쪽으로 결정지을 수 있는 요소는 찾아볼 수 없으며 그러한 점에서 일종의 보편성과 범용성을 갖고 있다고 하겠다. 적어도 일반적으로 트로트나 엔카가 지닌 젠더의 불평등성, 다시 말해 도시 남성과 시골 여성 간의 또는 중년 남성과 업소 여성 간에 빚어지는 떠나는 측(주로 남성)과 기다리는 측(주로 여성)이 연상시키는 전형적인 관계의 일방향성은 느껴지지 않는다. 대등하다 못해 투명하게까지 느껴지는 남녀 '사람' 간의 순수 연애에서 분비되는 평등한 권력 관계의 또 다른 정치적 측면이 오히려 부각된다.

압축된 표현 속에서 읽어낼 수 있는 서사가 주는 메시지를 추려보면 매우 단순하다. 단 한 가지 '냉정한 사람이긴 하지만 그렇게 사랑했던 기억을 잊을 수가 없고 어쩌다(가끔) 생각도 나고 후회도 될 거야'라는 것이다. 지극히 평범하면서도 당연하고 담담한 가운데 오히려 뭉클함을 느끼게 하는 절제력이 있다고 할 수 있다. 다만 문제가 있다면 주어가 명시되지 않았다는 것이다. 기억하거나 후회하는 주체가 화자 자신인지 아니면 '냉정한' 상대편인지 그것도 아니면 둘 다인지 하는 것이다. 만약 상대편으로만 볼 것 같으면 기껏 아름다운 선율에 실린 이 노래가 실연의 슬픔에 대한 자기 위로가 됨으로써 상대를 원망하는 마음이 승화되지 못한 채 오히려 약간의 집착이 되어 나타난 것으로 비칠 수도 있다. 따라서 노래의 내용이 주는 감동을 손상하지 않고 해석하기 위해서는 기억과 후회라는 행위의 주체를 화자 자신 혹은 두 사람 모두로 보는 것이 더 나을 것이다.

이별이라는 상황에 대한 접근법과 그리움의 정서를 표현함에 있어서 앞서 언급한 <가슴 아프게>나 <돌아와요 부산항에>와는 곡의 분위기만큼이나 확실히 차이가 난다는 점을 지적하지 않을 수 없다. '쓰라린 이별'이나 '가슴이 아프다'와 같은 직접적 표현도 없고 바다를 두고 떨어져 있기는 하지만 '부딪혀 슬퍼하는' 격렬한 파도나 마음을 실어 보는 '갈매기'와 같은 소도구도 활용하지 않는다. 그렇게 차분할 수 있는 것은 우선 노래의 발신 장소가 <가슴 아프게>와 같은 이별의 현장이 아니라는 점 그리고 <돌아와요 부산항에>처럼 이별했던 기억의 현장도 아니라는 점이 작용하고 있다고 본다. 시점(視點)을 이별의 현장이나 상대편 나아가 자기 자신의 심경으로부터도 멀리 떨어진 원거리에 둠으로써 현재 상대편의 부재 상태를 기정사실로 받아들이고 있다. 그러므로 감정의 직접적 토로보다는 아름다운 '기억'으로 승화시킬 여유가 생기는 것이다. 그렇다면 일본어 번역 가사에는 이러한 점들이 어떻게 나타나는가?

번역가사는 원곡 가사의 언어 그리고 그 표현 하나하나에 묻어 있는 정서를 충실히 반영하면서도 다음 몇 가지 점에서 다소 일탈적인 '명번역'을 이루었다고 할 수 있다. 우선 용어나 표현상의 사소한 치환이다. '냉정한 사람'을 '차가운 사람'(冷たい人)으로 한다거나 '둥근 달'을 '푸른 달'(青い月)로 바꾼 것 등이다. 일본어에도 '냉정'(冷靜)이라는 한자어가 있지만 한국어와 미묘하게 다르다. 한국어에서의 1차적 의미는 '정다운 맛이 없고 차갑다'는 것으로 다소 부정적인 느낌이지만 일본어의 경우는 '감정에 좌우되지 않고 침착하다'는 뜻으로 긍정적인 면이 강하다. 이러한 차이는 문화적 차이이겠지만 똑같은 한자어를 사용할 때 오해가 발생할 수 있으므로 적절히 바꾸어주는 것이 필요한데 '차가운 사람'이라고 하는 것이 아주 적당하다.

또 만약 한국어의 '둥근 달'을 말 그대로 일본어의 '둥근 달'(丸い月) 또는

'보름달'(満月)로 직역을 했다면 전체적 효과가 사뭇 달라졌을 것이다. 일본어 문맥에서 '둥근 달' 혹은 '보름달'은 전통적으로 '어린이'나 '놀이' 혹은 '즐거움'의 이미지가 연상되어 왠지 밝아지고 어쩌면 우스꽝스러워질 수 있으므로 이 곡의 분위기와는 맞지 않는다. 이러한 것은 번역자의 언어적 역량이라기보다는 문학적 소양과 관계되는 것이다. 그리고 '지난날을 후회할 거야'를 '만나고 싶어지겠지요'(逢いたくなるでしょう)로 하여 자신이나 상대편에 대한 회한이나 원망보다는 재회에 대한 욕망과 그리움을 강조했다. 그럼으로써 일본어로 의미를 억지로 옮길 때 발생하는 까다로움과 어색함을 슬쩍 피해갈 수 있었던 것으로 보인다.

원곡 가사와 번역 가사의 가장 큰 차이는 '당신의~계속 타고 있다 해도'(あなたの~燃えつづけていても)처럼 원곡에는 없는 완전히 새로운 가사를 첨가했다는 점이다. 특히 앞부분에서 '차가운 사람'(冷たい人, 원곡 '냉정한 사람')이라는 3인칭으로 표현된 그리움의 대상을 '당신'(あなた)이라는 2인칭으로 바꾸어 명시했다는 것의 의미를 깊게 생각하게 만든다. 3인칭만이 존재하는 공간은 독백의 공간이며 오로지 기억과 마주한 외로운 시간이다. 그러나 2인칭이 등장한 경우는 그 2인칭이 청자가 되는 직접 대화의 공간이 된다. '당신'으로 인해 지금까지의 독백이 모두 대화의 일부분이 되어버린다.

그런데 새로 첨가된 이 4행의 내용은 원곡 가사의 서사를 새로운 국면으로 전개시킨다. '당신의 소문이 들리면 마음이 동요하겠지만 세월이 흘러가면 두 사람의 열정을 포함한 모든 것이 바뀌겠지요.'라는 정도로 정리할 수 있겠다. 이는 원곡 가사의 서사적 정보량이 적은 것에 비해 어느 정도의 시간적 과정(過程)이 포함된 완성감을 느끼게 한다. 사랑하는 사람 간에 헤어지고 나서 일정한 기간이 지나면 간접적으로 상대편에 대한 소문도 듣게 되고 더 세월이 지나면 모든 것이 바뀌게 되면서 만남과 관계를 다른 차원에서 초월적으로 의미화한다는 우리 인생의 개연적 흐름을 이 가사에 집약하고 있는 것 같다.

첨가된 부분을 포함한 번역 가사에서 또 한 가지 감지하게 되는 언어 표현상의 중요한 한 가지 사실은 한자어가 눈에 띄지 않는다는 점이다. 원곡 가사에 냉정(冷静), 기억(記憶), 언약(言約), 후회(後悔) 등의 한자어가 나오지만 일본어 번역에서는 '차가운'(冷たい), '추억'(想い出), '맹세했던 말'(誓った言葉)로 바꾸는 등 사랑(愛)말고는 한자어가 하나도 없으며 처음부터 끝까지 와고(和語, 소위 일본어 고유어)로 일관되어 있다. 그러고 보면 양 언어의 가사가 조금씩 다른 부분은 바로 이 한자어를 피해가고자 한 결과였는지도 모르겠다는 생각이 들 정도이다. 이러한 점에서 어찌 보면 한국어 화자에게 있어서의 한국어 원곡 가사보다 일본어 화자가 느끼는 일본어 번역 가사가 더 정감 있게 다가올 수도 있을 것이다.

<이별>의 일본어 번역은 다른 한국가요들처럼 한국어 어휘를 사용한다든지 하여 '한국의 노래'임을 가사 속에 표방하는 이국적 정서의 효과 전략을 사용하지 않았다는 점에서도 특기할 만하다. 한국과 일본에서 50년 가까이 줄곧 사랑을 받아온 것은 한국어와 일본어 가사가 모두 해당 언어의 사용자들에게 문화적으로나 언어적으로나 위화감 없이 다가갈 수 있기 때문이다. 한국과 일본의 대중들이 공통으로 갖는 일종의 보편성을 확보하고 있는 것이 아닌가 생각된다. 언어의 조탁(彫琢)을 통해 국경을 초월하고 언어를 초월하고 사랑과 이별마저 초월한 어떤 경지를 느낄 수 있다. 여기서 잠시 한일 대중가요사에 매우 특이한 존재로서 길옥윤의 언어적 천재성에 주목할 필요가 있다.

> ① 나는 어렸을 때 일본 소설책을 참 많이 읽었어요. 그런 환경이 나를 정상적이지 않은 한국인으로 만들었을 거에요. 왜냐하면 내가 정식으로 한국어를 배운 경험은 어렸을 때 어머님이나 아버님에게서 배운 말과 어린애들

이 쓰는 말하고, 초등학교 1학년 때 조금 배웠던 말이 전부니까요. / 1학년 때까지만 한국말로 교육을 받았고, 그 이후 해방될 때까지, 해방되었을 때 내 나이가 열아홉이었지요, 그 때까지는 줄곧 일본어로 교육을 받았지요. (……) 치과대학에서는 일본어, 영어, 독어로 배우다가 해방이 되자마자 우리말, 영어로 갑자기 바뀌었어요. 그러니 우리말이 꼭 외국어처럼 느껴지는 거예요. 또 교수님이나 강사님 가운데는 한국인이 몇 분 없었거든요. 몇 분 안 되는 한국인 교수들까지 전부 일본말로 강의를 해 오다가, 해방이 돼서 갑자기 우리말로 강의를 하자니 그게 얼마나 힘들었겠어요. 교재도 전부 일어, 독어로 되어 있었지요. / 요즘에도 나는 신문 읽는 게 다른 사람보다 한 다섯 배 정도는 더 느려요. 한자가 많이 들어 있으면 쉽고 한글로만 씌어 있는 문장은 굉장히 더뎌요.(……)[44]

② (……)그 때까진 대중가요의 주제가 추상적인 사랑타령이었는데, 길옥윤 씨의 노래들은 쉬운 말로 된 구체적인 이야기들이었거든요.
"그건 참 내가 무식했기 때문입니다. 외국 생활을 너무 해서 어휘력이 부족했어요. 그러니까 쉬운 말 밖에 못 했죠.(……)"[45]

위의 ①에 인용된 부분은 길옥윤이 그의 말년에 병상에서 자신의 인생 전체를 돌아보며 술회한 자전적인 내용을 책으로 엮어 작고하기 한 달 전인 68세 되는 생일에 맞추어 출간한 글의 한 대목이다. ②는 같은 책에 수록된 작가 오효진(吳効鎭, 1944~)의 인터뷰 중 일부이다. ①에서 길옥윤은 자신이

44 길옥윤, 『길옥윤 참회록 이제는 색소폰을 불 수가 없다』, 조선일보사 출판국, 1995, pp.149-150.

45 오효진, 「내가 만난 길옥윤 재즈와 인생과 패티김」, 길옥윤, 위의 책, p.341.

자란 언어 교육적 환경에 대해 이야기하고 있다. ②의 대담 속에서는 해외에서의 언어 경험을 통해 정립된 그 나름의 언어관을 엿볼 수 있다. 어릴 적부터 다양한 언어를 경험하고 그가 평이한 어휘를 통한 전달에 신경 쓰면서 하나하나의 디테일한 언어 표현에 매우 예민한 사람이었음을 알 수 있다. '무식' '어휘력 부족' 운운은 그의 겸손함의 표현이라는 것을 감안하고 이해해야 할 것이다.

1927년생인 그는 일제강점기의 조선총독부 치하에서 식민지 지배를 위한 정치 경제 법률 등 모든 사회 제도가 정비되어 자리 잡은 시대에 교육을 받고 청소년기를 보냈다. 이 시대에 한국어와 일본어 사이에는 식민지의 언어 '조센고'(朝鮮語=지방어)와 제국의 언어 '고쿠고'(國語=표준어)라는 위계가 존재했다. 그러던 것이 1945년 이후 서로 상대의 언어를 하나의 '외국어' 즉 '대등한 타자(他者)의 언어'로서 받아들이게 된다. 길옥윤은 성장기를 통해 한국어와 일본어 사이의 이러한 언어적 위계를 경험했을 것이다.

평안도(平安道) 영변(寧邊) 출생인 그는 한일 양국을 오가며 활동을 했고 한국어와 일본어의 경계를 넘나들며 작품을 제작했다. 길옥윤이 경험한 청소년기의 일상은 평안도 말과 서울말, 한국어와 일본어, 동아시아의 한자 문화와 영어 독일어 등 서양어가 뒤섞이고 그러면서도 내적 조화를 이룬 가운데 펼쳐진 언어 공간 속에서 성립했다. 그가 집에서 사용하는 한국어와 학교 등 밖에서 사용하는 일본어, 즉 생활의 언어와 학술적·전문적 교육 언어 사이의 끊임없는 대립과 긴장 관계 속에서 균형을 잡으려 노력하면서 성장했을 것이다. 그러한 그는 여러 언어 간의 어휘상 또는 표현상의 대응 관계를 자신도 모르게 체득할 수 있는 환경 속에 늘 노출되어 있었던 것이다.

한국대중가요사에 남긴 그의 발자취는 1960년대부터 80년대까지의 직접적인 활약을 넘어 그 이후의 영향까지 고려할 때 매우 광범위한 측면에서 기록될 수 있다. 재즈와 가요곡 사이에서 언제나 새로운 음악적 경지를 개척하려 고민한 그의 수많은 곡 중 불후의 명곡으로 회자되는 <이별>의 경우 원곡 가사와 일본어 번역이 둘 다 그 자신에 의해 만들어졌다. 일본어 번역곡 <이별>(離別, 1974)은 한국어와 일본어를 자유롭게 구사하며 표현을 조탁하는 그의 언어적 역량이 유감없이 발휘된 결과이다.

앞서 살펴본 <가슴 아프게> <돌아와요 부산항에> <이별>의 원곡과 번역곡은 '바다'를 매개로 한 이별을 다루고 있다는 공통점이 있다. 한일 간에는 바다가 존재한다. 앞의 두 곡은 주로 한국에서 일본으로 떠난 이별로 받아들여졌다. 마지막 곡은 그러한 특정 사항이 없다. <가슴 아프게>는 한국의 대중음악과 가수를 '엔카의 원류'와 관련한 상업적 홍보 전략과 함께 의도적인 불완전번역으로 효과를 거두었다. <돌아와요 부산항에>는 역사적 맥락에서 탄생한 원곡 가사를 인간적 정감으로 번역하여 호소력을 갖추었다. <이별>은 한 천재의 언어 조탁을 통해 양국의 대중이 국경과 언어를 초월하여 공감할 수 있는 명곡을 완성했다.

해방 후 수십 년간 한국 정부는 일제의 잔재청산이라는 명분으로 일본의 대중문화에 대한 쇄국정책을 폈다. 일본어로 된 현대 일본의 모든 대중음악이 그 오랜 기간 금지곡이 되어있었다. 이러한 것은 마치 제2차 세계대전 당시 일제의 영미 계열 음악에 대한 금지와 맥을 같이 하는 발상에서 비롯된 조치였다. 문화는 청산될 수도 청산될 필요도 없는 것이다. 애초에 문화적 영향은 발신하는 측과 수용하는 측 어느 한 편에 일방적일 수 없으며 그것이 해(害)가 될지 발전적인 역할을 할지는 어떠한 방식으로 수용하여 어떻게 활용하는가에 따라 달라지는 것이다. 그저 빗장을 걸어 매는 것만으로는 오히려 생각하지 못한 방향으로 스스로를 얽어매고 진실을 왜곡하기 십상이다.

일본어 대중가요는 1998년 문화개방 전까지 한국에 공식적으로는 수입되지 못한 만큼 한국어로 번역되는 일은 거의 없었으나 동시대 한국 대중음악인들에게 간접적인 영향을 준 것은 분명하다. 이에 반해 한국어 대중가요는 전전부터 그래왔듯이 전후에도 일찍부터 일본에 진출해 일본 대중가요의 일부분을 구성하면서 일본의 대중음악을 풍요롭게 만들어주고 있었다. 이제는 한일 양국의 모든 대중음악 장르의 보다 적극적이고 활발한 상호 번역 작업이 이루어져야 한다. 한국과 일본 모두를 위해서. 인류 집단 간의 더 풍부한 문화적 의미작용을 위해서.

제9장

트로트 싱어송라이터 심수봉의 은유와 환유

백 년이 다 된 한국의 대중음악사에 수없이 많은 노래가 있지만 한 시대를 풍미한 곡에는 대개 해당 시기의 대중적 감성과 욕망에 잘 부합하는 가사가 붙여져 있다. 이 글에서는 널리 알려진 대중가요 가사에 사용된 수사(修辭, rhetoric)적 기법을 분석하고 그 표현양식의 특징을 파악하여 언어 표현과 일상적 인식, 나아가 사회 및 시대와의 관련 방식에 관해 사유해보고자 한다. 분석 대상은 한국 대중음악을 대표하는 특징적 장르인 '트로트'의 인기곡이며 당대 거의 유일한 여성 싱어송라이터 심수봉(沈守峰, 1955~)이 직접 작사·작곡하고 부른 <그때 그사람>[1](1978)과 <남자는 배 여자는 항구>(1984)이다. 1970년대 말과 1980년대 초에 크게 유행한 이후로 많은 사람들의 사랑을 받아온 이 두 곡에 공통된 소재는 '이별'인데, 내용의 구성이나 수사법의

1 1979년 처음으로 발매된 레코드의 가사지에 '그때 그사람'으로 '그'와 '사람'을 띄어쓰지 않고 붙여서 표기했다. 가사에도 마찬가지로 '그사람'으로 되어 있다. 1984년에 발매된 ≪심수봉 신곡 1집≫에도 '그사람'으로 되어 있고, 2005년에 상영된 영화 ≪그때 그사람들≫의 제목도 마찬가지이다. 오늘날의 맞춤법에는 맞지 않지만 이 글에서는 이와 같이 원제목이나 원곡 가사의 텍스트에 대해서는 작품으로서의 고유성을 존중하여 원래의 표기를 그대로 따랐다. 이하 같음.

면에서는 각각 다른 특징이 있다. 여기서는 특히 가사에 내재된 은유와 환유의 구체적인 양상에 주목하도록 하겠다.

직유(直喩, simile), 은유(隱喩, metaphor), 환유(換喩, metonymy), 제유(提喩, synecdoche)와 같은 말들[2]은 모두 서양의 수사학 전통에서 내려오던 비유(比喩, trope) 표현의 분류 체계에서 비롯된 번역어이다. '사과 같은 내 얼굴'에서 보듯 '~처럼'(as), '~와 같다'(like) 등의 유사 상태를 나타내는 표현이 직접 드러나 있으면 직유이다. 이에 반해 '내 마음은 호수요.'와 같이 명시적 비유 표현 없이 'A=B'의 형식으로 이미지적 혹은 개념적 유사성(類似性)을 표현하는 것을 은유라고 한다. 환유는 '안경이 걸어왔다.'와 같이 어떤 존재의 한 측면(안경)이 인접한 존재(안경 쓴 사람)로 의미를 확장하는 경우이다. 은유의 근거가 유사성이라면 환유의 근거로는 인접성(隣接性)을 들 수 있다. 환유의 인접성은 ① 전체와 부분, ② 용기와 내용물, ③ 산지와 산물, ④ 원인과 결과, ⑤ 주체와 속성(특징), ⑥ 작자와 작품, ⑦ 소유자와 물건의 관계[3] 등으로 설명하는 경우가 있다.

제유는 '꽃구경'처럼 상위 개념(꽃)을 통해 하위 개념(벚꽃)을 가리키거나 '빵만으로 살 수 없다.'와 같이 개별(빵)이 일반(먹을 것)을 대표하는 것을 말한다. 그런데 은유가 환유를, 또 환유가 제유를 포함한다고 보는 견해도 있고 실제 발화에서는 서로 겹치기도 한다. 특히 앞서 말한 환유 ①과 제유의 구분이 쉽지 않다. 예를 들어 '차 한잔하자.'고 하면 실제 마시는 것은 차(茶)

---

2 한국과 일본에서 공통으로 쓰이는 이들 '직유', '은유', '환유', '제유' 등의 한자어는 19세기 말과 20세기 초에 일본에서 만들어진 것으로 보인다. '은유'는 철학자 오니시 하지메(大西祝, 1864~1900)가 쓴 『리겐론(俚諺論)』(1897), 나머지 '직유', '환유', '제유'는 문인 시마무라 호게쓰(島村抱月)의 『신미사학(新美辞学)』(1902)에 최초의 용례가 보인다. 그런데 같은 한자권이지만 중국에서는 명유(明喩), 암유(暗喩), 차유[借喩, 또는 전유(轉喩)], 약유(略喩) 등의 용어를 더 많이 사용한다.(『日本国語大辞典』, 『百度百科』)

3 野内良三(2000), 『レトリックと認識』, 日本放送出版協会, 43-46쪽 참조.

를 우려낸 홍차나 녹차가 아닌 커피, 주스 등 음료수 일반을 포괄하기도 하므로 이는 개별(차)이 일반(음료)을 대표하는 '제유'이다. 그러나 음료가 아닌 케이크 등 가벼운 음식을 먹게 될 수도 있고, '잠깐 이야기 나눌 시간을 낸다.'는 정도의 사교적 의미를 갖기도 한다. 이는 오히려 인접한 행위로 의미가 확장된 '환유'라고 할 수 있다.[4] 이러한 확장성과 애매함 때문에 전통적인 수사학이나 오늘날의 인지언어학에서 비유는 포괄적 의미의 은유를 중심으로 이론화되었다. 이러한 맥락 위에서 논의를 전개하겠다.

제1절 은유와 환유의 문화기호론

수사 또는 수사학이란 고대 그리스어 레토르(ῥήτωρ)에서 온 말로 연사, 강연자, 웅변가 등의 뜻이 있었다. 그러다가 청중을 설득하는 언어 사용 기술을 의미하게 되었고, 중세 유럽에서는 리버럴 아츠(liberal arts)의 자유 7과(septem artes liberales)[5]를 구성하는 3학(trivium) 중 하나였다. 또 '修辭(수사)'라는 한자어는 『역경(易經)』의 <문언전(文言傳)> '제1건괘(第一乾卦)'에 최초의 용례가 보이는데 예의 바르고 점잖은 말을 쓴다는 뜻이었다.[6] 서양어 'rhetoric

---

4 '내가 밥 살게.'도 마찬가지이다. 실제로는 반드시 쌀을 익혀서 만든 '밥'만이 아니라 국수나 파스타, 만두나 빵, 라면이나 떡, 난(nān) 혹은 모든 음식을 의미하는 것이 될 수도 있다(제유), 또 밥만 먹는 것이 아니라 반찬과 국도 같이 먹을 수 있고 만약 저녁 시간이라면 술을 곁들일 수도 있을 것이다. 사교적인 의미를 갖는 것은 물론이다(환유).

5 문법학(grammar), 논리학(logic), 수사학의 3학과 산술(arithmetica), 기하(geometrica), 천문학(astronomia), 음악(musica 또는 harmonia)의 4과(quadrivium)로 사람이 갖추어야 할 실천적 지식과 학문의 기초로 다루어졌다. 오늘날의 관점에서 보자면 전자는 언어를 위주로 한 인문계의 기초과목, 후자는 계측과 관련된 자연과학의 기초과목이다.

6 '修辞立其诚, 所以居业也(말을 닦고 그 정성을 세우는 것은 업에 있기 위함이요).'[金敬琢 역저(2011), 『周易』, 明文堂, pp.576-580 참조.]

(레토릭)'을 '수사(또는 '수사학', '수사법')'로 번역하여 사용한 것은 메이지 시대 일본에서부터였다. 번역어 '수사'는 일본의 수학자 기쿠치 다이로쿠(菊池大麓, 1855~1917)의 『백과전서 수사급화문(百科全書 修辭及華文)』(1879)에 처음 등장해 20세기 들어 일반화되었다.[7] 근대 이전 일본에서는 언어를 잘 다듬어 표현하는 것을 문채(文彩)[8]라 했는데 이 '수사(修辭)'라는 번역어가 표현을 아름답고 다채롭게 하는 기법을 총칭하게 되었다.

수사학에 대한 전통적 분류 개념에서 벗어나 은유와 환유의 문제에 대해 문화기호론적 의미를 부여한 것은 구조주의 언어학자 로만 야콥슨(Roman Jakobson, 1896~1982)이었다. 그는 「언어의 두 측면과 실어증의 두 유형」이라는 논문[9]에서, "말을 한다는 것은 어떤 언어적 단위들에 대한 '선택(selection)'과 더욱 복잡한 언어적 단위들로의 '결합(combinaison)'"[10]이라는 두 측면이 있다고 지적했다. 그런데 문제는 전자가 은유적 절차(procès métaphorique)에 의한 것이라면 후자는 환유적 절차(procès métonymique)와 관련된다는 것이었다. '선택'과 '결합'은 원래 페르디낭 드 소쉬르(Ferdinand de Saussure, 1857~

---

7 1874년에 나온 『메이로쿠잣시(明六雜誌)』 25호에는 니시 아마네(西周, 1829~1897)가 grammar(그래머)를 '語學(어학)'으로 rhetoric(레토릭)을 '文學(문학)'으로 번역하기도 했다. (『日本国語大辞典』 참조)

8 문장(文章)의 광채(光彩)라는 뜻으로, 당(唐)의 시인 두보(杜甫, 712~770)가 위무제(魏武帝) 조조(曹操, 155~220)의 자손으로서 당대 최고의 화백이었던 조패(曹覇, 8세기 무렵?)를 만나 그의 영락한 모습을 보고 읊은 「단청인증조장군패(丹靑引贈曹將軍覇)」에 '英雄割據雖已矣 文采風流今尙存(영웅의 할거는 그쳤으나 문채와 풍류는 아직 남았도다)'이라 한 데에서 비롯되었다. 일본에서는 무로마치(室町) 시대의 선승(禅僧) 젯카이 주신(絶海中津, 1334~1405)의 한시문집(漢詩文集)인 『쇼켄코』(蕉堅藁, 1403)에 현재 확인할 수 있는 가장 오래된 예가 보인다.(『日本国語大辞典』 참조.)

9 원제는 "Deux aspects du langage et deux types d'aphasie": "Two aspects of language and two types of aphasic disturbances"이며, A. Adler와 N. Ruwet의 공동 번역으로 *Fundamentals of Language*(The Hague, 1956)의 제2부에 실려 있다.

10 로만 야콥슨, 권재일 역(1989), 『일반언어학 이론』, 민음사, 47-48쪽 참조.

1913)가 제시한 기호 활동의 두 축인 파라디금(paradigme)과 생타금(syntagme)[11]을 개별 발화자의 입장에서 발화 행위의 작동 체계에 적용한 것이다.

예를 들면 발화자가 '말이 달린다.'고 말할 경우, 주어인 '말' 대신에 '소'나 '사람'을 떠올릴 수 있고 주격 조사 '-이' 말고도 '-가'나 '-도'를 쓸 수 있으며 동사 역시 '달린다'가 아닌 '간다'나 '걷는다'로 바꿀 수 있다. 언어 활동에 있어서 유사성(類似性)을 변별하여 해당 항에 기호를 대체할 때 이러한 기호들 간의 관계를 파라디금이라고 한다. 이에 대해 '말'+'이'+'달린다'와 같이 '주어(명사)+주격 조사+동사'라는 언어의 선적(線的) 인접성을 통해 기호를 배열하는데 이때 기호와 기호 간의 관계가 생타금이다. 그래서 실어증(失語症, aphasia)도 단어를 선택하고 대체하는 능력이 손상된 '유사성의 장애'와 통사 체계에 적합하게 문장을 결합하지 못하는 '인접성의 장애'로 나누어진다는 것이다.

야콥슨은 여기서 한 걸음 더 나아가 이를 단지 언어뿐만 아니라 예술 장르 전반과 인간의 의식과 욕망으로까지 확장한다. 이를테면 서정시, 낭만주의 및 자연주의 소설, 초현실주의 회화, 지그문트 프로이트(Sigmund Freud, 1856~1939)가 말하는 꿈의 상징은 유사성의 발견에 바탕을 둔 은유적 절차가 우위를 갖는다. 반면 서사시와 사실주의 소설, 입체파 회화, 인간 욕망의 작용 방식은 인접성에 기반한 환유적 절차가 우세하다는 것이다. 이렇게 야콥슨은 인간의 언어 활동과 문화의 영위 방식을 은유와 환유로 모델화했다. 그에

---

11 이 용어에 대한 번역어로서 연합(聯合)과 연사(連辭), 계열(系列)과 결합(結合) 또는 계열과 통합(統合), 선택(選擇)과 연쇄(連鎖), 계사(係辭)와 연사(連辭) 등이 쓰인다. 일본에서는 연합(連合)과 통합(統合)이 주로 쓰이는데 범례(範例)와 연사(連辞, 또는 통사[統辞])라 하기도 한다. 페르디낭 드 소쉬르, 샤를 바이·알베르 세슈에 편, 권재일 역(2006), 『일반언어학강의』, 민음사, 170-175쪽, フェルディナン·ド·ソシュール, 小林英夫 訳(1972), 『一般言語学講義』, 岩波書店, 172-177쪽 등 참조.

이어 클로드 레비스트로스(Claude Lévi-Strauss, 1908~2009)는 예술과 과학을, 롤랑 바르트(Roland Barthes, 1915~1980)는 패션·요리·가구·건축 등에 있어서의 취향과 통일성에 은유와 환유를 결부시키고 있다.

그런데 1980년대 이래 인지언어학의 창시자로 꼽히는 조지 레이코프(George P. Lakoff, 1941~)는 마크 존슨(Mark L. Johnson, 1949~)과의 공저 『삶으로서의 은유』[12]를 통해 일상적 언어활동에 있어서의 은유(특히 개념적 은유)의 중요성을 다음과 같이 강조하고 있다.

> 은유의 본질은 한 종류의 사물을 다른 종류의 사물의 관점에서 이해하고 경험하는 것이다. (…) 중요한 것은 은유가 단순한 언어의 문제, 즉 낱말들의 문제가 아니라는 것이다. 오히려 우리는 인간의 사고 과정의 대부분이 은유적이라고 주장하려고 한다. 이것이 인간의 개념 체계가 은유적으로 구성되고 규정된다는 말의 의미이다. 언어적 표현으로서 은유가 가능한 것은 바로 인간의 개념 체계 안에 은유가 존재하기 때문이다.[13]

인간의 언어 활동뿐만 아니라 인식 자체의 밑바닥에 은유의 원리가 관여하고 있다는 레이코프의 주장은 당시로서는 매우 과감한 것이었다. 그는 우리의 일상적인 언어와 사고와 경험 속에 관습적으로 은유가 스며들어 구조화된 수많은 예를 들고 있다. '논쟁은 전쟁(ARGUMENT IS WAR)'이라는 개념적 은유에 의해 '너의 주장은 방어될 수 없다.(Your claims are indefensible)', '나는 그의 주장을 격파했다.(I demolished his argument)'와 같은 표현이 일상화될

---

12 나익주·노양진 역, 『삶으로서의 은유』, 박이정, 2006. 원저명은 '우리가 살아가는 수단으로서의 은유'이다. George P. Lakoff·Mark Johnson(1980), *Metaphors We Live By*, The University of Chicago 참조.

13 위의 책, 24-25쪽.

수 있다는 것이다. 그 외에도 '시간은 돈(TIME IS MONEY)'이라든지 '삶은 도박(LIFE IS GAMBLING GAME)' 역시 모두 개념적 은유가 구조화된 결과이다. 레이코프의 은유론은 이후 『인지의미론』,[14] 『시와 인지』[15]로 이어지는 일련의 저서들을 통해 심화되면서 학계의 광범위한 지지를 얻었다.

나아가 인간의 추상적 개념 능력은 경험에 기반한 구체적 신체적 인지로부터의 은유적 확장에 의해 가능하다고 보고 심신이원론(心身二元論)에 기반한 서양철학의 전통을 비판했다.[16] 또 사회·정치적 의제에 대한 개인의 경험과 태도는 언어 구조 안에서 프레임(frame)을 부여받아 형성된다는 것을 밝히고 정치적 담론에 은유가 끼치는 영향을 분석했다.[17] 인간의 상상력을 통해 인식대상들 간의 보이지 않는 내적 관련을 찾아낼 필요와 가치를 인정한다면 은유뿐만 아니라 다른 방식의 비유도 세상을 인식하고 구성하는 데에 밀접한 관계가 있다고 볼 수밖에 없다. 그렇다면 환유와 제유 역시 우리 삶의 전개 방식과 닮아 있으며 환유적·제유적 인식에 의해서도 우리의 욕망이 지배되고 있다고 보아야 할 것이다. 오늘날 강조되는 것은 이러한 수사적 기법이 세상을 '표현'하는 수단으로서보다도 세상을 '인식'하는 수단으로서 더 주목

---

14 이기우 역, 『인지의미론: 언어에서 본 인간의 마음』, 한국문화사, 1994. 원저명은 '여자, 불, 그리고 위험한 것-범주화가 마음에 관해 말해주는 것'이다. George P. Lakoff(1987), *Women, Fire, and Dangerous Things: What Categories Reveal About the Mind*, University of Chicago Press 참조.

15 이기우·양병호 역, 『시와 인지』, 한국문화사, 1996. 원저명은 '쿨한 이유보다 더-시적 은유로의 안내'이다. George P. Lakoff·Mark Turner(1989), *More Than Cool Reason: A Field Guide to Poetic Metaphor*, University of Chicago Press 참조.

16 임지룡 역, 『몸의 철학』, 박이정, 2002. 원저명은 '육체에 내재된 철학: 구체화된 마음과 서구 사상에 대한 도전'이다. George P. Lakoff·Mark Johnson(1999), *Philosophy In The Flesh: the Embodied Mind and its Challenge to Western Thought*, Basic Books 참조.

17 유나영 역, 『코끼리는 생각하지 마』, 삼인, 2006. George P. Lakoff(2004), *Don't Think of an Elephant: Know Your Values and Frame the Debate*, Chelsea Green Publishing 참조.

받고 있다는 점이다.

제2절 <그때 그사람>의 여백과 환유적 상상력

이제 대중가요 가사의 수사 기법을 살펴보도록 하겠다. <그때 그사람>은 1978년 문화방송(MBC) 제2회 대학가요제에 출전한 당시 명지대 학생 심수봉(본명 심민경)의 자작곡이었다. 직접 피아노를 치며 비성(鼻聲)이 섞인 홍얼거리는 듯하는 트로트풍의 창법으로 부른 이 노래는 포크 송과 록 음악 위주의 대학가요제에서 이채를 발했다. 대학생다운 순수함과 건강함이 주요 채점 기준이었기에 비록 입상은 못했지만 청중의 반응은 뜨거웠고 1979년도 최고의 히트곡이 되었다. 전체 가사는 13행으로 구성되어 있는데, 크게 '제1행~제5행 / 제6행~제9행 / 제10행~제13행'의 세 부분으로 나뉜다. 이 세 부분의 끝은 모두 '그때 그사람'으로 맺으며 전체 가사가 '그사람'을 수식하는 형식이다. 다음은 가사의 원문이다.

> 비가오면 ⓐ생각나는 ①그사람 언제나 ⓑ말이없던 ②그사람
> ㉠사랑에 괴로움을 몰래감추고 떠난사람 못잊어서
> ⓒ울던③그사람 그어느날 차안에서 내게 물었지
> 세상에서 제일슬픈게 뭐냐고 ㉡사랑보다 더슬픈건
> 정이라며 고개를 ⓓ떨구던 ④그때 그사람
> 외로운 병실에서 기타를 쳐주고 외로워하며
> ⓔ다정했던 ㉢사랑한⑤사람 안녕이란 단한마디 말도없이
> 지금은 어디에서 행복할까 어쩌다 한번쯤은
> 생각해줄까 지금도 ⓕ보고싶은 ⑥그때 그사람

외로운 내가슴에 살며시 다가와서 언제라도

감싸주던 ⓖ다정한 ⑦사람 그러니까 미워하며는

안돼겠지 다시는 생각해서 안돼겠지 철없이

㉣사랑인줄 알았었네 이제는 ⓗ잊어야할 ⑧그때 그사람[18]

내용은 화자[19]인 '나'의 '그사람'에 대한 추억과 그리움이 서사적으로 펼쳐진 것으로 하나의 이야기가 담긴 작품 세계를 이루고 있다. 첫 부분은 '그사람'의 등장이다. 제1행이 '비가오면 생각나는 그사람'으로 시작되는데 비(雨)를 매개로 하여 과거의 '그사람'을 떠올린다. 이어서 그의 과묵한 특징을 지적하고 제2, 3행에서는 그가 지나간 사랑으로 괴로워했었음을 간접적으로 시사한다. 다음 제5행까지는 차 안에서의 대화이다. '그사람'은 '나'에게 이별이 슬픈 이유는 사랑보다 정(情) 때문이라는 취지의 말을 한다. 제6, 7행은 그와의 추억인데, '나'는 입원을 한 상황에서 기타를 쳐주며 다정하게 위로해 주는 그를 사랑하게 된다. 제8, 9행은 이별 이후 소식이 없는 그가 행복할지를 상상하면서 그리워한다. 제10, 11행은 다시 그와의 추억에 대한 회상, 제11행 후반부부터 마지막 제13행은 '철없이 사랑인줄 알았'지만 이제는 잊겠다는 미래형 다짐이다.

이와 같이 <그때 그사람>의 서사적 특징은 기본적으로 과거 회상을 통한

---

18 ≪78년mbc대학가요제 入賞曲 심수봉(旧名:심민경)★최현군 그때 그사람·백팔번뇌·젊은太陽≫의 <그때 그사람>(MBC대학가요제출품작, 7901-644) 가사지. 오늘날의 맞춤법 및 띄어쓰기와는 차이가 있음. 제6행 '외로워하며'는 '위로하며'의 오자로 보임. 밑줄과 일련번호는 필자 추가.

19 대중가요는 가수의 목소리로 일반에 인식되지만 개별 가수의 물리적 음성의 특징과 상관없이 노래 가사를 텍스트로 하여 문학적으로 혹은 언어적으로 투명하게 분석할 때에는 시(詩)의 언어를 분석할 때와 마찬가지로 '시적 화자'(詩的話者) 또는 '화자'(話者)라는 용어를 범용할 수 있을 것이다.

현재의 감정과 생각을 서술하되 이야기의 초점은 '대과거→과거→현재→과거→현재 및 미래'의 시간 순으로 옮겨지고 있다. 화자의 서술이 줄곧 '그사람'에 초점을 맞추고 있다는 것도 중요한 특징이다. 인용 부분의 ①~⑧에서 보듯 일관되게 '그사람'이나 '그때 그사람' 또는 '사람'으로 의미 단위를 맺는 '체언으로 끝내기'[20]의 문장 구조가 반복적으로 나타나고 있다. 또한 이 경우 그 체언 앞에서 수식하는 용언의 형태를 통해 서술 내용의 시간이 드러난다. 이를 테면 ⓐ와 ⓕ는 단순 서술의 현재, ⓗ는 당위적 미래임에 반해 나머지 ⓑ, ⓒ, ⓓ, ⓔ, ⓖ는 모두 과거 회상의 '-던'을 사용하고 있다. 전체를 요약하자면 결국 과거에 '말이없던' '울던' '고개를 떨구던' '다정했던' '그사람'이 지금은 '생각나'고 '보고싶은'데 이제 앞으로는 '잊어야 할' 사람이라는 것이다.

이러한 시간적 흐름과 관련하여 '사랑'이라는 어휘의 쓰임새도 살펴볼 필요가 있다. '사랑'은 ㉠~㉣ 모두 4회 언급되는데 조금씩 그 의미가 다르다. ㉠은 '그사람'이 겪은 괴로움의 원인으로서의 사랑이다. ㉡은 슬픔의 정도가 '정'보다는 약한 것으로 언급될 때의 사랑이다. ㉢은 '그사람'에게 '내'가 느낀 감정으로서의 사랑이다. ㉣은 '내'가 품어 온 착각으로서의 사랑이다. 앞서 ㉠과 ㉡을 통해 사랑이 괴로운 이유는 사랑 그 자체보다는 정으로 인해 더 슬프기 때문임을 알았다. ㉣에서 '내'가 ㉢의 감정이 '사랑인 줄' 안 것은 '철없'는 생각이었고, 사실은 '정'의 문제였기에 헤어진 사람을 마음에 붙잡아두고 있는 것 역시 사랑이 아님을 깨닫는 것이다. 이 부분은 노래의 중심 메시지이기도 하다. 이렇게 해서 화자는 비로소 특정한 시간을 넘어서서

20 문말(文末)을 용언의 종지형이 아닌 체언으로 맺음으로써 그 체언을 강조한다든지 여운을 남기는 문장 표현 기법이다. 이는 한국어나 일본어 등 동사가 문말에 오는 주어-목적어-동사(SOV) 형식의 어순을 가진 교착어에서 효과적이다. 일본어로는 다이겐도메(体言止め)라고 하는데 일본의 하이쿠(俳句)나 단카(短歌)에서 자주 쓰인다.

'그사람'의 과거와 현재와 미래 그리고 대과거(제2~5행)까지를 이해하는 따뜻한 마음으로 지난 일들을 추억할 수 있게 되는 것이다.

남녀 간의 사랑을 소재로 한 다른 많은 노래들과 달리 이 곡에는 만나는 순간의 설렘이나 짜릿함 그리고 헤어지는 상황의 애달픔이나 안타까움은 직접적으로 그리지 않고 있다. 또 결정적인 관계의 변화 등은 일일이 표현하지 않고 건너뛰는 전개 방식을 취한다. 이를테면 왜 비가 오면 그가 생각나는지에 대한 설명이 없다. 매개로서의 비가 과거의 어떤 기억과 관련된 비인지, 아니면 단지 눈앞의 비로 인해 추억을 떠올리기 좋은 심리 상태가 된 것인지는 알 수가 없다. 또 어떻게 하다가 화자 자신이 '외로운 병실'에 입원을 했는지에 대해서도 아무런 정보가 없다. 그리고 차 안의 대화에서 '그사람'은 "세상에서 제일 슬픈 게 뭔지 아느냐?"고 묻고 나서 "사랑보다 더 슬픈 건 정"이라고 했는데, 그가 자문자답한 것이 아니다. 그의 질문에 대해 중간에 '나'는 대답을 "사랑"이라고 했을 것으로 유추된다. 그러나 화자는 그 대답을 생략하고는 굳이 명시하지 않았다.

또 제7행에서 '안녕이란 단한마디 말도없이' 다음에 곧바로 제8행의 '지금은 어디에서 행복할까'로 이어지는데, 여기서도 중간에 뭔가가 빠진 느낌이다. 아무런 말도 없이 헤어졌다는 뜻인지 또는 헤어진 후에 아무런 말도 없이 지냈다는 뜻인지 불분명하지만 전체 맥락은 그러한 그에게 '지금은 어디에서' 지내며 '행복할까' 하는 관심을 갖는다는 것이다. 화자에게 더욱 중요한 것은 '그사람'이 지금의 '내'가 그를 생각하는 만큼 '어쩌다 한번쯤은' '나'를 생각해줄지의 여부이며 지금도 '나'는 그를 보고 싶어 한다는 사실이다. 이와 같은 생략으로 생겨난 공백들은 모두 수용자 스스로가 상상을 통해 메꾸어 가게 되고 개연성 있는 스토리가 저절로 만들어지기 때문에 아무도 그 이상을 크게 궁금해하지 않는 것이다. 오히려 이러한 빈틈이 서사의 진행에 경쾌함과 박진감을 더하는 효과를 가져왔다고도 볼 수 있다.

<그때 그사람>이 발표될 당시는 물론 오늘날까지도 꾸준히 많은 사람들의 사랑을 받으며 불리고 있는 이유는 무엇인가? 음악적인 면에서 멜로디가 대중을 사로잡는 매력을 갖추고 있기 때문이기도 하겠지만 가사 역시 많은 사람들의 공감을 얻었다는 점을 지적하지 않을 수 없다. 그렇다면 그러한 공감력의 근원은 무엇인가? 이에 대한 적절한 대답 중의 하나로서 필자는 이 곡의 가사가 환기하는 어떤 환유의 힘에 주목해본다. 다시 말해 환유적 연상이 가능하도록 적절한 여백을 두고 수용자의 상상력을 자극한다는 것이다. 인접성에 기반한 환유적 연상은 수용자가 쉽게 작품의 세계로 빠져들게 하고 자신의 경험과 지식을 동원하여 빈 곳을 메꾸면서 스스로 텍스트를 완성하여 작중세계를 재구성하게 하는 것이다. 이 노래의 경우 환유적 연상이 자연스럽게 펼쳐지도록 어휘가 배열되어 있다는 점도 지적하지 않을 수 없다.

환유는 사물을 직접 가리키는 대신 그 사물이 가진 속성이나 공간적 또는 시간적으로 인접한 관계에 있는 것을 사용하는 표현임은 앞서 말한 대로이다. 이러한 인접성이란 은유가 갖는 유사성과는 달리 서사적 전개 방식과 관련된다는 것은 이미 로만 야콥슨이 갈파했다. 이 노래에서는 '비'를 통해 '그사람'을 불러들이고 '차' 안에서의 대화 끝에 '고개를 떨구'며 탄식하는 모습을 제시한다. 그 대화는 '사랑'과 '정'을 대비시키면서 헤어짐의 슬픔을 설명한다. 또 '병실'과 '기타'는 얼핏 보기에 인접성의 정도가 낮아 보이지만 병렬해 놓고 보니 묘하게도 상당한 설득력을 갖는다. '외로운 내가슴'은 '허전한 내 마음'의 환유적 표현이지만 이 대목에는 과거와 현재가 착종되어 있다. 왜냐하면 '살며시 다가와서' '감싸주던 다정한' 행위는 과거의 어느 한 시점이었겠지만 '언제라도'라는 표현이 환기하는 '그사람'의 부재 상황이 더욱 두드러짐으로써 현재적 바람을 짙게 호소하고 있다.

마지막 부분인 제11행 후반부 이하는 이때까지 이야기한 서사를 벗어나서

'이제는 잊어야' 하는 '그때 그사람'으로 맺으며 마음으로부터 '그사람'을 놓아주자는 결론에 다다른다. 여기서 <그때 그사람>의 가사는 이 서사의 서술을 통해 화자 스스로가 한 단계 성숙한 심적 상태로 고양될 수 있도록 구성되었다는 것을 알 수 있다. 이 곡은 수용자에게 서사적 비약을 제공하여 환유적 상상력을 자극하고 이를 통한 작중세계의 완성과 미적 충일감을 향유하게 했다고 본다. 심수봉은 이 곡의 대히트 직후 10·26 사건에 휘말리면서 박정희(朴正熙, 1917~1979) 대통령 암살 현장을 목격했다는 이유로 당국의 감시를 받기도 하고 방송 활동 금지 조치를 당하기도 했다. 더구나 이 노래가 그 현장에서도 불렸다는 사실이 세간에 알려지면서 당시를 기억하는 대중들은 '그때 그사람'과 '10·26'과 '박정희'라는 기호를 환유적 상상력으로 연결시켰다. 영화 ≪그때 그사람들≫(2005)의 제목도 그 하나의 예이다.

제3절 <남자는 배 여자는 항구>의 대중성과 노골적 은유

시나 대중가요의 가사에 있어서 은유적 표현은 사실상 일일이 열거할 수 없을 정도로 많다. 이러한 은유에는 세 가지 형식이 있을 수 있다. 하나는 원관념과 보조관념이 둘 다 드러난 경우, 또 하나는 원관념만 드러나고 보조관념은 감춰진 경우, 또 다른 하나는 보조관념만 드러나고 원관념은 감춰진 경우이다. 이를 정리하여 필자 나름대로 명명하면 다음과 같다.

① 명시적 은유　　A=B
② 추상적 은유　　A=(B)
③ 상징적 은유　　(A)=B (A는 원관념, B는 보조관념)

김용만(金用萬, 1933~)이 부른 <청춘은 꿈>(1960)의 '청춘=봄, 봄=꿈나라'나 최희준(崔喜準, 1936~2018)이 노래한 <하숙생>(1964)의 '인생=나그네길', 이진관(李珍寬, 1960~)이 노래한 <인생은 미완성>(1984)의 '인생=미완성(작품), 인생=쓰다가 마는 편지' 등은 ①에 속한다. 또 '~은 ~이다(A=B)'의 형식 말고도 원관념과 보조관념을 단순히 병치(A B)하거나 수식관계로 동격을 나타내는 경우(A의 B)도 ①에 속한다. 남인수가 노래한 <무너진 사랑탑>(1942)의 '사랑=탑'이나 최진희(崔辰熙, 1957~)가 노래한 <사랑의 미로>(1988)의 '사랑=미로'가 그러하다. 이렇게 ①의 명시적 은유는 형식이 지극히 단순하고 명쾌해서 알기 쉽다. 이에 반해 전영록(全永祿, 1954~)이 노래한 <사랑은 연필로 쓰세요>(1983)의 '사랑=(지우개로 지울 수 있는) 글' 같은 것이 ②에 해당한다. 이 경우 보조관념은 원관념과 관련된 다른 표현을 매개로 논리적 추론을 통해 간접적으로 찾아낼 수 있다.

그런데 ③의 경우는 원관념을 찾기가 쉽지 않다. 예를 들어 김민기(金敏基, 1951~2024) 작사·작곡의 <상록수>(1978) 첫 구절 '저 들에 푸르른 솔잎을 보라'에서 '솔잎'이 보조관념이라면 원관념은 무엇인가? 우선 이 자체가 은유인지 아닌지조차 맥락 없이는 이해하기 어렵다. 이러한 경우는 1970~1980년대의 운동권 가요들에 많이 나타나는 특징이기도 하다. 감춰진 원관념을 찾아내기 위해서는 고도의 상징성을 파악해야 하는 경우도 있으며 시대적 상황과 사회적 환경 및 문화적 맥락을 살펴야 할 수도 있는데 문제는 정확한 답이 없을 수도 있다는 점이다. 그래도 '솔잎'의 원관념은 '어려움 속에서도 변하거나 굴하지 않는 굳은 의지(또는 그러한 의지를 가진 존재)'라고 받아들여졌다. 그런데 시나 노래와 같은 예술적 창작은 사실상 그때까지 존재하지 않던 새로운 작중세계가 창조된다는 점에서 그 자체가 세상에 대한 은유일 수도 있다.

<남자는 배 여자는 항구>는 제목 자체에 명시적 은유를 담고 있다. '남자

는 배 여자는 항구'는 제목일 뿐만 아니라 이 노래의 가사에서 가장 핵심적인 부분이다. 1984년 방송 활동 금지 조치가 해제되고 가요계에 복귀한 직후 심수봉 스스로 작사·작곡한 이 곡이 제4집(신곡 1집) 음반에 발표되어 세상에 나왔을 때 사람들은 한편으로 놀라고 또 한편으로 고개를 끄덕였을 것이다. 그것은 당시 남녀 관계의 통념상 누구나 수긍할 수 있는 '남자=배 / 여자=항구'라는 등식이 너무나도 당당하게 표면화되었기 때문이다. 항구에서의 이별 장면과 떠나는 남자 그리고 보내는 여자의 눈물과 기다림 같은 것은 대중가요 특히 '트로트' 장르의 전통적인 소재였다. 남자는 주로 떠나가는 존재로서 여자는 늘 보내고 기다리는 존재로 굳어져왔다.[21] 그런데 그 고정 관념을 끄집어내어 새삼스럽게 담론화한다는 것이 묘하게도 새로웠던 것이다.

이 곡이 크게 히트하고 그 이후로도 꾸준히 인기를 누림으로써 심수봉은 '트로트의 여왕', '국민가수'와 같은 별명을 얻게 되었다. 이제 그 가사를 구체적으로 살피면서 검토해보자. 다음과 같이 1절과 2절이 있고 각 절은 7행씩이며 같은 멜로디가 반복된다. 1절과 2절 끝부분 모두 '남잔 다 그래'로 맺고 있다.

1. 언제나 찾아오는 부두의 이별이 아쉬워 두손을 꼭 잡았나
눈앞에 바다를 핑계로 헤어지나 ①<u>남자</u>는 배 ⓐ<u>여자</u>는 항구
ⓒ<u>보내주는 사람</u>은 말이 없는데 ②<u>떠나가는 남자</u>가 무슨 말을 해
뱃고동 소리도 울리지 마세요 하루하루 바다만 바라보다

---

21 예외도 있다. 남진(南珍, 1946~)의 <가슴 아프게>(1967) 경우는 고국 방문차 왔다가 사귀게 된 재일 교포 여인을 일본으로 떠나보내는 남자 주인공의 안타까운 이별을 다룬 영화 ≪가슴 아프게≫(1967)의 주제곡이기도 하여 남자가 여자를 떠나보내는 부두의 이별로 받아들여졌다.(이진원, 『한국영화음악사 연구』, 민속원, 2007, 226쪽 참조) 그러나 1976년 이성애가 일본에서 불러서 크게 히트한 일본어 번역곡 <가슴 아프게(カスマプゲ)>는 여성 화자가 남자를 떠나보내고 아쉬움에 우는 내용이다.

눈물지으며 힘없이 돌아오네 ③남자는 ④남자는 다
모두가 그렇게 다 아 이별의 눈물보이고 돌아서면 잊어버리는
⑤남잔 다 그래

2. 매달리고 싶은 이별의 시간도 짧은 입맞춤으로 끝나면
잘가요 쓰린마음 아무도 몰라주네 ⑥남자는 배 ⓑ여자는 항구
⑩아주가는 사람이 약속은 왜해 눈멀도록 바다만 지키게 하고
사랑했었단말은 하지도 마세요 못견디게 ⓓ네가 좋다고
달콤하던말 그대로 믿었나 ⑦남자는 ⑧남자는 다
모두가 그렇게 다 아 쓸쓸한 표정짓고 돌아서선 웃어버리는
⑨남잔 다 그래[22]

이 노래에는 무슨 사연인지는 모르지만 남자를 떠나보내고 홀로 남겨져서 바다만 바라보며 오지 않는 남자를 기다리는 여자의 눈물짓는 모습이 시각적으로 그려지고 있다. 그런데 가사를 음미하다 보면 첫 부분인 1절 제1행부터 고개를 갸우뚱하게 된다. '언제나 찾아오는 부두의 이별이 아쉬워 두 손을 꼭 잡았나'에서 '언제나 찾아오는'이 무엇을 의미하는가? 문자 그대로 읽으면, 부두에서의 이별이 처음이거나 일회적인 것이 아니라 늘 있는 일이라는 뜻이다. 그리고 '아쉬워 두 손을 꼭 잡았나'에서는 '잡았나'라는 문말에 유의해야 한다. 의문의 형태를 취하지만 몰라서 묻는 것이 아니라 '두 손을 꼭 잡'은 이유를 추측하면서 혼잣말처럼 중얼거리는 것이다. 그렇다면 이 혼잣말은 누구의 발화인가? 남자? 여자? 아니면 제3자? 가사 텍스트의 정합성과 시적 화자의 통일성을 고려하면 이 부분의 발화 주체는 남자를 떠나보내는

22 ≪심수봉 신곡 1집≫ 제2면 <남자는 배 여자는 항구>(8403-1504)의 가사지. 오늘날의 맞춤법 및 띄어쓰기와는 차이가 있음. 밑줄과 일련번호는 필자 추가.

여자의 입장에 가까운 존재로 봐야 할 것이다.

14행으로 구성된 이 노래는 인칭 사용 방식이 특징적이다. 복수 인칭 '모두'를 제외한 단수 인칭은 '떠나는 남자'와 '보내는 여자'로 대별되는데, 남자에 해당하는 인칭은 총 10회 언급된다. '남자(①~⑨)'가 9회인데 '아주가는 사람(⑩)'까지 합해서이다. 이에 반해 여자가 텍스트에 표면화되는 것은 '여자(ⓐ~ⓑ)' 2회 '보내주는 사람(ⓒ)'과 2인칭 '네(ⓓ)'가 각각 1회로 4회뿐이다. 1절의 제3행에서는 '보내주는 사람(ⓒ, 여자)'과 '떠나가는 남자(②)'가 대비되는데 2절의 제3행에서는 그 남자가 '아주가는 사람(⑩)'으로 지칭된다. '아주가는 남자'가 아니고 '아주가는 사람'인 이유는 서술 시점(時點)에서 볼 때 '아주' 가버렸다는 것을 이미 알기 때문에 '여자'에게 있어서 더 이상 '남자'가 아닌 그냥 '사람'인 것이다. 이를 통해 중심 소재는 이별이고 서술의 초점은 기본적으로 '남자'에 맞춰져 있지만 시적 화자는 여자에 가까운 존재라는 것을 알 수 있다. 전체를 통해 화자는 '여자'의 입장에서 그 '남자'의 언행과 이에 대한 스스로의 심경을 서술하고 있다.

1절 제1행의 구문은 주어가 드러나지 않고 술어 위주로 구성되어 있다. 기본적으로 '형용사 + 해서 동사 + 했나('~아쉬워서 ~잡았나')'의 '인과관계를 추측'하는 구조이다. 그 '추측의 주체'도 바로 '여자'인 화자이므로, 이별이 '아쉬워 두 손을 꼭 잡'은 '행위의 주체'는 바로 그 상대역인 '남자'이다. 따라서 추측 내용은 '늘 있는 이별이 뭐가 아쉬워서 새삼스럽게 두 손을 꼭 잡나' 하는 식의 비꼬는 듯하는 냉소적 태도에서 비롯된 것임을 알 수 있다. 이러한 관점은 제2행으로 이어지는 가사 '눈앞에 바다를 핑계로 헤어지나'까지를 연결하면 좀 더 분명해진다. 바다는 그저 헤어지기 위한 핑계에 불과한 것 아닌가 하는 점을 콕 집어 지적하는 것이다. 그래서 남자는 배와 같이 떠나는 존재이고 여자는 항구처럼 기다리기만 하는 존재임을 '남자는 배 여자는 항구'라는 명시적 은유로 간명하게 요약했다. 그러한 점에서 이

짤막한 대구(對句)는 노래 전체를 대표하는 표어적 문구이며 제목이 되기에 손색이 없었던 것이다.

그리고 1절 제3행의 경우 '보내주는 사람은 말이 없는데 떠나가는 남자가 무슨 말을 해'라며 남자가 떠나면서 하게 되는 위로나 변명 혹은 약속 등의 모든 언사에 대한 못마땅함을 표명한다. 그러한 이유로 제4행에서는 아예 '뱃고동' 소리도 울리지 말라고까지 경고한다. '뱃고동'은 배에서 신호를 하기 위한 경적 소리이다. '남자'를 '배'에 비유했으므로 '뱃고동'은 남자가 내는 소리 즉 말(言)에 해당한다. '떠나가는 사람이 무슨 할 말이 있는가. 차라리 아무 말도 하지 말고 조용히 가라'는 원망 섞인 아쉬움의 강조 표현으로 볼 수 있다. 이는 2절 제3행에 나오는 '약속'에 대한 반감과도 호응한다. 그래서 이제는 어디 가서 '사랑했었단 말은 하지도' 말라는 강력한 질타로 이어진다. 화자는 결국 '바다를 핑계' 삼는 변명과 '돌아서면 잊어버리'는 무심함, '못견디게 네가 좋다'던 달콤한 거짓말, '쓸쓸한 표정' 뒤에 숨은 위선, 그리고는 '웃어버리'는 배신에 더 이상 휘둘리지 않고자 이의를 제기하는 것이다.

그런데 이러한 것을 다 알면서도 1절 제4, 5행과 같이 '하루하루 바다만 바라보다 눈물지으며 힘없이 돌아오'거나 때로는 2절 제3행처럼 '눈멀도록 바다만 지키'는 자신을 돌아본다. 그저 '매달리고 싶은' 심경과 이별할 때의 '쓰린 마음'은 그 '남자'를 위시하여 이 세상에서 '아무도 몰라주'고 있다는 고독감에 휩싸인 심적 상태를 표현한 것이기도 한다. 그래서 '남자'는 '모두가 그렇게 다', '다 그래'라며 '남자란 그저 여자를 두고 쉽게 떠나가는 존재들이야'라는 일반화의 과정을 거쳐서 체념적 극복 상태로 넘어가는 것이다. '이별의 눈물보이고 돌아서면 잊어버리'는 남자에게 더 이상 진정성을 기대하지 않는다는 것이다. 당시 이 노래가 신선했던 것은 너무나 전형적이고 판에 박힌 내용을 소재로 했으나 그 전형성을 극대화하면서 상황을 객관화하는 한편 시점(視點)을 여성 중심으로 바꾸어 솔직한 심경을 읊었다는 점에 있다.

1930년대부터 1970년대까지 40~50년간 항구를 매개로 한 남녀 간의 이별은 한국 대중가요의 단골 소재였다. 이별이라는 공간적 이산(離散)의 슬픈 감정을 집약하여 극적으로 형상화하기에 적합한 곳이 바로 선박이 머물고 떠나는 항구였기 때문이다. 그래서 남녀 간의 사랑을 노래한 수많은 곡이 있지만 '항구'가 나오면 일단 '이별'을 연상하기에 이르렀다. 이 역시 환유에 의한 집단적 상상이 빚어낸 결과라 하겠다. 그런데 이들 중 대부분은 일종의 고정적인 패턴을 보이고 있다는 인상을 지울 수 없다. 여성 화자[23]인 경우 기다리는 여심(女心)의 수동적 관점을 취하는 데, 남성 화자[24]는 마음은 아프지만 여인들의 순정을 뒤로한 채 '잘 있거라. 다시 오마.'를 외치고 다소 '쿨'하게 떠난다는 것이다. 이와 같이 기다리게 되는 또는 기다려야만 하는 자신의 처지를 숙명으로 받아들이고 상황에 순응하면서 겪게 되는 고통스러운 감정을 억누르는 것이 과거의 한국 대중가요에서 여성 화자들이 취하는 입장이었다.

이에 반해 <남자는 배 여자는 항구>에서는 아쉬움과 원망과 반감 등 여성 화자 스스로의 관점에서 진솔한 감정을 거침없이 적극적으로 표현하여 당시의 여성은 물론 남성들의 공감까지도 이끌어냈던 것이다. 한국 대중가요사에서 여성 화자의 주체적 서술이 확고해진 것은 대략 이 무렵부터로 보이며 이 곡은 그러한 점에서도 하나의 획기적 전환을 이루었다고 할 수 있겠다. 또 하나 이 곡에서 주목할 점은 무엇보다도 멜로디 및 가사가 대중들에게

---

23 이난영이 부른 <목포의 눈물>(1935)과 장세정이 부른 <연락선은 떠난다>(1937) 등이 있다.

24 박경원(朴慶遠, 1931~2007)이 부른 <이별의 인천항>(1954)과 백야성(白夜城, 1934~2016)이 부른 <잘 있거라 부산항>(1957)과 같은 마도로스(외항선 선원)를 소재로 한 곡들이다.

친근하게 느껴지도록 구성되어 누가 들어도 대단히 쉽고 재미있게 느껴진다는 사실이다. 남녀 관계의 파탄과 이별을 당사자인 여성의 입장에서 바라보면서도 지나치게 진지하거나 심각하지 않고 스스로의 처지에 약간의 거리를 두고 객관화함으로써 체념을 통해 극복하고 승화시키는 여유를 갖는 것이다. 이러한 여유는 어디에서 나오는가? 사실상 이러한 문제는 이 노래 자체를 단독으로 수용하기보다는 상호텍스트성(intertextuality)의 차원에서 바라볼 때에 답을 구할 수 있을 것 같다.

수십 년간 형성된 한국 대중가요사의 정서적 맥락에서 다른 곡들의 가사와 그 텍스트가 빚어내는 세계 및 이에 대한 대중들의 이미지를 훌륭하게 활용한, 매우 성공적인 실천적 사례가 바로 <남자는 배 여자는 항구>이다. 이것은 은유와 환유의 기술적 배합이 깊게 관련되어 있어서 가능한 것으로 보인다. 다시 말하자면 '남자'와 '배' 그리고 '여자'와 '항구'를 각각의 유사성을 통해 은유로 엮어내는 과감하고도 노골적인 시도가 전체 수사의 중심축을 만들었다. 그 위에 여자의 눈물과 인접한 '행위로서의 이별', 항구나 바다라고 하면 연상되는 모종의 격리감이 환유적 상상력의 고리를 형성한다. 덧붙여서 남자의 말이라는 상위 개념이 다름 아닌 변명·위로·약속이라는 하위 개념을 지시하고 뱃고동 소리는 바다에서 들리는 모든 소리 즉 파도 소리와 바람 소리와 갈매기 소리 등을 제유적으로 대표하고 있다.

뿐만 아니라 남자의 말과 뱃고동은 소리, 여자의 눈물과 바다는 물이라는 유사성으로 각각 포착되어 은유로 작용한다. 눈과 눈물의 관계는 인접한 환유적 관계이다. 사실상 이러한 수사 기법 간의 관계와 그 효과는 따져보자면 한이 없다. 왜냐하면 그것은 작자도 생각하지 못한 파생적 효과를 낳을 수 있어서이다. 은유와 환유에 관해 수용자의 수용 방식에 따른 생산성의 몫이라는 측면도 분명히 있기 때문이다. 작사가 심수봉은 <남자는 배 여자는 항구>에서 전통적 이미지를 절묘하게 활용하여 일종의 요약적 패러디를 전개한 것인지도 모른다. 그래서 지금 생각해보면 '언제나 찾아오는'이라는 첫 부분이 당사자들에게 있어서의 구체적인 정황이 아니라 이별의 당사자들을 다루고 있는 시점인물의 원경(遠景) 포착일 수도 있겠다는 생각이 든다. 작사자나 수용자에게 있어서 '보편적으로 늘 있을 법한' 이야기로서의 '항구의 이별'에 관해 관찰하여 전하고 의견을 제시한다는 중의적 의미가 잠재되어 있다는 생각도 가능한 것이다.

결국 '남자', '배', '여자', '항구'라는 네 가지 기호는 서로 종으로 횡으로 구조화되어 가사 텍스트의 언어에 수사적 기반을 제공하는데 이를 단순화해서 표현하자면 다음과 같다. 물론 이와 같은 도식은 이 노래가 가진 극히 부분적인 측면에 불과하다.

```
변명·위로·약속    <<<말--------남자--여자---눈------눈물---------이별(행위)
                    ‖         ‖     ‖      \       ‖
                    ‖         ‖     ‖         \    ‖
파도·바람·갈매기 <<<뱃고동---배----항구------------바다---------부재(상황)
```

(‖는 은유, ---는 환유, >>>는 제유)

놀라운 것은 은유와 환유, 제유가 그물망처럼 짜인 가운데 '남자는 배 여자는 항구'라는 다소 속화(俗化)된 비유의 촌스러움이 부각되면서 오히려 국면을 한 발짝 물러서서 바라보는 여유와 세련미를 유발한다는 역설이 성립되는 것이다. 항구의 이별과 관련된 이전까지의 대중가요 텍스트를 섭렵하고 소화하여 발효까지 시킨 후 고정적인 유형(stereo type)으로 만들어내어 이를 강조함으로써 거두어들이는 미학적 효과, 이를 '유형화(類型化)의 미학'이라고 감히 이름 붙여봄 직하다.

여기서는 1970, 1980년대의 한국 사회에서 대중적 인기를 누렸고 아직까지도 많은 사람들의 사랑을 받고 있는 대중가요 <그때 그사람>과 <남자는 배 여자는 항구>의 가사 텍스트를 수사 기법의 면에서 평석(評釋)해 보았다. 한국 대중가요사에서 가수로서의 심수봉은 독특한 음색과 음악적 역량을 지닌 존재인데 작사가로서의 심수봉 또한 그 이상의 번뜩이는 언어 감각으로 자신의 작품을 '불후의 명곡'으로 조탁(彫琢)했다고 평가된다. 지금까지의 분석을 통해 다음과 같은 것을 알게 되었다. <그때 그사람>은 내용적 건너뜀(여백)을 통해 환유적 상상력을 자극했고 그것은 작품 세계의 서사적 전개에 동력을 제공했다. 그리고 <남자는 배 여자는 항구>에서는 과감하고도 진솔하여 노골적이기까지 한 은유의 사용으로 시어(詩語)들 간의 유기적 연결 구조를 구축한 점이 작품의 완성도를 높이는 데에 기여했다. 이는 나아가 전통적 이미지를 세속화하여 활용한 요약적 패러디로서 독특한 미학적 효과를 거두었다고 할 수 있다.

이처럼 두 곡 모두 은유와 환유, 제유를 비롯한 수사적 기법을 활용하여 대중에게 다가갔고 대중은 노래 가사가 지닌 이러한 매력에 환호하고 공감했던 것이다. 은유와 환유는 우리 삶의 인식 구조 그 자체이며 잘 만들어진 노래 가사에는 삶에 대한 새로운 인식적 지평이 전개되고 반영되어 적절한 시적 효과를 발휘한다. 은유와 환유는 언어의 표현 기법이면서 인식의 틀 자체이기도 하고 삶의 일부이면서 전부이기도 한 것이다.

종장

한일 대중음악의 미래: 노래를 통한 '마음'의 교류

지난 1998년 김대중-오부치 선언[1] 이후 4반세기가 넘는 동안, 한일 관계는 과거사 문제의 진통 속에서도 '화해와 미래지향적 협력'이라는 기조 아래 점진적 진전을 이루어 왔다. 당시 일본의 오부치 게이조(小渕恵三, 1937~1998) 총리는 과거 식민지 지배에 대한 통절한 반성과 사죄를 표명하였고, 김대중 대통령은 미래 세대를 위한 협력과 교류 확대의 비전을 제시하였다. 이 선언은 한일 관계의 새로운 출발점이 되었으며, 곧이어 한국 정부는 1999년부터 단계적으로 일본 대중문화의 국내 개방을 추진하였다. 이로써 양국 국민 간 상호 이해가 심화되고 활발한 문화교류의 시대가 열렸다. 또 뒤이은 2002년 한일 월드컵 공동개최는 스포츠와 문화, 시민 교류를 통한 감정적 유대의 형성이라는 상징적 사건으로 기록되었으며, 양국 관계가 과거의 대립을 넘어 공동의 미래를 모색할 수 있음을 보여준 사례였다.

그러나 이러한 흐름은 이후 정치적 정세 변화와 역사 인식의 충돌 속에서

1 1998년 10월 8일 도쿄를 방문한 한국의 김대중 대통령과 일본의 오부치 게이조 수상이 한일 간의 불행한 역사를 극복하고 미래 지향적인 관계를 발전시키기 위해 과거사 인식을 포함한 11개 항의 '21세기의 새로운 한일 파트너십 공동선언(21世紀に向けた新たな日韓パートナーシップ共同宣言)'을 발표했다.

굴곡을 거듭했다. 이명박(李明博, 1941~) 정부 시기 실용주의 외교를 표방하며 일정한 진전이 있었으나, 2012년 대통령의 독도 방문 이후 일본 내 반발이 확산되며 관계가 냉각되었다. 박근혜(朴槿惠, 1952~) 정부는 2015년 위안부 합의를 통해 외교적 해결을 시도했으나 국내외의 비판 속에 한계를 드러냈고, 문재인(文在寅, 1953~) 정부에서는 2018년 대법원의 강제징용 배상 판결과 2019년 일본의 수출규제 조치가 맞물리며 갈등이 재점화되었다. 이후 2022년 출범한 윤석열(尹錫悅, 1960~) 정부는 한·미·일 안보 협력 강화, 글로벌 공급망 재편, 북핵 문제 대응 등 공통의 안보·경제 과제를 중심으로 관계 복원을 추진하여 2023년 셔틀 외교를 재개, 양국 관계를 다시 미래지향적 협력의 길로 이끌었다. 2025년 현재, 트럼프(Donald John Trump, 1946~) 미국 대통령의 재집권 이후 강화된 미국의 보호무역과 관세정책, 북·중·러 반미 연대 심화, 타이완해협 위기, 우크라이나 전쟁, 중동 분쟁 등 세계적 불안정이 가중되는 가운데, 자유·민주주의·인권·시장경제의 가치를 공유하는 한국과 일본의 연대는 지역과 세계 질서의 안정에 필수적인 축으로 그 중요성이 더욱 부각되고 있다.

외교적 대화와 정상 간 협력이 재개되었다 해도, 그것이 곧 국민의 마음속 화해를 의미하는 것은 아니다. 한일 관계의 저변에는 여전히 식민지 지배의 기억, 역사 인식의 차이, 상호 불신이 남아 있으며, 때로는 정치권이 이러한 감정을 국내 정치에 활용함으로써 갈등이 증폭되기도 한다. 감정의 상처는 조약이나 합의만으로 치유되지 않는다. 진정한 신뢰는 제도적 합의보다 상호 이해와 공감의 축적에서 비롯되며, 감정의 전환은 이성적 설득보다 삶 속에서 체험되는 공감의 순간들을 통해 가능하다. 이제 한일 양국은 공유된 가치와 공동의 위기 인식을 바탕으로 미래를 함께 설계해야 한다. 양국이 직면한 지정학적 현실과 세계적 불안정은, 감정적 대립이 아닌 실질적 협력과 정서적 신뢰 구축을 요구하고 있다.

이러한 맥락에서 문화, 특히 음악은 정치와 외교가 미처 다가서지 못하는 깊은 차원의 마음을 연결하는 정서적 매개체로서 중요한 의미를 지닌다. 코로나19 팬데믹의 종식 이후 인적 교류가 재개되고 여행과 유학, 문화행사가 활성화되면서, 양국 국민들은 다시 서로의 문화를 체험하고 일상의 감정을 나누게 되었다. 그중에서도 노래는 언어와 이념을 초월하여 감정을 전달하는 예술로, 서로의 삶과 기억을 이해하게 만드는 감성의 언어이다. 한국의 트로트와 일본의 엔카는 근대화, 전쟁, 산업화, 도시화 등 유사한 시대적 경험 속에서 형성된 대중음악으로, '그리움', '이별', '향수'라는 보편적 감성 코드를 공유한다. 이들 장르는 각기 다른 역사 속에서도 동아시아적 서정성과 '한(恨)'과 '정(情)'의 정서를 담아내며, 국민 간의 공통된 감정적 기반을 형성하는 문화적 교집합으로 기능한다. 따라서 음악은 양국 국민이 과거의 상처를 직면하면서도 감정의 벽을 허물고, 서로의 마음을 잇는 정서적 치유의 장이 될 수 있다.

결국 한일 관계의 지속 가능한 발전은 국민감정을 긍정적으로 전환하고, 상호 신뢰를 심화시키는 문화적 상호작용이 병행될 때 비로소 가능하다. 노래를 매개로 한 정서 교류는 언어의 장벽을 넘어 감정의 동조를 이끌어내며, 그것이야말로 두 나라를 연결하는 가장 인간적이자 지속 가능한 다리이다. 본 종장은 이러한 문제의식에 기초하여, 트로트와 엔카를 중심으로 한 한일 대중음악의 감성적 공통성을 찾아 문화적 연대를 모색하고, 이를 통해 양국 시민이 공유할 수 있는 '마음의 교류' 가능성을 발견하고자 한다. 나아가 이러한 연대가 한일 양국의 정서적 화해를 넘어, 동아시아 지역의 평화와 상호 존중, 그리고 인류의 공동 번영으로 확장될 수 있을 것으로 본다.

제1절 규제와 편견을 넘어서 '마음의 벽' 허물기

해방 후 약 20년 동안 한·일 간에는 국교가 수립되지 않았고 이러한 상태에서 정상적인 문화 교류가 있을 수 없었다. 더구나 강력한 반일(反日)정책을 내건 이승만 정부 하에서 일본의 만화, 영화, 음악 등 대중문화는 국민감정을 저해한다는 이유로 규제를 받았다. 박정희 정부에 와서는 1965년 한일기본조약에 의해 사람들의 공식적인 왕래가 시작되었으나 경제적 협력이 강조되는 반면 일본 대중문화는 왜색문화(倭色文化)로 배격하는 사회적 분위기가 지속되었다. 20세기가 저물도록 한국은 공식적으로 일본의 대중문화를 법령에 의해 규제했고 일본은 한국의 대중문화에 크게 관심이 없었다.

한편으로 1970, 80년대에는 앞서 제8장에서 살펴보았듯이 양국 간에 사회경제적으로 많은 관계망이 구축되면서 문화교류도 조금씩 꾸준히 확대되었다.[2] 1976년부터 한국 가수들의 본격적인 일본 진출로 한국의 대중가요가 일본에 알려지고 1988년 서울 올림픽에 의해 일본인들이 한국과 한국의 문화에 대해 관심을 갖게 되었다. 한국에서는 1960년대 후반부터 제한적으로 일본의 서적이 수입되었고 제작 주체를 밝히지 않는 조건으로 일본 애니메이션이 TV에서 방영되었으며 비공식 루트로 일본 대중음악 레코드가 거래되기도 했다. 따라서 민간에서는 어느 정도의 문화적 상호 침투가 진행되고 있었다고 본다.

1990년대부터는 인터넷의 보급으로 점점 양국 간의 문화적 장벽이 허물어지고 있었다. 마침내 1998년 한국 정부는 일본 대중문화의 전면적인 개방

---

2 徐賢燮, 「韓国における日本文化の流入制限と開放」, 長崎県立大学国際情報学部研究紀要, 第13号(長崎県立大学国際情報学部, 2012), pp.242-246 참조. 이승만 정부부터 노무현 정부까지의 일본대중문화 정책이 정리되어 있다.

계획을 발표하고 단계적 이행을 약속한다. 그래서 2004년까지 4단계에 걸쳐 일본 대중문화에 대한 수입 규제를 공식적으로 철폐했다. 특히 영화와 일본어 노래 CD 등의 전면 발매 허용을 담은 2004년 1월의 제4차 조치로 인해 '거의 95%'[3]까지 개방이 이루어졌다. 일본 측도 2002년의 한일 공동 월드컵과 ≪겨울 연가≫(冬のソナタ) 등 한류 드라마의 폭발적 인기, 2005년 '한일 우정의 해' 선언 등으로 한국에 대한 관심이 급증했다.

그러나 2005년 3월 시마네현(島根県) 의회의 다케시마의 날(竹島の日) 선포와 10월 고이즈미 준이치로(小泉純一郎, 1942~) 일본 수상의 야스쿠니신사(靖国神社) 참배 등으로 관계가 급랭하여 후속적인 개방을 논할 여지가 없어져 버렸다.[4] 그러다가 이명박·박근혜 정부 이후의 한국 측과 아베 신조(安倍晋三, 1954~2022) 내각의 일본 측이 외교적으로 강경하게 대립하면서 나머지 분야의 개방은 점점 더 힘들어졌다. 이후 20년이 지난 현시점에서 보면 미개방된 '5%'의 존재조차 거의 잊혀지고 있다는 생각이 든다. 그렇다면 그 '5%'의 내용은 무엇인가?

그것은 한국의 지상파 방송에서 일본의 TV 드라마와 일본어 가창(歌唱)을 방영하지 않는다는 것이다. 이것은 법적 강제라기보다는 방송사의 자율적인 규제 같은 것이다. 실제로 2014년 KBS는 K-POP 걸그룹 크레용 팝(CRAYON POP)의 신곡 <어이>(Uh-ee)의 가사 중 '……삐까뻔쩍 나도 한번 잘 살아보자……'에서 '삐까뻔쩍'이라는 표현이 일본어 의태어[5]에서 비롯되었다는 이유로 방송 부적격 판정을 내리기도 했다.[6] 결국 '삐까뻔쩍'은 '뻔쩍뻔쩍'으로

---

3 위의 논문, p.246 참조.

4 위의 논문, p.246 참조.

5 ピカピカ〔pikapika〕 '번쩍번쩍'의 뜻. 뒤이은 가사 '……블링블링 나도 한 번 잘 살아보자……'에서 1990년대의 힙합에서 유래된 영어 의태어 '블링블링'(bling-bling)은 특별히 문제가 되지 않았다.

수정되어 재심의를 통과했다. '100%'와 '95%'는 근소한 차이이지만 사소한 규제라 할지라도 있느냐 없느냐 하는 문제가 가진 상징적 의미는 대단히 크다.

한국의 대중문화가 일본에 수출되는 데에 있어서 일본 측의 규제는 과거에도 없었고 현재도 없다. 물론 규제해야 할 만큼 관심이 많지도 않았기 때문이다. K-문화가 세계적으로 각광 받고 있는 오늘날 일본의 대중들은 K-POP에 열광하고 있고 한류가 하나의 생활 문화로 자리를 잡고 있다. 그런데도 일본 대중문화의 수입을 규제한다는 것은 한국의 국제적·문화적 위상에도 걸맞지 않다. 이제는 그 '5%'를 풀어도 될 것 같다. 이미 2024년부터 MBN의 ≪한일가왕전≫[7] 등에서 한일 양국의 가수들이 경연하는 형식으로 일본어 가창 프로그램이 방송되며, 지상파 외 채널을 중심으로 한일 대중음악 교류의 실질적 확장이 이루어지고 있다. 이제는 지상파 방송 등 언론의 적극적이고 개방적인 자세가 필요하겠다.

또 하나 중요한 것은 제도상의 규제보다도 마음속에 도사리고 있는 편견이다. 간단한 예를 살펴보겠다. 오늘날의 한국인들은 일본의 노래를 얼마나 알고 있는가? 또 일본인들은 한국의 노래를 얼마나 알고 있는가? 앞서 말한 1998년 일본 대중문화 개방 조치와 뒤이은 교류로 인해 동시대 대중음악의 경우는 양측에 많이 알려져 있다. 그런데 양국에 있어서 과거의 대중음악과 동요나 예술가곡을 포함한 넓은 의미의 국민적 애창곡은 서로 상대국에 어느 정도 알려져 있는가 하는 의문이 들었다. 그래서 한국과 일본의 초·중·고등학교 음악 교육 과정에 주목해보았다.

---

6 フリー百科事典 ウィキペディア(Wikipedia) '한국에서의 일본대중문화 유입제한'(韓国での日本大衆文化の流入制限) 항목 참조.

7 이 프로그램은 일본의 BS日テレ에서도 日韓歌王戦이라는 이름으로 TV 방영되었다.

한국과 일본 모두 교육과정에 있어서 세계 여러 나라의 노래와 음악을 가르치도록 짜여있다. 그래서 2015년 이후 제작되어 현재 사용되고 있는 양국의 초·중·고 음악 교과서를 손에 닿는 대로 입수하여 살펴보았다. 전체적으로 필자가 초·중·고등학교를 다니던 1970, 80년대와 비교하면 현행 한국의 음악 교과서는 내용적으로 눈부시게 발전했다. 음악이론이나 악곡·악기에 관한 풍부한 설명, 그리고 적절한 그림과 사진을 곁들인 친절한 예시, 또 한국의 전통과 현대 및 외국의 음악을 아우르는 다채로운 선곡, 한 페이지 한 페이지마다 교과서 제작자들의 깊은 정성을 느낄 수 있다.

그런데 이들을 검토한 결과 매우 중요한 두 가지 사실이 눈에 들어왔다. 하나는 양국의 음악 교과서 체제나 구성이 매우 비슷하다는 것이고, 또 하나는 서로의 음악과 노래에 관해서는 그다지 많이 배우지 않는다는 것이다. 생각해보면 교과서가 유사한 것은 서양 음악 도입 이후의 음악 발전과정과 음악 교육의 역사가 비슷해서 그럴 수 있다. 양국 모두 메이지 시대에 형성된 음악 교육 시스템을 기반으로 본격적인 근대 '음악 교육'이 시작되었기 때문이다. 근대의 산물인 음악 교육에 있어서 처음에는 서양 고전 음악이 중심이었지만 점차 자국 음악의 전통에 대한 자각을 갖게 된 것도 비슷하다.

음악 교과서 전부를 망라한 것이 아니므로 단언할 수는 없지만 한국의 교과서는 다른 외국의 음악에 비해 일본의 노래나 음악을 다루는 경우가 극히 드물다고 할 수 있다. 일본 역시 한국의 음악을 충분히 가르치고 있다고는 볼 수 없겠다. 한국의 초등학교 3학년에서 중·고등학교까지의 12종 중 일본의 노래가 악보와 함께 소개된 사례는 단 2건, 제목만 소개된 경우가 2건 있었을 뿐[8]이다. 중국의 노래는 각 학년별 거의 모든 교과서가 1건 이상

---

8 악보와 함께 소개된 일본의 노래는 작사·작곡자 미상의 <토끼(うさぎ)>라는 동요이다. 한국어 번역과 일본어 원곡 가사가 나란히 한글로 나와 있다. 『초등학교 음악 3』(미래엔,

씩 다루고 있었다. 한편 일본의 중학교 교과서 4종 중 2종에서 한국(또는 한반도)의 노래 혹은 악기를 소개한 부분이 세 군데 있었고 중국과 대체로 같은 비중이었다.[9]

이처럼 상대편의 음악에 대한 무관심은 한국의 경우가 좀 더 두드러져 양국 간에도 다소의 비대칭이 존재하는 것으로 보인다. 또 재미있는 것은 필자가 살펴본 모든 교과서에 서양과 자국의 음악가만을 국적과 함께 소개하고 있다는 점이다. 자국 이외 이웃 국가의 작곡가, 지휘자, 연주자, 성악가, 가수에 대한 인물 소개는 찾아볼 수 없었다. 이렇게 한국과 일본의 음악 교육은 크게 서양 고전 음악 그리고 전통과 현대를 포괄한 자국의 음악이 중심임을 알 수 있다. 50년이 넘도록 문화교류를 해온 것에 비해 음악 교과서에 보이는 서로에 대한 관심도는 한국과 일본이 공통적으로 미미하다.

이는 단지 음악 교과서만의 문제가 아닐 것이다. 국어나 문학 교과서의 경우는 그 정도가 더 심할 수도 있다. 일본의 시, 소설, 수필 등 문학 작품이 한국의 초·중·고 교과서에 실린 것을 필자는 아직 보지 못했다. 이는 한국과 일본의 지리적 근접성과 역사적 친연성에 비추어 볼 때 자연스럽지 않은 일이다. 한국 학생들은 바로 이웃나라 일본에 대해서는 대부분 그저 역사

2018), p.51 참조. 『고등학교 음악』(미래엔, 2018), pp.55-57에는 일본의 작사가이며 작곡가 아라이 만(新井満, 1946~)의 <천 개의 바람이 되어(千の風になって)>가 악보와 함께 한국어로 번역되어 실려 있다. 또 중학교 음악 1(미래엔, 2018), p.69에는 히로세 료헤이(廣瀨量平, 1930~2008) 작곡의 <딱따구리 폴카>가 기악곡으로 소개되어 있다. 이 곡은 고등학교 음악(미래엔, 2018), p.86에 히사이시 조(久石譲, Hisaishi Joe, 1950~)의 <언제나 몇 번이라도(いつも何度でも)>(p.87)와 함께 나란히 실려 있다. 또 같은 책에 '세계의 민요'라는 제목 하에 6대륙 각국의 민요 14곡이 소개되어 있는데, 그 중 일본 민요 <벚꽃(さくら)>이 제목만 단순 열거되어 있다.

9 한국의 악기 단소가 사진과 함께 소개된 것은 『中学生の音楽 1』(教育芸術社, 2015), p.51. <아리랑>이 악보와 함께 『中学音楽 1 音楽のおくりもの』(教育芸術社, 2014), p.24에 실렸고, 같은 책 p.42에 가야금과 장구가 사진과 함께 소개되었다.

시간에만 배울 뿐, 일본의 음악과 미술, 문학 등 문화는 거의 배우지 않고 있다.[10] 정도의 차이는 있겠으나 일본 학생들이 한국에 대해 제대로 배우지 않는 것 역시 마찬가지이다. 그러나 한국처럼 극단적이지는 않은 것[11]으로 안다.

물론 한국과 일본의 학생들이 반드시 교과서에서 다루는 내용의 비중에비례해서만 서로의 음악과 문학, 문화에 관심을 갖는 것은 아니다. 1990년대 후반부터 한국의 대형서점에는 일본문학이 별도의 코너를 차지할 정도로 독자들에게 인기가 있다. 2018년부터는 일본에서도 K-문학의 바람이 일기 시작했다.[12] 또 1998년의 개방 조치 이전부터 비공식 루트로 한국에 들어와 있었지만 지금도 일본의 대중음악을 그 자체로서 좋아하는 한국인들이 많이 있다. 일본 역시 2000년대 이후 한류 특히 K-POP과 한국 자체에 대한 관심은 정치적 상황과 관계없이 꾸준히 증가하고 있다.

교과서에서 보이는 서로의 문화에 대한 무관심은 양국 국민 간의 문제라기보다는 한국과 일본의 지식 사회에 만연한 서구중심주의와 자국중심주의, 또 여기에서 비롯된 서양에 대한 동경과 주변국에 대한 오리엔탈리즘적 비하 의식 때문이 아닌가 하는 생각이 든다. 주변국에 대한 무관심과 폄하는 곧 '동아시아'라는 자기가 속한 지역에 대한 비하이며, 이것은 결국 자기 비하로

---

10 2015년도에 개정·고시된 고등학교 외국어 계열 전문 교과목으로 '일본문화'를 배우는 경우가 드물게 있다. 교과서(홍민표 외, 『고등학교 일본 문화』, 경기도 교육청, 2018)를 검토한 결과 이 경우에도 일본에 관한 인문 지리적 개괄 및 생활 습관 등의 소개가 주요 내용을 이루며 문학작품이나 노래는 실리지 않았다.

11 일본 국적은 없지만 일본 사회의 일부를 구성하는 재일 한국인의 존재가 있어서 그런지 한국의 문화에 대한 내용이나 한국의 문학작품이 일본의 교과서에 실리는 경우가 더러 있다.

12 그 계기가 된 것은 조남주(趙南柱, 1978~) 작 『82년생 김지영』(2016)이 일본어로 번역되어 많은 독자들의 공감을 얻게 된 일이었다. 2024년 작가 한강(韓江, 1970~)의 노벨문학상 수상으로 인해 한국 현대문학은 더욱 주목받고 있다.

연결되는 것이다. 그러나 이제는 달라져야 하지 않을까? 근대 이후 동아시아는 지역마다 시간적 차이는 있지만 서구 문명을 적극적으로 수용해왔다. 20세기 말부터 동아시아인들은 서구의 한계를 깨닫고 스스로를 돌아보기 시작했다.

한국인이나 일본인이나 최근 150년간 숨 가쁘게 살아온 동아시아인들이 지금껏 달성한 문화적 발자취를 함께 돌아보고 이를 객관적으로 평가해야 한다. 한국의 입장에서 일본에 대해 과거사 문제와 독도 문제 등 도저히 양보할 수 없는 현안들이 있다. 근본적으로는 이러한 문제들에 대한 일본 정부 측의 성의 있고 일관된 자세가 유지되어야 한다. 또 미래 세대에 대해 정확한 사실을 가르쳐야 하지만, 그 외의 분야 즉 상대국의 문화나 예술에 대한 교육은 좀 더 적극적으로 해야 한다. 즉 한국에서는 일본의 예술과 문화에 대한 교육이 반드시 필요하다. 일본의 경우도 지금까지보다 한국의 예술과 문화에 더 많은 관심을 갖고 적극적인 교육을 하도록 만들어가야 할 것이다.

교육은 '국민감정'의 토대를 형성한다. 이제는 긴 안목으로 양국의 젊은이들에게 서로의 문화에 대한 깊이 있는 교육을 체계적으로 해나가야 할 것이다. 개개인의 관심과 우연한 기회를 통해 접하던 상대편의 음악과 문학, 대중문화 등을 학교에서 본격적으로 다루어 준다면 보다 균형 잡힌 상호 인식을 통해 우호 협력의 토대를 만들 수 있을 것이다. 그래서 한국과 일본의 학생들이 상대국의 노래, 시와 소설을 교과서를 통해 제대로 배워서, 즐겨 듣고 부르고 읽으며 같이 공감할 수 있다면 그것이야말로 상대편의 문화를 이해하고 서로의 의사를 존중하는 시작점이 될 것으로 생각한다.

제2절 한·일 노래의 공통점

한·일 국교 수립 이후 60년 동안 양국 시민들 간의 문화교류는 눈부시게 진전되었다. 많은 관변 친선 단체와 지자체, 각 학교 그리고 민간 교류단체의 노력으로 시민 레벨의 문화 교류는 양적으로나 질적으로 신장을 거듭해왔다. 앞으로는 서로 만나고 놀고 일하고 알고 지내는 단계에서 함께 생각하고 느끼고 고민하고 공동의 문제를 손잡고 해결해가는 단계로 업그레이드되어야 할 때이다. 그러기 위해서는 모든 면에서 진정한 '마음의 교류'가 이루어지도록 해야 한다. 지금까지의 교류 패턴이 행사를 통한 '행위' 중심의 표면적 교류였다면 공감(共感)을 통한 '마음' 위주의 내면적 교류로 전환할 때가 되었다. 상대편의 문화를 단지 '접하는 것'에 그치지 않고 깊게 이해하고 내적으로 수용하여 자기 속에서 '의미화'하는 과정이 필요하다. 그래야만이 진정한 마음의 교류가 가능할 것이다.

하지만 이것은 모든 사람들에게 하루아침에 가능한 일이 아니다. 그래서 바로 '노래'를 통한 교류로써 손쉽게 시작해보자고 제안하는 것이다. 노래란 기본적으로 사람의 목소리로 가사(歌詞)와 곡(曲)을 전하는 오락이자 예술이다. 노래에는 언어(문학)적 부분과 리듬·멜로디와 같은 음악적 요소가 함께 들어있다. 인간의 노래 행동은 특별한 형식을 통해 감정(感情)을 표현하여 듣는 이로 하여금 감동(感動)하게 하는 것을 주목적으로 한다. 그러므로 노래하는 사람과 듣는 사람 간에는, 또 함께 부르고 함께 듣는 사람들끼리는 감성(感性)적으로 가까워질 수 있다는 것이다.

한 마디로 개인 간에 혹은 집단 간에 동일한 느낌을 나눌 수 있는 가장 좋은 매개가 되는 것이 노래이다. 그래서 한·일 간에 노래를 함께 부르고 듣고 서로 나누고 배우자는 것이다. 이를테면 일본인은 한국인의 슬픔을 이해하고 한국인은 일본인의 미의식을 경험해보도록 한다. 역지사지(易地思

之)의 실천이다. 또 한국과 일본만이 가진 어떤 공통점과 인류로서의 보편적 특성을 발견하여, 알고 보니 '우리'는 같은 편이라는 것을 공감(共感)하게 하자는 것이다. 그렇게 되면 노래를 통해 한·일 대중의 상호 이해를 더 높은 차원으로 끌어 올리고 서로의 마음을 깊게 이해하는 정신적 교류가 이루어질 것으로 본다.

그것이 가능한 이유는 인접국으로서의 특수한 역사와 독특한 언어, 고유한 음악적 표현양식을 가진 한국과 일본의 공통된 특질 때문이다. 한국과 일본은 이미 고대부터 음악적으로 매우 밀접한 관계를 맺어왔다고 할 수 있다. 5세기 이후 일본에는 외부로부터 다양한 악무(樂舞) 문화가 전래되었다. 고구려, 백제, 신라의 삼국악은 물론 발해악도 전해졌는데 특히 한반도에서 전해진 것들을 묶어 '고마가쿠'(高麗楽)라 칭하며 중시했다. 이때부터 고마가쿠는 일본의 아악(雅樂)을 형성하는 하나의 축이 되었다.[13] 아악은 궁중음악으로서 오늘날까지 그대로 보존[14]되고 있다. 다음 인용문을 보자.

> 또 백제인 미마시가 귀화하여 "오(吳)나라에 가서 기악(伎楽)의 춤을 배웠습니다."라고 했다. 그래서 사쿠라이(桜井)에 살게 하고 소년들을 모아서 기악의 춤을 배우게 했다. 이에 마노노오비토 데시(真野首弟子), 이마키노아야히토 사이몬(新漢斉文) 두 사람이 배워서 그 춤을 전했다. 이것이 지금의 오치노 오비토(大市首)와 사키타노 오비토(辟田首)의 조상이다.[15]

---

13 아베 스에마사, 박태규·박진수·임만호 역, 『일본 아악의 이해』, 역락, 2020, p.290 참조.

14 궁중음악은 왕조가 바뀌지 않는 한 이를 고수하는 것이 동아시아의 전통이다. 이종구, 『아무도 말하지 않은 백제 그리고 음악』, 주류성, 2016, p.158 참조.

15 又百済人味摩之帰化曰、学于呉、得伎楽儛。則安置桜井而集少年令習 伎楽儛。於是、真野首弟子·新漢斉文二人習之伝其儛、此今大市首·辟田首等祖也。小島憲之 ほか 校注·訳,『日本書紀』②, 新編日本古典文学全集 3, 小学館, 1994, pp.568-569.

일본 나라현(奈良県) 아스카무라(明日香村) 도요우라(豊浦)의 고겐지(向原寺)에 있는 '기악의 전래 터'(伎楽伝来の地) 기념비

위의 글은 일본 최초의 정사(正史)로 720년에 편찬된 『일본서기(日本書紀)』의 612년 기록이다. 여기에 따르면 백제사람 미마시(味摩之, ?~?)가 중국에서 배운 기악(伎樂)을 일본에 와서 제자들에게 가르쳤다고 한다. 이 기악은 노래와 춤이 어우러진 가면극으로서 중국의 곤극(崑劇), 한국의 산대(山臺)놀이, 일본의 노(能)의 원류와 관계된다[16]고 한다. 뿐만 아니라 백제 기악의 악보가 일본에 남아 있다는 견해도 있다.[17] 그 외 여러 문헌을 통해 백제의 음악이 일본에 얼마나 많은 영향을 주었는지 알 수 있다. 한반도와 일본 열도는 근대 이전의 음악적 전통을 형성하는 초창기부터 깊은 관련을 갖고 있었던 것이다.

한국과 일본 양국은 서양 음악이 도입된 근대 이후에도 장르별 노래의

16 이종구, 앞의 책, p.330 참조.

17 위의 책, p.160 참조.

발생과 전개 과정이 대단히 유사하다. 아니 유사하다기보다 이 경우는 같다고 하는 것이 더 정확한 표현일 것이다. 앞서 말했듯이 서양어 music의 번역어로 '음악'(音樂)을 쓰게 된 것은 물론이고 창가(唱歌), 가곡(歌曲), 동요(童謠) 등의 한자어도 공유하며 거의 같은 의미로 사용한다. 특히 식민지 시기의 한국은 주요 레코드사가 일본 자본이었으므로 일본에서 사용되는 대중음악 장르인 '유행가'(流行歌) '가요곡'(歌謠曲)과 같은 용어를 그대로 가져다 썼다.[18] 그 때문에 한·일 양국의 음악은 동일한 범주에서 살펴보고 논할 수 있는 것이다.

그런데 '트로트'와 '엔카'(演歌)[19]처럼 지칭하는 내용은 거의 같지만 장르명을 다르게 쓰는 경우도 있다. 트로트와 엔카는 각각 한국과 일본 대중가요의 한 장르로서 애조(哀調)를 띤 옛날풍의 노래를 말한다. 거듭 말하지만 '엔카'라는 용어는 원래 1880년대 자유민권운동(自由民權運動) 시기 엔제쓰카(演說歌)의 줄임말이었다. 1960년대에 들어 로커빌리(rockabilly)[20]와 트위스트(twist)의 유입, 비틀즈(The Beatles)의 일본 방문 등으로 외래 음악의 전성기를 맞게 되자 그에 대항하여 옛날풍의 노래를 의식적으로 구별하고 전통적 의미를

---

18 小林孝行, 『日韓大衆音楽の社会史: エンカとトロットの土着性と越境性』, 現代人文社, 2019, p.110 참조.

19 주로 '演歌'로 쓰는데, '艶歌' '怨歌'로도 씀. 또 여러 뜻을 담아내기 위해 'エンカ'로 가타카나 표기를 하기도 한다. '트로트'와 '엔카'의 명칭, 그리고 한국과 일본에서 대중음악을 일컫는 명칭에 관해서는, 고바야시 다카유키, 「일본 '엔카'와 한국 '트로트' 비교를 위한 기초적 관점」, 『아시아문화연구』 47, 가천대학교 아시아문화연구소, 2018.8, pp.10-14; 박진수, 「한일 근대 대중가요의 관련 양상 서설: 가사의 번역과 번안, 문화의 수용과 변용」, 『아시아문화연구』 42, 가천대학교 아시아문화연구소, 2016.12, pp.237-242; 박진수 외, 근대 일본의 '조선 붐'(역락, 2013), pp.200-204, 小林孝行, 『日韓大衆音楽の社会史: エンカとトロットの土着性と越境性』, 現代人文社, 2019, pp.63-73, pp.109-117 등 참조.

20 1950년대 초 미국 남부에서 흑인음악의 블루스에서 파생한 로큰롤과 백인음악의 힐빌리(hillbilly)와 컨트리가 융합하여 생겨나서 1954년부터 약 10년간 유행한 로큰롤 초기의 음악적·패션적 경향.

담아 강조하게 되었다. 그래서 최신 외래풍과 전통 일본풍이 대립하는 가운데 후자에다가 '엔카'라는 용어를 소환해서 쓰게 된 것이다. 한국의 '트로트(trot)'도 이와 비슷한 맥락에서 1970~80년대에 일반화된 용어이다.[21]

1939년에 <눈물의 폭스 트롯트>(이훈식 노래, 포리돌 음반회사)라는 제목의 노래가 발매된 적이 있으나 그것이 오늘날 우리가 말하는 '트로트'를 의미하지는 않았다. 이 시기 '트로트'는 1930년대에 미국에서 크게 유행했던 폭스트롯(fox trot)이라는 춤곡을 의미했다.[22] 한국의 경우 '트로트'라는 비(非) 한자어로 기존의 유행가(가요곡)를 용어화한 것은 그 나름의 이유가 있을 것이다. 1960년대에 이미자의 <동백 아가씨>를 중심으로 한 왜색가요(倭色歌謠) 시비와 관련되는데, 일단 일본적인 것이라는 '오명'(汚名)을 벗어나기 위해 미국 기원의 용어[23]를 사용한 것으로 볼 수 있다.

창가, 가곡, 동요, 유행가, 가요곡은 일본의 식민지 지배 하에서 성립한 장르임에 반해 트로트는 해방 후에 장르화한 것이다. 따라서 영어식 명명을 통해 '왜색'을 떨쳐내고 독자적인 '한국적 내용'을 영어라는 '보편적 그릇'에 담아내고자 하는 의식적·무의식적 의지가 작용했을 수 있다. 정리하자면 '유행가' '가요곡'이라는 명칭을 한국과 일본에서 공통으로 사용하다가 1960년대 이후 당시의 대중음악 중 외래풍의 팝스 계열을 제외한 1920년대부터 이어지는 옛날풍의 곡들을 각각 '트로트' '엔카'로 부르기 시작했다는 것이다. 따라서 '트로트'와 '엔카'라는 용어의 발생 과정[24]과 쓰임새는 동일한 것이다.

이렇게 볼 때 트로트와 엔카를 하나의 장르로 보아도 크게 무리가 없다.

---

21 박진수·김태경, 『일본 대중문화의 이해』, 역락, 2015, p.204 참조.

22 장유정, 『트로트가 무어냐고 물으신다면』, 따비, 2021, pp.22-23.

23 고바야시, 앞의 논문, p.12 참조.

24 고바야시, 앞의 책, p.110 참조.

다만 약간 다른 점이 있다면 오늘날의 '트로트' 개념이 서양음악과 일본음악의 영향을 받아 1920, 30년대부터 현재까지 이어지는 옛날풍의 한국 대중음악을 총칭하는 넓은 뜻인데 반해, '엔카'는 경우에 따라 좀 더 엄밀하게 정의된다. 좁은 의미로는 현대적 팝과 다른 1960년대 이후의 특정한 옛날풍 대중가요를 가리킨다. 그러나 일반적으로는 1920년대의 유행가에 까지 소급 적용되어 그 맥을 잇는 노래들을 다 포함한다. 크게 보아 트로트와 엔카는 그 개념적 범주도 같다고 할 수 있다.

또 내용적·음악적 측면에서도 흡사하다. 가사는 전체적으로 '고독'(孤独), '미련'(未練) '그리움'(なつかしさ), '슬픔'(悲しみ), '향수'(郷愁), '허무감'(虚しさ)을 제재로 하며 '눈물'(涙), '그대'(君), '사랑'(愛), '꿈'(夢), '마음'(心) 등의 어휘가 다용(多用)된다는 점이 일치한다. 요나누키음계를 많이 사용하는데 서양음악과의 조우 과정에서 자리 잡은 것이 한국과 일본에 무리 없이 받아들여졌다. 멜로디와 리듬을 포함한 악곡 자체가 시대의 경과에 따라 한·일 양국에서 각각 평행적으로 발전해 오긴 했지만 최근 한국의 '신세대 트로트'를 제외하면 그다지 큰 차이가 발견되지 않는다.[25]

특히 한국어와 일본어는 언어적으로도 여타의 외국어에 비해 친연성이 짙다.[26] 기본적인 음절 구조에 있어서 복자음(複子音)이나 연음(連音)이 없어서

---

25 위의 책, p.213 참조.

26 한국어, 일본어를 튀르크계, 몽골계, 퉁구스계가 속한 알타이어의 일파로 보는 알타이어 가설이 있는데, 확증을 발견할 수 없어 아직까지 계통불명의 언어로 되어 있다. 다만 계통적인 부분과 차용적인 부분이 명확하지는 않지만 일본어는 다른 어떤 언어보다도 한국어와 가깝다고 볼 수밖에 없다. 특히 최근 독일 막스 플랑크연구소의 마르티네 로베츠(Martine Robbeets, 1972~) 교수 등이 제기한 트랜스유라시아어족설은 아직 확증의 단계는 아니지만 한국어와 일본어의 친연성을 강력하게 뒷받침한다. Martine Robbeets, Remco Bouckaert, Matthew Conte, Alexander Savelyev, Tao Li, Deog-Im An, Ken-ichi Shinoda, Yinqiu Cui, Takamune Kawashima, Geonyoung Kim, Junzo Uchiyama, Joanna Dolińska, … et al. (2021). "Triangulation supports agricultural spread of the Transeurasian languages."

서양어의 음절과는 다른 공통적 특징이 있다. 그래서 악곡과 가사의 결합에 있어서 하나의 음절과 하나의 음표가 1:1로 대응하는 야마다 고사쿠(山田耕筰, 1886~1965)[27]식 1음표1어주의(一音符一語主義)를 수용하는 데에 한국어는 큰 어려움이 없었을 것으로 생각된다. 게다가 일본어 시가의 7·5조 전통이 근대 악곡 대부분의 장르마다 가사에 적용되는데, 한국어 전통시가도 3·4조를 기본으로 하므로 호환이 가능[28]했다.

물론 당시의 '유행가', '가요곡' 중 조선의 것과 일본의 것은 그 가사의 언어가 한국어인지 일본어인지에 따라 구별된다. 그러나 이 양자 사이에는 끊임없이 매우 적극적이고 활발한 상호작용이 일어나고 있었다. 일본어 가사는 한국어로 한국어 가사는 일본어로, 수많은 곡이 '번역' 또는 '번안'되어 양측의 대중에 의해 소비되었다. 또 어떤 경우는 한국어와 일본어가 혼용된 '이중언어악곡'(二重言語樂曲)들도 심심치 않게 제작되었다. 그리고 무엇보다도 중요한 것은 1920~40년대의 대중음악이 한·일 대중음악인들 간의 협업 내지는 공동작업에 의해 이루어졌다는 사실이다.

Nature, 599 (7886): 616–621. DOI: 10.1038/s41586-021-04108-8 참조.

27 일본의 작곡가, 지휘자. 도쿄음악학교(東京音楽学校) 성악과 졸업 후 독일 베를린의 왕립예술학교(Akademie der Künste) 작곡과에 유학. 일본 최초로 교향곡을 작곡, 일본 최초로 관현악단을 만드는 등 서양음악의 보급에 힘쓰고, 일본어의 인토네이션을 살린 멜로디로 많은 작품을 남김. 특히 일본어 가사의 1음표1어주의를 확립했고 이는 한국어 작사법에도 영향을 주었을 것으로 추정된다.

28 7은 3·4로 분해되며, 7·5는 그 3·4의 2소절이 휴지부를 포함하여 반복되는 것으로 볼 수 있다. 실제 근대 한국에서 대부분의 노래 가사가 7·5조로 되어 있는데 매우 자연스럽고 아무런 위화감이 없다.

제3절 트로트-엔카 문화공동체의 가능성

지금까지 대중음악 분야의 다양한 학문적 논의에 있어서 '한국 대중음악'이나 '일본 대중음악'처럼 국민국가를 단위로 한 용어가 '동아시아 대중음악'처럼 탈(脫) 국가적 또는 초(超) 국가적 명칭보다 귀에 익숙하다는 것은 앞서 언급한 바 있다. 한국과 일본에서는 개별 예술문화 활동과 그 결과에 대해 '국적'(國籍)을 부여하려는 경향이 강하다. 그러나 예술과 문화는 어디까지나 인간의 보편적 심성과 심미안에 호소하는 것인 만큼 국적을 따질 이유가 없다. 필자는 20세기 초에 시작된 한국과 일본의 대중음악 '트로트'와 '엔카'에 대해 국경을 넘어 이를 하나의 장르로 보고 그 공통적인 특질과 문화사적 가치를 강조하고 싶다.

그럼으로써 한국과 일본 나아가 동아시아 대중이 공유하는 정서를 바탕으로 '트로트-엔카 문화공동체'를 전망하려는 것이다. 또한 트로트와 엔카의 상호 교류에 주목하면서 양자의 내적 연결 관계를 확인하고자 한다. 한편으로 이러한 동아시아 문화의 일단을 여타의 다른 문화권으로도 확산시켜 인류 문화를 더 풍요롭게 만드는 데에도 기여해야 할 것이다. 오늘날 트로트와 엔카는 각각 한국과 일본을 대표하는 대중음악 장르가 되었다. 이제는 세계적 관점에서 트로트-엔카가 동아시아의 지역적 특성을 대표하는 대단히 독특한 문화적 자산임을 살펴야 할 때가 되었다.

2019년과 2020년에 시작된 한국의 '트로트 붐'은 아직도 지속되고 있다. 이전에 일반적으로 트로트라고 하면 주로 노년층의 음악이라는 인상이 강했다. 또 어찌 보면 1970년대 이후 약 50년간 한국 대중가요는 젊은이들이 트로트로부터 멀어지는 과정이었다고 해도 과언이 아니다. 그런데 TV 방송과 유튜브 등을 통해 전면적인 트로트 붐이 일어난 것이다. 'K-트로트'라는 표현이 등장한 것을 보면 이것은 마치, 보다 포괄적인 의미를 내포할 법한

'K-팝'과 동등한 위상을 겨룰 정도가 되었나 하는 생각까지 든다.

이렇게 트로트는 그동안 한구석에 웅크리고 있다가 어느덧 한국의 대중가요 혹은 한류를 대표하는 장르가 된 듯하다. 여기에는 트로트의 명맥을 유지해온 많은 관련 종사자들의 노력과 수용자의 호응이 있었고, 또 곡 자체가 가진 매력도 중요한 몫을 했을 것이다. 현재 일본에서 '엔카'는 한국의 '트로트'만큼 붐을 이루고 있다고는 할 수 없다. 최근 20~30년 사이에 트로트가 전통적인 애조(哀調)에다가 '흥'(興)의 요소를 가미하면서 독자적인 경지를 개척해온 것에 비해 엔카는 기존의 절제된 양식을 고수하고 있는 편이다. 지금의 관점에서 보면 엔카에 비해 트로트는 생명력과 포용력을 지닌 '변신의 귀재'[29]이다.

트로트와 엔카의 성립과 발전은 제각각 따로따로 진행된 것이 아니다. 당연한 말이지만 20세기 초에는 지금과 같은 국경이 존재하지 않았다. 근대 이후 서양 음악을 받아들인 한국과 일본은 그 이전에는 없던 새로운 형식과 내용의 '창가'(唱歌, 쇼카)와 '유행가'(流行歌, 류코카)를 만들어냈다. 특히 '유행가'는 앞서 살펴보았듯이 1910년대에 태동하여 1920년대를 거쳐 1930년대에 틀이 완성되었다. 이는 레코드와 라디오 방송을 통해 '가요곡'(歌謠曲, 가요쿄쿠)이라는 명칭으로 당시의 조선과 일본은 물론 타이완까지 포함한 소위 대일본제국(大日本帝國)의 권역 전체로 확산되며 대중적 오락 음악으로 자리를 잡았다.

1945년 '제국'의 해체 이후에도 이어진 '가요곡'은 1960, 70년대부터 한국에서는 '트로트', 일본에서는 '엔카'라고 불리어온 것이다. 이때의 트로트와 엔카는 세련된 최신 외래풍의 노래와 다른 옛날 풍의 노래로 받아들여져 흔히 그 퇴폐성과 저속함이 지적되기도 했다. 이후 한국에서나 일본에서나

29 장유정, 앞의 책, p.308 참조.

각각의 길을 걸으며 변화 혹은 유지되어오던 이 장르는 1990년대 이후로는 자국 중심의 관점에서 '고유'한 전통적 대중음악으로 인식되기에 이르렀다. 이제는 이 트로트-엔카를 동아시아적 지평에서 조명하여 서양문명과 동아시아 문명의 접점에서 발생한 인류의 독특한 문화적 자산으로 바라볼 필요가 있다.

그것은 트로트와 엔카가 각각 트로트=한국, 엔카=일본의 등식으로만 설명될 수 없는 문화 복합체이기 때문이다. 1930년대 하나하나의 실제 곡들을 세밀하게 본다면, 20세기 초의 동아시아라고 하는 특정한 시공간에서 한국·일본·서양의 음악적·문학적 전통이 융합하면서 국적과 민족을 초월한 많은 이들의 협력이 어우러져 달성한 문화 현상이었다. 하나의 문화 현상은 이렇게 시간, 공간, 주체들의 입체적 영향 관계 속에서 전개되고 발전하는 것이다. 이러한 의미에서 근대 초기 한·일 양국의 대중가요에 대해서도 국가가 아닌 보다 큰 단위의 권역에서 연구할 필요성을 절감하게 된다.

오늘날 문화적 내셔널리즘과 자국중심주의에 대한 반성이 무엇보다도 필요하다고 생각된다. 다음과 같은 고대의 에피소드를 통해 해방 후 1998년 일본 대중문화 개방까지 혹은 오늘날까지의 문화적 쇄국주의를 돌아볼 필요가 있다. 고려(高麗) 중기 문신 김부식(金富軾, 1075~1151)의 『삼국사기(三國史記, 1145)』에 다음과 같은 내용이 있다.

> 가야국(伽倻國)의 가실왕(嘉實王, ?~?, 재위 524~561)은 음악에 조예가 깊은 사람이었다. 당(唐)의 악기인 쟁(箏)을 변형시켜 가야금을 만들었다. 그리고 악사 우륵(于勒, 6세기에 활동)으로 하여금 12곡을 새로 짓게 했다. 그 뒤 우륵은 전란의 가능성을 피해 악기를 들고 신라로 가서 진흥왕(眞興王, 534~576, 재위 540~576)에게 의탁한다. 진흥왕 또한 음악에 어느 정도의 안목이 있었던 듯하다. 진흥왕은 우륵을 극진히 대우하며 주지(注知)와 계고(階古), 대사 만덕(萬德)

> 세 사람을 보내 배우게 했다. 이들이 왕 앞에서 배운 곡을 정리하여 연주하자 왕이 크게 기뻐했다. 그런데 이에 대해 신하들이 "멸망당한 가야국의 음악이니 취할 것이 못 됩니다"했다. <u>그러나 왕은 "가야왕이 음란하여 자멸한 것이지 음악이 무슨 죄냐. 대개 성인이 음악을 제정함에 있어 인정을 따라 조절하게 한 것이며, 나라의 흥망이 음조로 말미암은 것은 아니다"하고 대악(大樂)으로 삼았다는 것이다.</u> [삼국사기 권 제32 잡지(雜志) 제1의 악(樂)에서, 정리 및 밑줄은 필자.][30]

신라의 제24대 진흥왕은 한강 유역과 함경도까지 영토를 확장함으로써 6세기 신라의 최대 판도를 이룩했다. 그래서 약 100년 뒤 신라가 한반도를 통일할 수 있는 초석을 만든 왕이라 평가된다. 위의 기사는 진흥왕 13년(552년)의 일로 7세에 즉위한 그가 19세 때의 일이다. 약관의 나이인 그가 예술에 대한 이 정도의 식견을 갖추었다는 것은 주목할 만한 일이다. "음악이 무슨 죄냐."라는 말의 울림이 21세기인 오늘날에도 타문화의 수용 태도에 있어서 귀담아 듣고 마음에 새겨야 할 가치가 있다고 생각된다. 이러한 관점에서 지금까지의 논의를 종합하여 다음과 같은 정책들을 제안한다.

① 국민 애창곡의 상호 번역

한·일 양국의 동요와 예술가곡, 트로트-엔카 중 한국어 또는 일본어로 된 각각의 국민적 애창곡 100곡씩을 엄선하여 상호 번역하고 교과서에 게재하며 일반에 보급한다. 각 100곡의 선정은 국민 응모를 통해 가능하다.

---

30 ……王曰 加耶王淫亂自滅 樂何罪乎 蓋聖人制樂 緣人情以爲撙節 國之理亂不由音調 遂行之以爲大樂……, 김부식, 신호열 역해, 『삼국사기』, 동서문화사, 2007, pp.584-585, 591-592 참조.

② 한·일 대중음악 상호 공연 행사

한국과 일본에서 트로트-엔카의 상호 교환공연을 개최한다. 이를 통해 트로트와 엔카 간의 교류를 활성화하고 학술 연구를 진작시킨다. 특히 한국의 트로트 붐을 적극적으로 소개하여 장차 일본(및 타이완)에 수출할 수 있는 토대를 구축한다. 가급적 KBS+NHK 공동주최로 하며 현행 '한일 축제 한마당'처럼 연1회 정례화 하는 것이 바람직하다.

③ 유네스코 세계 무형문화유산 등재

트로트-엔카를 유네스코 세계무형문화유산으로 등재하는 사업을 추진한다. 이를 통해 트로트-엔카를 사랑하고 보존하며 발전시키는 국민적 분위기를 조성함은 물론 전 세계에 트로트 붐을 확산하는 계기를 확보할 수 있다. 등재 추진은 일본과 협력하여 공동으로 추진하는 것이 바람직하다. 트로트와 엔카가 다르다는 것을 내세워 한국 트로트만을 단독으로 등재하는 방안도 생각할 수 있지만 다르지 않다는 것을 강조하여 얻는 효과가 훨씬 클 것으로 본다. '트로트=엔카'를 강조하면서 파이를 키우고 그 안에서 지분을 확보하면 된다. 장르 발생 당시는 일본 측의 공이 크다고 볼 수 있지만 현재 상황에서 엔카보다 트로트의 활력이 크기 때문에 이것을 주도하고 견인할 수 있다.

한국 측에는 식민지의 불행한 역사가 초래한 트라우마로 인해 80년이 지난 지금까지 콤플렉스와 강박적 고통에 시달리고 있다. 때로는 한국인들끼리 친일과 반일의 프레임 속에서 스스로를 객관화하지 못하고 감정에 휘둘리는 경우가 있는 것도 그 영향이다. 이제는 똑바로 볼 필요가 있다. 일본이 더 이상 과거처럼 주변을 위협하는 초강국이 아니고 한국 역시 20세기 초와 같은 형편없는 약소국이 아니다. 오히려 경우에 따라서는 일본이 어려울 때 손길을 뻗어 일으켜줄 능력을 갖추어 가고 있다. 동아시아 평화와 발전이라는 공동의 목표와 가치를 위해 서로의 장점을 살려 보조를 맞추는 지혜가 필요한 때이다.

일제강점기는 당시를 살았던 한국인들 특히 서민들이 결코 눈물과 한숨으로만 세월을 보낸 그래서 그저 암울하기만 했던 시기가 아니다. 만주와 연해주로 또 해외에서 민족의 해방을 위해 목숨을 바쳐 싸우고 노력한 시기였으며 한편으로 국내에서는 다가올 미래의 독립을 꿈꾸며 각 분야의 실력을 쌓던 시간이었다. 필요한 기능을 연마하고 세상에 대해 공부하던 대단히 중요한 학습의 과정이기도 했다. 이 준비 기간을 견디며 분투한 평범한 사람들의 삶과 그들이 함께 해온 노래들에 대해 오늘날 그 가치를 다시 평가해볼 필요가 있다. 그것은 분명히 중요한 세계사의 일부분이기 때문이다.

역사적 과정의 산물인 트로트와 엔카의 관계 설정에는 여러 견해가 있을 수 있다. 필자가 보기에 트로트와 엔카는 동전의 양면처럼 붙어 있어서 분리할 수 없는 것으로 이해된다. 그러나 한국과 일본 각 측의 고유성을 억지로 희석시키자는 것은 아니다. 공통부분을 자각하고 서로의 감성을 이해하고 공감해야 할 필요가 더 크다는 것이다. 트로트-엔카는 20세기 한·일 양국 민초(民草)들의 삶과 기구한 굴곡의 역사가 빚어낸 소중한 '문화적 자산'이라는 인식이 선행되어야 한다고 본다. 어려운 시기를 살아온 한·일 양측 서민의 애환은 사실 통할 수 있는 면이 많다.

국민감정도 일종의 지역감정이다. 우리 사회에서 지역감정을 해결해야 할 문제로 본다면 국제사회에서의 혐한과 반일 같은 국민감정도 역시 언젠가는 극복해야 할 과제이다. 한·일 국민 간에도 우정과 신뢰를 회복하여 '공감'과 '마음의 교류'를 통한 연대와 단결로써 불신과 갈등을 없애는 방향을 만들어 갈 수 있을 것이다. 이제 세계는 단일 국가 단위에서 해결할 수 있는 일보다 국제적 협력이 필요한 일이 점점 더 많아지고 있다. 동아시아 국가들은 언제쯤 자국중심주의의 동굴 속에서 헤어날 수 있을 것인가? 양국의 젊은 세대에게 기대를 걸어 본다.

한국과 일본의 정부 당국은 사람들의 관심과 함께 역사적 요구와 필요성을 잘 반영하여 정책화하고 제도화해야 한다. 예를 들어 일본 학생이 한국의 노래에 관해 잘 알게 되고 즐겨 부르게 된다면 한국의 역사와 문화, 언어에 대해 관심을 갖게 된다. 그리고 노래를 좋아하여 반복적으로 부르다보면 그 노래가 가진 매력을 내면화하게 되며 안에 담겨 있는 정서를 자기화하면서 역사적·문화적 배경까지 깊게 이해하게 될 것이다. 한국과 일본 국민 한 사람 한 사람이 작금의 자국중심주의와 혐한·반일의 정서를 넘어서 스스로를 되돌아보고 포용과 화해를 위한 마음의 문을 활짝 열도록 여건을 조성해야 한다.

앞으로 한국과 일본의 정부가 대립을 잘 조정하여 외교적 위기에 현명하게 대처하기를 바라지만, 그것과 상관없이 양국 국민의 대다수가 서로의 입장을 배려하고 깊게 이해하는 아름다운 평화공존의 시대가 분명히 올 것으로 확신한다. 모쪼록 우리의 자손들이 공생의 미래를 향해 어깨를 겯고 발맞추어 가도록 만들어가자. 우리 한국인들은 아침(朝)을 중요하게 생각해 왔다. 그래서 한국의 한(韓)은 아침의 깃발을 상징한다. 일본인들은 해(日)를 숭상해왔다. 우리는 아주 오래 전 수 만년에 걸쳐 유라시아 대륙을 가로질러 태양을 향해 동(東)쪽 끝으로 기나긴 여정을 함께 해 온 공통의 조상을 가진 이웃한 호모 사피엔스들이다.

후기

필자는 일본소설 연구를 해오던 일본문학 연구자이다. 2010년경부터는 비교문화론적 관점에서 한국과 일본의 대중문화 그중에서도 대중음악에 관해 학술적 관심을 갖게 되었다. 대중음악 또는 대중가요라고 하면 주로 '20세기 이후에 레코딩 기술을 기반으로 한 상품으로서 대규모로 유통·소비될 것을 전제로 제작되는 대중 취향의 오락적 음악'이라고 정의할 수 있다. 일반적으로 한국의 대중음악이라고 하면 1920, 30년대의 '트로트'에서부터 오늘날의 'K-POP'에 이르는 다양한 장르가 다 여기에 해당한다.

문학연구자로서 필자는 주로 소설이나 시 등 문학작품을 하나의 텍스트로 놓고 언어 표현과 서사구조를 분석하여 그 안에 담겨 있는 정확한 의미를 읽어내는 것에 익숙하다. 이러한 방법론적 연구를 내러톨로지(narratology) 또는 서사학, 서사연구라고 한다. 따라서 대중가요의 연구에 있어서도 음악적 측면보다는 가사의 표현과 내용을 주로 살펴보고 있다. 노랫말의 언어 표현상의 특징과 그 안에 담고 있는 이야기들, 그리고 시대적 의미를 파악하면서 한편으로 한국과 일본 나아가 동아시아의 서구 문화 수용이라는 관점에서 조망하고 비교 검토하면서 문화적 맥락을 짚어보고 있다.

2016년에는 미국의 대중음악 가수 밥 딜런(Bob Dylan, 1941~)에게 노벨문학상이 주어졌다. 대중가요의 가사가 얼마든지 중요한 문학 텍스트가 될 수 있고, 따라서 대중가요가 문학 연구의 대상이 될 수 있다는 것이 이제는 지극히 당연한 것으로 받아들여지게 되었다. 문학은 애초부터 감동과 재미를 주는 편안한 것이지 엄숙하고 딱딱한 것에 그 본령이 있지 않다. 지금은 고전문학으로 취급되는 중국의 『시경』(詩經, B.C. 6C경?)이나 일본의 『만요슈』(万葉集, 759년~?)에 수록된 시가도 대부분이 그 당시에는 항간에 떠돌던 '노래'이다. 노래의 언어가 한 시대를 풍미하고 많은 이들에게 감동을 주었다면 그것은 훌륭한 문학인 것이다.

흔히 '한국 대중음악 100년'이라고 하는데, 지금까지 수많은 다양한 곡들이 만들어졌고 그중에는 '고전'의 반열에 올랐다고 할 수 있는 빼어난 작품도 많다. 그런데 손꼽히는 명곡일수록 그야말로 보통 사람들의 사랑과 이별, 슬픔과 기쁨, 안타까움과 처절함, 이를 바탕으로 한 숭고함과 아름다움 …… 등등 누구나 공감할 수 있는 보편적인 생활 감정을 절절하게 노래하고 있다. 또 당시의 시대적 상황과 분위기를 고스란히 담고 있기도 하다. 그야말로 20세기 이후를 살아온 우리들의 '마음' 그 자체이고 그 '마음의 역사'이기도 하다. 그렇기 때문에 필자는 이 소중한 문화 텍스트를 매일매일 기쁘게 또 벅찬 가슴으로 대하고 있다.

우리 인간은 어떤 존재인가? 분류학의 아버지로 불리는 18세기 스웨덴의 생물학자 린네(Carl von Linné, 1707~1778)가 우리 인간의 종(種)을 지혜롭고 합리적인 존재라는 뜻으로 '호모 사피엔스'(Homo Sapiens)라고 명명한 이래, 도구적 인간인 호모 파베르(Homo Faber), 유희적 인간인 호모 루덴스(Homo Ludens), 말하는 인간인 호모 로퀜스(Homo Loquens) 등 많은 사람들이 여러 각도에서 인간의 특징을 지적해왔다. 다 맞는 말이다. 필자는 어문학을 전공하는 사람으로서 특히 '말하는 인간' 즉 '언어적 인간'에 주목한다.

그런데 언어를 사용하는 것은 인간만이 아니며, 지금까지 알려진 바로는 모든 동물이 나름의 언어를 구사한다고 한다. 벌이나 개미 같은 곤충도 복잡한 방식으로 의사소통을 하며 먹이의 위치를 서로 알려준다. 호모 사피엔스뿐만 아니라 호모 에렉투스 등 구석기 시대 이전의 호모 속(屬)에 속하는 모든 인류를 비롯한 유인원과 원숭이 등 영장류는 목소리를 사용하는 언어를 갖고 있다.[1] 문제는 음성언어를 사용하느냐 사용하지 않느냐가 아니라 어떻게 사용하느냐 하는 것이다. 다른 동물들도 이렇게 음성언어를 사용한다고 해서 그 동물들이 지금의 우리처럼 문명을 일구지는 않았다. 문명을 만들어 낼 수 있었던 우리 인간만이 갖는 특징은 바로 '이야기', 다시 말해 서사적 능력을 갖추고 있다는 점이다.

언어를 가지고 '이야기'를 하는 존재는 현생인류인 호모 사피엔스뿐이다. '이야기'는 눈앞의 상황만을 표현하는 것이 아니다. 오히려 보이지 않는 것을 더 많이 전달한다. 어떠한 다른 동물도, 눈앞에 보이지 않는 과거의 지나간 사건이나 미래에 대한 예측, 추상적인 관념, 혹은 생존과 번식에 직접 관련이 없는 쓸데없는 '이야기' 같은 것을 하지는 않는다. 다른 동물과 구별되는 가장 인간적인 특징은 바로 '이야기'를 한다는 것이다. 현명한 인간 '호모 사피엔스'(Homo Sapience)는 바로 이야기하는 인간 '호모 나란스'(Homo Narrans)일 수밖에 없다.[2]

우리가 이 '이야기'에 주목하는 이유는 오늘날 인문학의 성패, 아니 우리 인간 집단 전체의 성패가 바로 이러한 '이야기'를 어떻게 잘 이해하는가에 달려있기 때문이다. AI가 고도화하는 가운데 자신의 이야기를 잘 표현하고 남의 이야기를 잘 수용하는 것, 늘 상대편의 관점에서도 생각해보고 사태를 입체적으로 파악하는 것. 그래서 진정으로 공감하고 협력하는 것. 이런 것은 인공지능이 할 수 없는 인간만이 할 수 있는 일일 것이다.

인간은 이야기하는 동물이면서 또 그 이야기를 노래하는 동물이기도 하다. 오늘날 세계의 젊은이들이 열광하는 K-POP 등 한국 대중문화의 매력은 무엇일까? 한국인의 시적 음악적 서사적 표현 역량은 어제오늘의 일이 아니라

---

1 유발 하라리, 『사피엔스』, 조현옥 역, 김영사, 2015, p.45 참조.

2 박진수, 『소설의 텍스트와 시점: 일본어 서사 양식의 근대적 전환』, 역락, 2017, p. v 참조.

아주 오래된 문화적 유전자가 작용하는지도 모른다. 3세기 말에 쓰여진 중국 역사서 『삼국지』의 「위서」 '동이전'에는 동이(東夷)의 부족들이 한결같이 밤새워 춤추고 노래하는 데에 탁월한 재주를 지녔다고 적고 있다. 근대 식민지 시대였던 1930년대 말 '조선악극단'의 일본 순회공연으로 '조선 붐'이 일어났듯이. 한국인의 '한'과 '흥'은 또 어떠한가? 슬픔은 슬픈 대로, 기쁨은 기쁜 대로, 듣는 모든 이들에게 감동을 선사해온 역사가 있다. 우리는 앞으로도 이 감동을 세상의 모든 이들과 함께 나누고 싶다.

2025년 11월

박진수

참고문헌

서장

고바야시 다카유키, 박진수 역, 『한국의 트로트와 일본의 엔카: 한일 대중음악 사회사』, 역락, 2022.

김지평 『한국 가요 정신사』, 아름출판사, 2000.

민경찬·장전·야스다 히로시·류인옥·김성준, 『동아시아와 서양음악의 수용』, 음악세계, 2008.

박진수, 「글로벌 문화유산으로서의 20세기 한·일 대중음악: 트로트, 엔카, 그리고 가요」, 『아시아문화연구』 67, 가천대학교 아시아문화연구소, 2025.

박진수, 「근대 한일 대중가요의 성립 과정과 번역: <카추샤의 노래>의 원곡과 번역곡 가사의 비교분석」, 『아시아문화연구』 제39집, 가천대학교 아시아문화연구소, 2015.

박진수·김태경 외, 『일본 대중문화의 이해』, 역락, 2015.

박진수, 「동아시아 대중음악과 근대 일본의 '조선 붐'」, 박진수 외, 『근대 일본의 '조선 붐'』, 역락, 2013.

박찬호, 『한국가요사 1』, 안동림 역, 미지북스, 2009.

박찬호, 『한국가요사 2』, 이준희 편, 미지북스, 2009.

배묘정, 「한국 대중가요에서 일본 음악의 번안에 관한 연구: '문화번역'의 관점에서 본 번안」, 『한국예술연구』 제10호, 한국예술종합학교 한국예술연구소, 2014.

신현준·이준희, 「일본 대중음악사 서술의 유형과 시각」, 『대중음악』 제1호, 한국대중음악학회, 2008.

윤상인, 「한국인에게 일본문학은 무엇인가」, 윤상인·김근성·강우원용·이한정, 『일본문학 번역 60년 현황과 분석』, 소명출판, 2008.

이영미, 『한국대중가요』, 시공사, 1998.

이준희, 「식민지 조선 유행가의 일본어 가사」, 『韓國詩歌硏究』 第30輯, 한국시가학회, 2011.

이준희, 「1945년 이전 일본 대중가요 음반에 나타난 조선인의 활동」, 『대중음악』 제7호, 한국대중음악학회, 2011.

장유정, 「한국 대중음악사 기술을 위한 기초 작업: 몇 가지 쟁점을 중심으로」, 『대중음악』 제1호, 한국대중음악학회, 2008.

최창호, 『민족 수난기의 대중가요사』, 일월서각, 2000.

李埈熙, 「韓国大衆音楽に及んだ日本の影響」, 谷川建司·王向華·呉咏梅編著, 『越境するポピュラーカルチャー: リコウランからタッキーまで』, 青弓社, 2009.

加太こうじ, 『流行歌論』, 東京書籍, 1981.

上山敬三, 『日本の流行歌』, 早川書房, 1965.

菊池清麿,『日本流行歌変遷史』, 論創社, 2008.
貴志俊彦,『東アジア流行歌アワー』, 岩波書店, 2013.
小林孝行,『日韓大衆音楽の社会史: エンカとトロットの土着性と越境性』, 現代人文社, 2019.
古茂田信男ほか編,『日本流行歌史』, 社会思想社, 1970.
添田知道,『演歌の明治大正史』, 岩波新書, 1963.
朴燦鎬,『韓国歌謡史』, 晶文社, 1987.
藤沢衛彦,『流行歌百年史』, 第一出版社, 1951.
藤沢衛彦,『流行唄変遷史』, 有隣洞書屋, 1914.
見田宗介,『近代日本の心情の歴史』, 講談社, 1967.
輪島裕介,『創られた「日本の心」神話』, 光文社, 2010.

제1장

藍川由美, 「『翻訳唱歌集』について」, 藍川由美·中野振一郎, 『翻訳唱歌集　故郷を離るる歌』, DENON, 1998.
上笙一郎,『日本童謡事典』, 東京堂, 2005. 해당항목. pp.153-154, pp.194-197, pp.260-262, pp.431-433.
海老沢敏,『むすんでひらいて考』, 岩波書店, 1986.
柄谷行人,『日本近代文学の起源』, 講談社, 1988.
河嶋喜矩子,「むすんでひらいて」,『国文学解釈と教材の研究』, 特集<日本の童謡>, 2004年2月臨時増刊号, 学燈社, 2004.
團伊玖磨,『私の日本音楽史』, 日本放送出版協会, 1999.
長田暁二,『歌でつづる20世紀』, ヤマハ, 2003.
長田暁二,「時代とメディアがつくる子どもの歌」, 東海教育研究所,『望星』3月号, 東海大学出版会, 2003.
中村理平,『洋楽導入者の軌跡: 日本近代洋楽史序説』, 刀水書房, 1993.
堀内敬三·井上武士,『日本唱歌集』, 岩波書店, 1958.
http://www.worldfolksong.com/closeup/musunde/intro.htm

제2장

박진수,「한국어 근대 대중가요와 번역: 일본어 텍스트와의 문화적 상호작용」,『아시아문화연구』 제45집, 가천대학교 아시아문화연구소, 2017.
필립 아리에스,『아동의 탄생』, 문지영 역, 새물결, 2003.
한용희,『한국 동요음악사』, 세광음악출판사, 1988.
井手口彰典,『童謡の百年』, 筑摩書房, 2018.

フィリップ·アリエス, 『<子供>の誕生: アンシァン·レジーム期の子供と家族生活』, 杉山光信·杉山恵美子訳, みすず書房, 1980.
長田暁二, 『歌でつづる20世紀 あの歌が流れていた頃1901～2000』, ヤマハ, 2003.
上笙一郎, 『日本童謡事典』, 東京堂出版, 2005.
高仁淑, 『近代朝鮮の唱歌教育』, 九州大学出版会, 2004.
周東美材, 『童謡の近代』, 岩波書店, 2015.
安田寛, 『「唱歌」という奇跡十二の物語』, 文春新書, 2003.
安田寛, 『日韓唱歌の源流』, 音楽之友社, 1999.
Philippe Ariès, *L'Enfant et la Vie familiale sous l' Ancien Regime*, Plon, 1960.

제3장
민경찬 외, 『동아시아와 서양음악의 수용』, 음악세계, 2008.
李明花, 「愛國歌 형성에 관한 연구」, 『역사와 실학』 10, 1999.
이천진, 「성회 수요일에 부르는 찬송 <천부여 의지 없어서>」, 『基督敎思想』 vol.650, 2013.
上原一馬, 『日本音楽教育文化史』, 音楽之友社, 2005.
上笙一郎, 『日本童謡事典』, 東京堂, 2005.
永六輔, 『人はなぜ歌うか』, NHK出版, 2003.
倉田喜弘, 『近代歌謡の軌跡』, 山川出版社, 2002.
團伊玖磨, 『私の日本音楽史』, 日本放送出版協会, 1999.
土屋喬雄·玉城肇訳, 『ペルリ提督日本遠征記』, 岩波文庫, 1948.
堀内敬三·井上武士, 『日本唱歌集』, 岩波書店, 1958.
安田寛, 『「唱歌」という奇跡 十二の物語』, 文藝春秋, 2003.
Meyer Howard Abrams ed., *The Norton Anthology of English Literature*, W.W. Norton & Company, 1979.

제4장
박찬호, 『한국가요사 1』, 안동림역, 미지북스, 2009.
우수진, 「카츄샤 이야기: <부활>의 대중서사와 그 문화 변용」, 『한국학연구』 32, 2014.2
윤민주, 「극단 「예성좌」의 <카추샤> 공연연구」, 『한국극예술연구』 38, 2012.12.
이영미·이준희, 『사의 찬미(외)』, 범우, 2006.
長田暁二, 『歌でつづる20世紀』, やまは, 2003.
長田暁二, 『ハンドブック 日本の愛唱歌』, ヤマハミュージックメディア, 2006.
倉田喜弘, 『日本レコード文化史』, 岩波書店, 2006.
斉藤武雄, 『カチューシャの唄よ、永遠に』, 郷土出版社, 1996.

永嶺重敏,『流行歌の誕生「カチューシャの唄」とその時代』, 吉川弘文館, 2010.

제5장

박찬호,『한국가요사 1』, 안동림 역, 미지북스, 2009.
이영미·이준희,『사의 찬미(외)』, 범우, 2006.
한국음반아카이브연구단,『한국유성기음반』 제1권~제4권, 한걸음더, 2011.
『オリジナル盤による 昭和の流行歌』 <別冊解説書>, 日本コロムビア株式会社, 1998.
(株)スタジオ·ジャンプ編,『日本の映画 こころの歌』, 東宝音楽出版(株), 1992.

제6장

加太こうじ,『流行歌論』, 東京書籍, 1981.
菊池清麿,『日本流行歌変遷史』, 論創社, 2008.
菊池清麿,『評伝古賀政男』, 彩流社, 2015.

제7장

박진수·김태경 외,『일본 대중문화의 이해』, 역락, 2015.
阿久悠,『愛すべき名歌たち』, 岩波書店, 1999.
岡田喜一郎,『昭和歌謡映画館: ひばり、裕次郎とその時代』, 中央公論新社, 2009.
塩沢実信,『昭和の流行歌物語: 佐藤千夜子から笠置シズ子、美空ひばりへ』, 展望社, 2011.
嶋田洋一郎,「コピーとオリジナルの観点から見た美空ひばりと占領期の歌謡映画」,『比較社会文化』16, 九州大学大学院, 2010.3.
戸ノ下達也,『<戦後>の音楽文化』, 青弓社, 2016.
なかにし礼,『歌謡曲から「昭和」を読む』, NHK出版, 2011.
山折哲雄,『日本の心、日本人の心 (下)』, NHK出版, 2004.
山折哲雄,『美空ひばりと日本人』, 現代書館, 2001.

제8장

岡野弁,『演歌源流·考』, 学芸書林, 1988.
長田暁二,『歌でつづる20世紀 あの歌が流れていた頃 1901~2000』, ヤマハ, 2003.
菊池清麿,『昭和演歌の歴史』, アルファベータブックス, 2016.
菊池清麿,『日本流行歌変遷史』, 論創社, 2008.
金素雲,『朝鮮詩集』, 岩波書店, 1954.
宋安鍾,『在日音楽の100年』, 青土社, 2009.
『ユリイカ』 第31巻4号 <歌謡曲>, 青土社, 1999.3月号.

輪島裕介,『創られた「日本の心」神話』, 光文社.
길옥윤,『길옥윤 참회록 이제는 색소폰을 불 수가 없다』, 조선일보사 출판국, 1995.
김형찬,『한국대중음악사 산책』, 알마, 2015.
문옥배,『한국 금지곡의 사회사』, 예솔, 2004.
박찬호,『한국가요사 2』, 이준희 편, 미지북스, 2009.
이영미,『한국 대중가요사』, 시공사, 1998.
이진원,『한국영화음악사 연구』, 민속원, 2007.
장유정·서병기,『한국대중음악사 개론』, BM성안당, 2015.

제9장

金敬琢 역저,『周易』, 明文堂, 2011.
G, 레이코프·M, 존슨, 나익주·노양진 역,『삶으로서의 은유』, 박이정, 2006.
G, 레이코프, 유나영 역,『코끼리는 생각하지 마』, 삼인, 2006.
G, 레이코프, 임지룡 역,『몸의 철학』, 박이정, 2002.
G, 레이코프, 이기우·양병호 역,『시와 인지』, 한국문화사, 1996.
G, 레이코프, 이기우 역,『인지의미론: 언어에서 본 인간의 마음』, 한국문화사, 1994.
페르디낭 드 소쉬르, 사를 바이 알베르 세슈에 편, 권재일 역,『일반언어학 강의』, 민음사, 2006.
로만 야콥슨, 권재일 역,『일반언어학 이론』, 민음사, 1989.
이진원,『한국영화음악사 연구』, 민속원, 2007.
フェルディナン·ド·ソシュール, 小林英夫 訳,『一般言語学講義』, 岩波書店, 1972.
野内良三,『レトリックと認識』, 日本放送出版協会, 2000.
George P. Lakoff, *Don't Think of an Elephant: Know Your Values and Frame the Debate*, Chelsea Green Publishing, 2004.
George P. Lakoff·Mark Johnson, *Philosophy In The Flesh: the Embodied Mind and its Challenge to Western Thought*, Basic Books, 1999.
George P. Lakoff·Mark Turner, *More Than Cool Reason: A Field Guide to Poetic Metaphor*, University of Chicago Press, 1989.
George P. Lakoff, *Women, Fire, and Dangerous Things: What Categories Reveal About the Mind*, University of Chicago Press, 1987.
George P. Lakoff·Mark Johnson, *Metaphors We Live By*, The University of Chicago, 1980.

종장 및 후기

고바야시 다카유키,『한국의 트로트와 일본의 엔카: 한일 대중음악 사회사』, 박진수 역, 역락, 2022.

小林孝行,『日韓大衆音楽の社会史: エンカとトロットの土着性と越境性』, 現代人文社, 2019.

고바야시 다카유키,「일본 '엔카'와 한국 '트로트' 비교를 위한 기초적 관점」,『아시아문화연구』 제47집, 가천대학교 아시아문화연구소, 2018.8.

김부식,『삼국사기』, 신호열 역해, 동서문화사, 2007.

박진수,『소설의 텍스트와 시점: 일본어 서사 양식의 근대적 전환』, 역락, 2017.

박진수,「한일 근대 대중가요의 관련 양상 서설: 가사의 번역과 번안, 문화의 수용과 변용」,『아시아문화연구』 제42집, 가천대학교 아시아문화연구소, 2016.12.

박진수·김태경,『일본 대중문화의 이해』, 역락, 2015.

박진수,「동아시아 대중음악과 근대 일본의 '조선 붐': 현해탄을 건넌 <조선악극단>과 식민지의 대중가요」, 박진수 외,『근대 일본의 '조선 붐'』, 역락, 2013.

아베 스에마사,『일본 아악의 이해』, 박태규·박진수·임만호 역, 역락, 2020.

유발 하라리,『사피엔스』, 조현옥 역, 김영사, 2015.

이종구,『아무도 말하지 않은 백제 그리고 음악』, 주류성, 2016.

장유정,『트로트가 무어냐고 물으신다면』, 따비, 2021.

小島憲之ほか 校注·訳, 日本書紀 ②, 新編日本古典文学全集 3, 東京, 小学館, 1994.

小林孝行, 日韓大衆音楽の社会史: エンカとトロットの土着性と越境性, 現代人文社, 2019.

徐賢燮,「韓国における日本文化の流入制限と開放」, 長崎県立大学国際情報学部研究紀要, 第13号, 長崎県立大学国際情報学部, 2012.

Martine Robbeets, Remco Bouckaert, Matthew Conte, Alexander Savelyev, Tao Li, Deog-Im An, Ken-ichi Shinoda, Yinqiu Cui, Takamune Kawashima, Geonyoung Kim, Junzo Uchiyama, Joanna Dolińska, …et al. (2021). "Triangulation supports agricultural spread of the Transeurasian languages." *Nature*, 599 (7886): 616-621. DOI: 10.1038/s41586-021-04108-8.

찾아보기

인명·그룹명

가라타니 고진(柄谷行人) 56
가미쇼 이치로(上笙一郎) 63
가미야마 게이조(上山敬三) 30
가베 이즈호(加部巖夫) 84, 93
가사기 시즈코(笠置シヅ子) 186
가실왕(嘉實王) 264
가와타 하레히사(川田晴久) 182
가이후 도시키(海部俊樹) 187
가토 가즈에(加藤和枝) 174 → 미소라 히바리
가토 마스키치(加藤增吉) 174
가토리 신고(香取慎吾) 170
강석연(姜石燕) 28
강소천(姜小泉) 99
강영철(康永喆) 192 → 오바타 미노루
계은숙(桂銀淑) 198
고가 마사오(古賀政男) 37, 155, 156, 167
고대원(高大遠) 193
고모타 노부오(古茂田信男) 31
고바야시 다카유키(小林孝行) 34
고바야시 다키지(小林多喜二) 154
고복수(高福壽) 158
고수철(高秀喆) 122
고야마 사쿠노스케(小山作之助) 49
고운봉(高雲峰) 193
고이즈미 준이치로(小泉純一郎) 249
고토 시운(後藤紫雲) 143, 144
구로사와 아키라(黒澤明) 167
구보타 만타로(久保田万太郎) 66
구사카와 신(草川信) 67
기미에(喜美枝) 174
기시 도시히코(貴志俊彦) 33
기쿠치 기요마로(菊池清麿) 31
기쿠치 다이로쿠(菊池大麓) 226
기쿠치 아키코(菊池章子) 186
기타지마 사부로(北島三郎) 34
기타하라 하쿠슈(北原白秋) 66
길옥윤(吉屋潤) 192, 193, 194, 212, 213, 218, 219, 220
김대중(金大中) 196
김민기(金敏基) 236
김부식(金富軾) 264
김성술(金成述) 207 → 김해일
김연월(金蓮月) 28
김연자(金蓮子) 198, 208
김용만(金用萬) 235
김우진(金祐鎭) 150
김정구(金貞九) 158
김지평(金地平) 32
김창남(金昌南) 32
김해일(金海日) 206
나리타 다메조(成田為三) 67
나운규(羅雲奎) 38
나카무라 리헤이(中村理平) 47
나카야마 신페이(中山晋平) 107, 108, 152
나훈아(羅勳兒) 208
남인수(南仁樹) 158, 236
남진(南珍) 199, 202, 237
노구치 우조(野口雨情) 67
노무라 아키타리(野村秋足) 72, 73
니시 아마네(西周) 226
다나카 후지마로(田中不二麿) 47
다니자키 준이치로(谷崎潤一郎) 192

다무라 데이이치(田村貞一) 150, 151
다바타 요시오(田端義夫) 186
다치바나 데이지로(立花貞二郎) 110
다카 다카시(たかたかし) 201
다카하시 기쿠타로(高橋掬太郎) 156
다케다 도시히코(竹田敏彦) 175
다케히사 유메지(竹久夢二) 109
도노사마킹즈(殿さまキングス) 208
도리이 마코토(鳥居忱) 53
도미(都美) 193
도요토미 히데요시(豊臣秀吉) 29, 81
동방신기(東方神起) 197
두보(杜甫) 226
딜런, 밥(Bob Dylan) 269
레비스트로스, 클로드(Claude Lévi-Strauss) 228
레이코프, 조지(George P. Lakoff) 228, 229
로베츠, 마르티네(Martine Robbeets) 260
루소, 장 자크(Jean-Jacques Rousseau) 52, 59, 85
루이 15세(Louis XV) 52
르로이, 머빈(Mervyn LeRoy) 85
리, 비비안(Vivien Leigh) 85
린네, 칼 폰(Carl von Linné) 270
마노노오비토 데시(真野首弟子) 256
마쓰이 스마코(松井須摩子) 108, 110, 111
만조메 다다시(万城目正) 175
메가타 다네타로(目賀田種太郎) 46
메이슨, 루더 화이팅(Luther Whiting Mason) 46, 71, 83
문세광(文世光) 198
문일석(文一石) 159
문재인(文在寅) 246
미마시(味摩之) 256, 257
미소라 히바리(美空ひばり) 9, 155, 167, 168, 169, 172, 174, 175, 178, 181, 186, 188, 209
미야지마 이쿠호(宮島郁芳) 143, 144
미요시 레이지(三佳令二) 208
미즈노 고지(水野浩二) 208
미카와 겐이치(美川憲一) 199
미키 로후(三木露風) 67
미타 무네스케(見田宗介) 31
미타케 아키라(見岳章) 170
바그너 소사이어티(ワグネル·ソサエティー) 150
바르트, 롤랑(Roland Barthes) 228
바타이유, 앙리(Henry Bataille) 118
박경원(朴慶遠) 241
박경희(朴慶姬? 朴景嬉?) 28
박근혜(朴槿惠) 246, 249
박시춘(朴是春) 193
박정희(朴正熙) 235, 248
박찬호(朴燦鎬) 31
박춘석(朴椿石) 199
박현환(朴賢煥) 123
방정환(方定煥) 66, 67, 68, 69
방탄소년단(防弾少年团, BTS) 197
백금선(白琴線) 193
백년설(白年雪) 193
백야성(白夜城) 241
번즈, 로버트(Robert Burns) 87
베어드, 애니 로리 아담스(Annie Laurie Adams Baird) 74
보아(BoA) 197
블루 코메츠(Jackey Yoshikawa & His Blue Comets) 195
비데만, 프란츠(Franz Wiedemann) 70
비틀즈(The Beatles) 258
사이조 야소(西條八十) 38, 67, 152
사이토 도라지로(斎藤寅次郎) 181
사카이 준지(堺駿二) 182

사키타노 오비토(辟田首) 256
사토 소노스케(佐藤惣之助) 38
사토 조지쓰(佐藤誠実) 84
사토 치요코(佐藤千夜子) 152
사토 하치로(サトウハチロー) 187
사토미 다다시(里見義) 84, 93
선우일선(鮮于一扇) 28
소마 교후(相馬御風) 67, 107
소세이호시(素性法師) 53
소쉬르, 페르디낭 드(Ferdinand de Saussure) 226
소에다 도모미치(添田知道) 30
소에다 아젠보(添田唖蝉坊) 143
손강(孫康) 96
손목인(孫牧仁) 159, 192
손석우(孫夕友) 194
송대관(宋大琯) 208
스가와라 쓰즈코(菅原都々子) 192
스기타 료조(杉田良造) 159
스즈키 미에키치(鈴木三重吉) 49, 66
시마다 긴야(島田磬也) 159
시마다 사부로(島田三郎) 84
시마무라 호게쓰(島村抱月) 36, 107, 109, 110, 113, 115
시바 후지쓰네(芝藤鎮) 84
시바타 기요테루(柴田清熙) 52, 59
신동운(申東運) 200
심수봉(沈守峰) 9, 223, 230, 235, 237
심연옥(沈蓮玉) 193
심영식 201
쓰보우치 쇼요(坪内逍遥) 109
쓰지 노리우케(辻則承) 48
아라이 만(新井満) 251
아리시마 다케오(有島武郎) 66
아리에스, 필립(Philippe Ariès) 68
아베 신조(安倍晋三) 249
아스트로너츠(The Astronauts, アストロノウツ) 195
아쓰미 지로(渥美二郎) 209
아와야 노리코(淡谷のり子) 38, 186, 187
아쿠유(阿久悠) 172
아쿠타가와 류노스케(芥川龍之介) 66
아키모토 야스시(秋元康) 170
아타라시이갓코노리더즈(新しい学校のリーダーズ) 170
안애리[安愛理] 74 →베어드
야나기 무네요시(柳宗悦) 66
야마다 겐이치로(山田源一郎) 49
야마다 고사쿠(山田耕筰) 261
야스다 히로시(安田寛) 55
야콥슨, 로만(Roman Jakobson) 226
양석천(梁錫天) 193
에노모토 겐이치(榎本健一) 182
에비사와 빈(海老沢敏) 52
오구리 후요(小栗風葉) 143
오노 우메와카(多梅稚) 139
오미 도시로(近江俊郎) 186
오바타 미노루(小畑実) 186, 192
오부치 게이조(小渕恵三) 245
오사나이 가오루(小山内薫) 66
오사다 교지(長田暁二) 209
오와다 다케키(大和田建樹) 48, 92, 139
오우치 요시타카(大内義隆) 80
오자키 고요(尾崎紅葉) 37, 142
오치노 오비토(大市首) 256
오카 란코(岡蘭子) 159 →이난영
오카 하루오(岡晴夫) 186
오카노 벤(岡野弁) 201
오쿠 요시이사(奥好義) 48
오효진(吳効鎭) 219
옥희(玉姬) 208
와지마 유스케(輪島裕介) 33

왕정치(오 사다하루, 王貞治) 167
왕평(王平) 37
요시야 노부코(吉屋信子) 192
요시야 준(吉屋潤) 192 →길옥윤
요시야 준과 크루캐츠 192
우륵(于勒) 264
우에 사네미치(上真行) 48
우치다 로안(内田魯庵) 113
유경이(劉慶伊) 123
유길준(俞吉濬) 142
윤극영(尹克榮) 68
윤백남(尹白南) 122
윤백단(尹白丹) 28
윤석열(尹錫悅) 246
윤심덕(尹心悳) 150, 151
윤치호(尹致昊) 137
이광수(李光洙) 135
이기세(李基世) 122
이나가키 치카이(稲垣千穎) 52, 59, 73, 84, 92, 93, 94
이난영(李蘭影) 28, 158, 159, 241
이마키노아야히토 사이몬(新漢斉文) 256
이명박(李明博) 246, 249
이미자(李美子) 193, 259
이바노비치, 요지프(Iosif Ivanovici) 150
이봉조(李鳳祚) 194
이사와 슈지(伊沢修二) 46, 71, 83, 90, 91, 93, 99, 137
이상준(李尙俊) 74, 127
이서구(李瑞求) 123
이성애(李成愛) 191, 194, 195, 208
이승만(李承晩) 196, 248
이시다 아유미(いしだあゆみ) 196
이쓰와 마유미(五輪真弓) 196
이애리수(李愛利水) 28, 38, 158
이에키 미요지(家城巳代治) 175
이영미(李英美) 31
이은관(李殷官) 193
이진관(李珍寬) 236
이현경(李賢卿) 37 →이기세
이훈식(李勳植) 259
입센, 헨릭 요한(Henrik Johan Ibsen) 109
자비에르, 프란시스코(Francisco de Xavier) 80
장미화 208
장세정(張世貞) 158, 192, 241
전수린(全壽麟) 37, 158
전영록(全永祿) 236
전옥(全玉) 28
정두수(鄭斗守) 199
정훈희(鄭薰姬) 194
제로(JERO) 209
젯카이 주신(絶海中津) 226
조남주(趙南柱) 253
조미미(曺美美) 208
조용필(趙容弼) 198, 206, 207, 208
조조(曹操) 226
조패(曹覇) 226
존슨, 마크(Mark L. Johnson) 228
지로, 이베트(Yvette Giraud) 194
진흥왕(眞興王) 264, 265
차윤(車胤) 96
채규엽(蔡奎燁) 28, 37, 156
최남선(崔南善) 138
최진희(崔辰熙) 236
최창호 32
최치정(崔致禎) 192 →길옥윤
최희준(崔喜準) 236
콜론타이, 알렉산드라 미하일로브나(Алекса́ндра Миха́йловна Коллонта́й) 154
크래머, 요한 밥티스트(Johann Baptist Cramer) 52
크레용 팝(CRAYON POP) 249

테일러, 로버트(Robert Taylor) 85
톨스토이, 레프 니콜라예비치(Лев Николаевич Толстой) 107
톰슨, 조지(George Thomson) 87
투르게네프, 이반 세르게예비치(Ивáн Сергéевич Тургéнев) 136
트럼프, 도널드(Donald John Trump) 246
패티 김(Patti Kim) 193, 212, 213
페리(Matthew Calbraith Perry) 44, 82
포셋트, 존(John Fawcett) 52
프로이트, 지그문트(Sigmund Freud) 227
핑크 레이디(ピンク·レディー) 195
하나비시 아챠코(花菱アチャコ) 182
하마무라 미치코(浜村美智子) 194
하세가와 이치로(長谷川一郎) 38 →채규엽
한강(韓江) 253
한명숙(韓明淑) 194
현인(玄仁) 193
호만, 하인리히(Christian Heinrich Hohmann) 84
호시노 데쓰로(星野哲郎) 199
황금심(黃琴心) 193
황문평(黃文平) 201
황선우(黃善友) 206, 207, 208
후지사와 모리히코(藤沢衛彦) 30
후지야마 이치로(藤山一郎) 37, 155, 167, 186
후지우라 고(藤浦洸) 175
후쿠자와 유키치(福澤諭吉) 96, 142
후타바 아키코(二葉あき子) 186
후타바테이 시메이(二葉亭四迷) 135
흑조생(黑鳥生) 123
히로세 료헤이(廣瀨量平) 251
히사이시 조(久石譲, Hisaishi Joe) 252
Carpenters 200
SUZUKA 170

곡명

가는 봄 아쉬워(惜春歸) 100, 101
가슴 아프게(カスマプゲ) 191, 199, 201, 204, 205, 209, 216, 221, 237
가장무도회 201
갓파 부기우기(河童ブギウギ) 174
경부텰도노래 138
고별행진곡(告別行進曲) 98
고요한 장안 38
고향의 하늘(故郷の空) 92
곤지키야샤(金色夜叉) 37, 133, 143, 144, 148, 162
구 애국가(舊愛國歌) 98, 101
국민개병(國民皆兵) 100
군국민(軍國民) 100
그때 그사람 223, 230, 231, 234, 235, 244
그린빌(Greenville) 52
꽃의 생명(花のいのち) 170
꿈은 밤에 펼쳐진다(夢は夜ひらく) 200
나가사키는 오늘도 비가 왔다(長崎は今日も雨だった) 200
나그네 설움(淋しき旅人) 201
나는 거리의 아이(私は街の子) 169, 175
나비(蝶々) 51, 71, 72, 74, 85, 137
나비야 85
나비야나비야 74
남자는 배 여자는 항구 223, 236, 241, 244
너에게 반했다(おまえに惚れた) 169
노란 샤쓰(黄色いシャツ) 194, 201, 204
노오란 샤쓰의 사나이 194
노란 샤쓰의 사나이(黄色いシャツの男) 209
노삿푸미사키(納沙布岬) 201
눈물 젖은 두만강 158
눈물의 부두가(泪の波止場) 208
눈물의 폭스 트롯트 259

다뉴브강의 물결(Valurile Dunării) 150
다시 태어난다면(今度生まれたら) 109
대전 블루스(太田ブルース) 209
도나우강의 잔물결(ドナウ河の漣) 150
도라지(トラジ) 192
도쿄 키드(東京キッド) 169, 174, 175, 181, 182, 184, 186, 187
도쿄 타워(東京タワー) 170
도쿄행진곡(東京行進曲) 152, 154
돌아와요 부산항에(釜山港へ帰れ) 191, 199, 206, 207, 209, 216, 221
돌아와요 충무항에 206, 207, 209
동백 아가씨 193, 259
딱따구리 폴카 252
로디 아줌마에게 가서 말해(Go tell Aunt Rhody) 52
루소의 꿈(Rousseau's Dream) 52
마을의 점쟁이(Le Devin du village) 52, 71
멀리 보니(見わたせば) 51, 52, 53, 54, 55, 59, 71, 85, 137
메마른 억새(枯れすすき) 200
목포의 눈물 38, 158, 159, 241
목포의 눈물(木浦の涙) 201, 209
무너진 사랑탑 236
바람에 부치는 편지 201
반달 68
반디(蛍) 51, 71, 80, 85, 90, 91, 92, 94, 97, 99, 100, 137
반디의 빛(蛍の光) 71, 100
뱃사공의 노래(船頭小唄) 200
벚꽃(さくら) 252
별 그림자의 왈츠(星影のワルツ) 200
보리밭 195
봄비 195
부두에요, 아빠(波止場だよ、お父つぁん) 169
부활창가(復活唱歌) 111
북녘의 객창에서(北の宿から) 200
블루 라이트 요코하마(ブルー・ライト・ヨコハマ) 196
사과 오이와케(リンゴ追分) 169, 175
사냥의 노래(Jägerlust) 70
사랑은 연필로 쓰세요 236
사랑은 영원히 194
사랑을 느낄 때(Top of the World) 200
사랑의 미로 236
사랑의 빨간 등(恋の赤い灯) 193
사랑하는 마리아(サラングハヌンマリア) 193
사(死)의 찬미(讚美) 150
상록수 236
상무의 정신(尚武之精神) 54
상학(上學)시간되거든 74
상학가(上學歌) 74
새빨간 태양(真赤な太陽) 169
서글픈 술(悲しい酒) 169
석별의 정 71, 99
소나무(植松) 54
술은 눈물인가 한숨인가(酒は涙か溜息か) 37, 155, 156
술은 눈물일가 한숨이랄가 156
슬픈 휘파람(悲しき口笛) 169, 174, 175, 177, 178, 179, 180, 181, 184, 186
아리랑 38, 106, 155, 192, 201, 252
아리랑의 노래(アリランの唄) 38
아카시아의 비가 멎을 때(アカシヤの雨が止む時) 200
안개 194
애국가(愛國歌) 98, 137
애수 출선(哀愁出船) 169
애수의 부두(哀愁波止場) 169
애수의 소야곡 158
야와라(柔) 169
어느 여인의 노래(ある女の詩) 169

어린 한스(Hänschen klein) 70, 85
어이(Uh-ee) 249
언제나 몇 번이라도(いつも何度でも) 252
에치고지시의 노래(越後獅子の唄) 169, 175
연락선은 떠난다 158, 192, 241
연락선의 노래(連絡船の唄) 192
연인이여(恋人よ) 196
오마쓰리 맘보(お祭りマンボ) 169
올드 랭 사인(Auld Lang Syne) 71, 80, 85, 86, 89, 91, 92, 94, 97, 98, 99, 101
우러르면 거룩하도다(あふげば尊し) 97
우정은 영원하리(友谊地久天长/友誼萬歲) 100, 101
원망스러운 정(怨情) 38
이별(離別) 191, 199, 212, 213, 214, 218, 221
이별가(驪歌) 100, 101
이별의 뱃노래(別れの船歌) 38, 159
이별의 왈츠(別れのワルツ) 98, 101
이별의 인천항 241
인생은 미완성 236
인생일로(人生一路) 169
작별 101
잘 있거라 부산항 241
장한몽가(長恨夢歌) 37, 133, 144, 148, 154, 162
저 언덕을 넘어서(あの丘越えて) 175
전투가(戦闘歌) 53, 54
졸업식 노래 98
주먹 쥐고 손을 펴서 52, 54, 71
찬란한 사랑(愛燦燦) 169
천 개의 바람이 되어(千の風になって) 251
천부여 의지 없어서 99
철도창가(鉄道唱歌) 36, 92, 133, 139, 142, 162
청춘은 꿈 236
초초밧코(蝶々ばっこ) 71, 73
카추샤의 노래 36, 106, 107, 109, 110, 111, 112, 113, 115, 116, 118, 122, 123, 131, 132, 149, 152, 154
카츄샤의 노래 36, 122, 133, 162
키스 인 더 다크(Kiss in the Dark) 195
타향(他郷) 158
토끼(うさぎ) 251
하숙생 236
학도가(學徒歌) 36, 133, 139, 141, 142, 147, 162
한 자루 연필(一本の鉛筆) 170
항구 마을 13번지(港町十三番地) 169
해변으로 가요 195
해변의 여인 195
향수(郷愁) 201
호밀 밭 사이로(Comin' Thro' the Rye) 92
황성 옛터 158 →황성의 적
황성(荒城)의 적(跡) 37, 158
흐르는 강물처럼(川の流れのように) 169, 170, 173, 188
흐트러진 머리(みだれ髪) 169
히바리의 꽃 파는 아가씨(ひばりの花売娘) 169
Top of the World 200
1990년(1990年) 213

음반·드라마·연극·영화·방송프로그램——

음반

1990년(1990年) 213
가슴 아프게(カスマプゲ) 199, 201, 202, 237
노삿푸미사키(納沙布岬) 201, 208
심수봉 신곡 1집 223
열창, 이성애: 엔카의 원류를 찾다(熱唱 李成愛 演歌の源流を探る) 194, 200
이별(離別) 201
주먹 쥐고 손을 펴서 85
해정(海程) 213

드라마
겨울 연가(冬のソナタ) 249
연극
곤지키야샤(金色夜叉) 148
부활(復活) 36, 110, 111, 112, 113, 115, 117, 122, 123, 149
장한몽(長恨夢) 148
카츄샤 122

영화
가슴 아프게 202, 237
그때 그사람들 235
도쿄 키드(東京キッド) 175, 181, 182, 184
도쿄행진곡(東京行進曲) 152
돈보가에리도추(とんぼ返り道中) 175
사과 농원의 소녀(リンゴ園の少女) 175
슬픈 휘파람(悲しき口笛) 175, 176, 178, 180, 184
아리랑 38
아빠 그리워(父恋し) 175
애수(哀愁, Waterloo Bridge) 85, 98
저 언덕을 넘어서(あの丘越えて) 175
카추샤(カチューシャ) 110

방송 프로그램
한일가왕전(日韓歌王戦) 250

문학작품·서적·잡지

문학작품
거미줄(蜘蛛の糸) 66
게공선(蟹工船) 154
곤지키야샤(金色夜叉) 37, 142, 144, 162
곤지키야샤종편(金色夜叉終編) 143
뜬 구름(浮雲) 135
무정(無情) 135, 162
부활 후의 카추샤 123
부활(Воскресение) 107, 112, 113
부활한 카추샤 123
붉은 사랑(Василиса Малыгина, 赤い恋) 154
사냥꾼의 일기(Записки охотника) 136
사랑인가(愛か) 136
인형의 집(Et Dukkehjem, 人形の家) 110
한송이의 포도(一房の葡萄) 66
해당화(海棠花) 123

서적
고킨와가슈(古今和歌集) 53, 60, 71
국민창가집(国民唱歌集) 49
근대 일본의 심정의 역사(近代日本の心情の歴史) 31
낙원창가(樂園唱歌) 122
남녀병창유행창가(男女竝唱流行唱歌) 122
대동군가(大東軍歌) 53
대첩군가(大捷軍歌) 49
독창적가요가곡정선집(A Select Collection of Original Scottish Airs for the Voice) 87
동아시아 유행가 아워(東アジア流行歌アワー) 33
만들어진 '일본의 마음' 신화(創られた「日本の心」神話) 33
만요슈(万葉集) 270
메이지창가(明治唱歌) 48, 92
몸의 철학(Philosophy In The Flesh: the Embodied Mind and its Challenge to Western Thought) 229
민족수난기의 가요들을 더듬어 32
민족수난기의 대중가요사 32
백과전서 수사급화문(百科全書 修辭及華文) 226
보통교육창가집(普通教育唱歌集) 74, 141

삶으로서의 은유(Metaphors We Live By) 228
삼국사기(三國史記) 264
삼국지(三國志) 272
성서의 초서(聖書之抄書) 52
소학창가(小学唱歌) 49
소학창가집(小学唱歌集) 45, 48, 49, 51, 53, 55, 59, 60, 64, 71, 79, 80, 83, 91, 94, 97, 99, 100, 137, 138
쇼켄코(蕉堅藁) 226
시경(詩經) 270
시와 인지(More Than Cool Reason: A Field Guide to Poetic Metaphor) 229
신미사학(新美辞学) 224
신유행창가(新流行唱歌) 122, 125, 127
신찬모범교육창가집성(新撰模範教育唱歌集成) 99
신찬소학창가곡집(新撰小学唱歌曲集) 99
심상소학독본(尋常小学読本) 49
심상소학독본창가(尋常小学読本唱歌) 49
심상소학창가(尋常小学唱歌) 49, 50
아동의 탄생 68
앙시앵 레짐기 아동과 가족의 탄생(L'Enfant et la Vie familiale sous l' Ancien Regime) 68
엔카의 메이지 다이쇼사(演歌の明治大正史) 30
여자 신창가(女子新唱歌) 100
역경(易經) 225
우타노혼(ウタノホン) 65
유치원창가집(幼稚園唱歌集) 48
유행가 백년사(流行歌百年史) 30
음악괘도(音楽掛け図) 84
이팔청춘창가집(新式流行二八青春唱歌集) 123
인지의미론(Women, Fire, and Dangerous Things: What Categories Reveal About the Mind) 229
일반언어학 강의(Cours de linguistique générale) 227
일본동요사전(日本童謡事典) 63
일본서기(日本書紀) 257
일본유행가변천사(日本流行歌変遷史) 31
일본유행가사(日本流行歌史) 31
일본의 유행가(日本流行歌史) 30
장한몽(長恨夢) 37, 142, 143, 144, 162
주먹 쥐고 손을 펴서 고찰(むすんでひらいて考) 53
중등창가집(中等唱歌集) 49
찬미가(讚美歌) 137
창가집(唱歌集) 74
초등과 음악(初等科音楽) 65
코끼리는 생각하지 마(Don't Think of an Elephant: Know Your Values and Frame the Debate) 229
풍금독습중등창가집(風琴獨習中等唱歌集) 74
하야리우타 변천사(流行唄変遷史) 30
학문의 권유(学問のすゝめ) 96
한국 가요 정신사 32
한국 대중가요사 31
한국가요사(韓国歌謡史) 31

잡지

니바(Нива) 112
메이로쿠잣시(明六雑誌) 226
빨간 새(赤い鳥) 49, 66

기타 사항

문부성창가(文部省唱歌) 49, 66, 67, 93, 97
요가쿠(洋楽) 79
요나누키음계(ヨナ抜き音階) 91, 101, 108, 260
음악취조괘(音楽取調掛) 45, 46, 47, 48, 49, 59, 71, 73, 79, 83, 84, 93

박진수(朴眞秀)

1965년 서울 출생.
고려대학교 일어일문학과 졸업.
일본 도쿄대학(東京大学) 석·박사.
가천대학교 일본어문학과 교수.
AI인문대학 학장 겸 아시아문화연구소 소장.

저역서

『노래하는 아시아』(역락, 2025, 공저), 『소설의 텍스트와 시점』(역락, 2017),
『일본 대중문화의 이해』(역락, 2015, 공저), 『근대 일본의 '조선 붐'』(역락, 2013, 공저),
『한국의 트로트와 일본의 엔카』(번역서, 고바야시 다카유키 저, 역락, 2022),
『일본 근대 아동문학 걸작선』(번역서, 아쿠타가와 류노스케 외 저, 역락, 2020) 등.

트로트와 엔카

동아시아의 노래에서 세계문화유산으로

초판 1쇄 인쇄 2025년 11월 7일
초판 1쇄 발행 2025년 11월 14일

지은이 박진수
펴낸이 이대현

편집 이태곤 권분옥 임애정 강윤경
디자인 안혜진 최선주 김다윤 | **마케팅** 박태훈
펴낸곳 도서출판 역락 | **등록** 1999년 4월 19일 제303-2002-000014호
주소 서울시 서초구 동광로46길 6-6 문창빌딩 2층(우06589)
전화 02-3409-2060(편집부), 2058(영업부) | **팩스** 02-3409-2059
전자우편 youkrack@hanmail.net | **홈페이지** www.youkrackbooks.com

ISBN 979-11-7396-341-4 93670

책값은 뒤표지에 있습니다.
파본은 구입처에서 교환해 드립니다.